JN124362

『マスター調理学 第4版』補遺

2024年12月　㈱建帛社

2023（令和5）年4月に文部科学省より「日本食品標準成分表（八訂）増補2023年」が公表されたことを踏まえ，本書p.169，上から15〜18行目の文章を下記の通り変更します。

3.2　日本食品標準成分表（八訂）増補2023年の見方

（1）収載食品

a．食品群の分類と配列順　　「日本食品標準成分表2020年版（八訂）」は，2023年に増補版が公表された。その「日本食品標準成分表（八訂）増補2023年」は，2020年版の公表以降に整理した収載食品，収載成分値を追加・更新するとともに，既収載食品において追加・更新成分値がある場合，当該成分値が構成要素となっているアミノ酸組成などの産生成分，エネルギー値などを再計算している。2020年版の目的・性格，収載成分項目，エネルギー計算方法などは同一であり，変更されていない。収載食品数は2020年版より60食品増え，2,538食品となっている。それら食品は，・・・（以下変更なし）

食べ物と健康

マスター 調 理 学

〔第4版〕

編著：西堀すき江

共著：伊藤 正江
　　　加賀谷みえ子
　　　菅野 友美
　　　佐藤 真実
　　　西澤早紀子
　　　福田小百合
　　　堀　 光代
　　　宮澤 洋子
　　　李　 温九

建帛社
KENPAKUSHA

まえがき

　調理は，狩猟，採取を行い，そのまま食物を食していた長い時代の後，「火を使う」ことを発見して以来の歴史をもつ。

　従来の調理学は，『コツ』や『カン』として伝承されてきた伝統的な調理法を，自然科学的に解明することを中心に進んできた。調理中に生じる化学変化について，食品化学的・物理化学的手法により多くの事象が解明され，調理の再現性が高まり，一定レベルの調理は，長年の『修業』を積まなくても可能になった。

　2000（平成12）年の栄養士法の改正により，管理栄養士は主として傷病者の栄養指導を行う専門家に位置づけられた。2002（平成14）年に「教育カリキュラム」と「管理栄養士国家試験出題基準（ガイドライン）」の改正が行われ，調理学は管理栄養士養成カリキュラムの「専門基礎分野」の中の「食べ物と健康」に分類された。さらに，近年の管理栄養士を取り巻く状況や学術の進歩に合わせ，2010（平成22）年には新たに「管理栄養士国家試験出題基準（ガイドライン）」の改定が行われた。これらの制度の特徴は，食品や栄養素を中心に，つまり「物」に重点がおかれていた従来の内容から，生活，環境，心理，コミュニケーションといった「人」に重点をおく内容に移行してきたことである。保健・医療・福祉・教育をはじめとする高度な知識や技術が求められる管理栄養士の資質を担保するための改定であった。

　本書は，2010年に検討され，第26回国家試験（2012年3月）から適用された「管理栄養士国家試験出題基準（ガイドライン）」の「食べ物と健康」分野のうち，「調理学」にかかわる大項目「1．人間と食品（食べ物）」，「7．食事設計と栄養・調理」に沿った内容を収載した。巻末には学生の理解を深めるため，演習問題や食事摂取基準を付した。

　第1章「人間と食品（食べ物）」では，食品の歴史的変遷と食物連鎖，食文化，食生活，健康，食料，環境問題といった，人間と食べ物のかかわりについて理解を深める。

　第2章「食事設計の基礎」では，食事設計に必要な各要素を理解し，経済的，健康的，栄養的配慮とともに，おいしく食べることにつながる嗜好性とその評価法について理解を深める。

　第3章「調理の基本」では，従来からの調理学の主流であった，調理における基本的知識と技能を修得する。まず，調理の意義を理解し，調理操作の原理，効率的な加熱法，調理器具の使用法，調理操作，食品の調理特性について理解を深める。

　第4章「調理操作による食品の組織・物性と栄養成分の変化」では，調理操作を行うことにより変化する食品の栄養学的，機能的特徴について学び理解を深める。

　第5章「献立作成」では，日常的に食べる食事は人びとの健康づくりのために重要であり，

その献立作成方法の基礎を修得する。さまざまな食品の特徴を理解し，食事のバランスを考えた献立を作ることが望ましい。また，衛生的に安全であり，栄養面，嗜好面を満たし，さらに，生理的，心理的にも満足できる献立を作成する方法について理解を深める。

　現代の調理学は，多様な領域で専門職として期待が高まっている栄養士・管理栄養士の養成に役立ち，健康増進や疾病予防に貢献できる学問分野として，対象領域を広げている。また，調理学は，子どもたちの食育にも大いに関わることから，家庭科教諭や栄養教諭などの教員養成においても十分活用いただけると考える。

　本書は，最新の「管理栄養士国家試験出題基準（ガイドライン）」に則り，社会の要請にそった，管理栄養士養成における「調理学」に求められる知識を中心に編集を行った。本書が広く活用されることを願っているが，ご利用いただき，不備な点があれば率直なご意見を賜れば幸いである。

　終わりに，本書の出版にあたりご尽力，ご配慮をいただいた建帛社の皆さまに厚く御礼申し上げます。

2013 年 8 月

執筆者一同

第 4 版にあたって

　管理栄養士国家試験には，管理栄養士国家試験出題基準（ガイドライン）が設けられているが，関連した法・制度等の改正や社会情勢に速やかに対応するため，概ね 4 年に一度改定を行うことが望ましいとされている。2016（平成 28）年の本書第 3 版発行以降，2019（平成 31）年 3 月に新たな管理栄養士国家試験出題基準が報告され，また，2019（令和元）年12 月に『日本人の食事摂取基準（2020 年版）』が厚生労働省から，2020（令和 2）年 12 月には『日本食品標準成分表 2020 年版（八訂）』が文部科学省より公表された。それらに沿い，必要な改訂を行った。読者諸賢からのご意見を賜れば幸いである。

　2021 年 3 月

執筆者一同

目　　次

第1章 人間と食品（食べ物）

【学習のポイント】

1. 日本人の祖先がどのような形で調理を始め，どのような変遷を経て現在に至ったかを，調理技術と食事形態の面から考える。

2. 調理形態はここ数十年で激変した。その要因，変容，影響，食物調理の原点とその歴史的経過を視野に入れて，将来像を展望する。

3. 人間は生命を維持するために食べることを必要とする。身近にある動植物を食べることを試みながら，適したものを選択し，経験を重ねながら，気候，風土に合わせてよりよい望ましい食品の採取，狩猟，生産，飼育，貯蔵，加工，調理等の技術を開発し，歴史と文化を培いながら「食べ方」に1つの傾向をつくってきた。そして，それらを伝承し，変容を加えながら今日に至っている。

本章では，食文化，食生活，健康，食料と環境問題といった人間と食べ物のかかわりについて理解を深める。

◼1 食文化と食生活

◼1.1 食文化とその歴史的変遷

（1）調理の起源

　人類は600万年ほど前から，猿人，原人，旧人，新人と進化をしてきた。約250万年前の原人のころ旧石器を作り始め，大型獣の解体調理等にも使っていたようである。一方，火の使用は，約100万年前の原人のころ野火等を利用し始め，約12万年前の旧人のころから日常的に使ったようである。火を使用し食品を加熱すると，動物性たんぱく質や炭水化物の消化吸収が高まり，病原となる寄生虫や細菌も減少する。火を用いて調理するという食生活の変化により，摂取カロリーが増加し，脳や体の大型化につながったといわれている。

（2）日本人の食物の歴史

1）原始時代の食形態

　　a．旧石器時代　　日本列島の旧石器時代は，人類が日本列島に移住してきた4〜5万年前に始まるとされる。石器を使っての大型獣の狩猟が主体で，その他木の実等を採取する生活を送っていた。料理は，石を熱してその上に肉をのせて焼く石焼き料理を行っていた。

　　b．縄文・弥生時代　　数千年前に日本に住み始めた縄文人もたんぱく質源としては狩猟や漁労によって鳥獣肉類，魚介類を獲得し，糖質源としては，どんぐり，くり，くるみ等の種実類を採取した（図1-1）。初期は自然物雑食で，生食のほか，焼く，あぶる等火を用いて調理し，またこの時代には，縄文式土器を用いた煮炊きが始まった。調理操作としては，石器を用い，割る，切る，砕く等が行われていた。塩分は動物の臓器から摂取していた。

　縄文時代末期に稲が伝来し，水稲栽培が開始され，米を中心とした穀物が主食となり，新しい食形態が誕生した。弥生時代には畑作も始まり，大麦，小麦，ひえ，あわ，豆類等も栽培された。弥生式土器は精巧になり，米（玄米）は甕（土鍋）でかゆにしたり，甑で蒸して強飯にしたり，炒り米にして食べていた。塩分は海水からの結晶塩を用いるようになった。

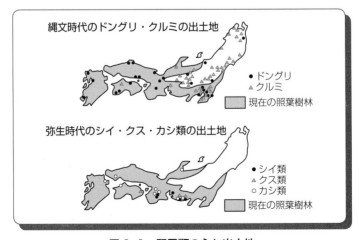

図1-1　堅果類の主な出土地

(佐々木高明：『稲作以前』，日本放送出版協会，p.70，1970 より)

2）古代の食形態

　a．飛鳥・奈良時代　　貴族階級が唐風を模倣し，庶民階級との差が著しくなり，貴族は米を，庶民は雑穀を主食とした。仏教の伝来に伴い貴族階級は肉食を禁忌としたが，庶民は従来の食生活を続け，健康的であった。唐の影響を受け，乳製品，ごま油，菓子，魚介類の乾燥食品等の加工品もつくられるようになった。料理は馴鮓（なれずし），漬物，干物のほか，加熱調理したものが多く，油も一部使われるようになった。

　b．平安時代　　平安時代になると調理技術が発達した。遣唐使によって中国文化が伝えられ，貴族社会において年中行事が確立した。儀式における饗応膳も典礼化し（大饗料理），盛り合わせの美しさを尊重した料理が発達し，本膳料理の基礎ができた。このころは，中流階級でも一汁三菜（干物，野菜類の和え物，漬物）程度だった。基本の味付けは塩と酢で，醬（ひしお），飴（あめ），甘葛煎（あまずらせん），砂糖，柿等があった。玄米を蒸した強飯を固く握って器に盛ると崩れやすいので箸のほか，匙（さじ）も使った。

3）中世の食形態

　a．鎌倉・室町時代　　武家社会となり，戦陣のための屯食（とんじき）（焼き握り飯），糒，梅干し，みそ，かつお節等が用いられた。当初は肉食を禁忌とした貴族社会と異なり，庶民は主穀副肉の食生活を営んでいた。しかし，禅宗の伝播とともに寺院を中心に精進料理が始まり，同じころ，中国から豆腐が伝えられ普及した。禅寺の調理を担当する人や食べる人の食事哲学が書かれた「典座教訓（てんぞきょうくん）」や「赴粥飯法（ふしゅくはんぽう）」がある。米は蒸した強飯と，釜で炊いた姫飯（ひめいい）が用いられた。米を主食として，魚介類，野菜，みそ汁で食事をするパターンが出来上がった。

　室町時代は日本料理が成立した時代である。料理も技巧を凝らし複雑化した。この時代の後半には，四条流，大草流，進士流等の料理の流派が現れた。また，禅や茶の湯を中心とする東山文化が栄えた。本膳料理はこの時代に形式が整い，江戸時代に完成した。

4）近世の食形態

　a．安土・桃山時代　　安土・桃山時代の近世前期までは，平安時代の食生活が続いた。千利休によって茶の湯が茶道として完成され，懐石料理が始まった。南蛮貿易によりポルトガル人やオランダ人から南蛮料理が伝わり，てんぷら等の揚げ物料理，カステラ等の菓子類，西瓜，南瓜，甘藷等の新しい食品が伝来した。食事の回数は，それまでの朝夕の二度食から三度食になった。

　b．江戸時代　　江戸時代の半ばには，みそやしょうゆの種類も多くなり，煮物，焼き物，鍋物等，さまざまな料理の味付けに用いられた。米は精白米が好まれるようになり，釜で炊いた姫飯が一般的になった。社会が安定し食料生産が増え，郷土の名物料理も発達した。中期には居酒屋，屋台，茶漬屋，うどん屋，そば屋，鰻屋といった飲食店ができ，裕福な町人を対象とした料理茶屋も現れ，会席料理が発達した。

5）近代の食形態

　a．明治・大正・昭和（1945年以前）時代　　仏教伝来以降肉食禁忌が続いていたが，文明開化とともに獣肉を用いる西洋料理が伝わり，牛鍋が流行し，カツレツ，オムレツ，コロッケ等の料理とともに，牛乳やパンが普及した。調味料として砂糖，油脂類，香辛料等も

本格的に使われ始めた。しかし，従来からの伝統的な米飯を中心とした食習慣や食文化が基調であった。

6）現代の食形態

a．昭和（1945年以降）時代　　第二次世界大戦後，食を取り巻く環境が大きく変わった。家庭電化製品の普及に伴い食事づくりも電化され，米の炊飯は電気釜やガス釜を用いるのが一般的になった。また，インスタント食品，冷凍食品等が用いられるようになり，食の簡便化が進んだ。24時間営業のファストフード店やコンビニエンスストアー等ができ，調理済み食品が普及する等，家庭での手づくりが少なくなった。このような食生活の変化とともに子どもたちの孤食や個食の問題が生じた。この時代の終わりころには日本経済がバブル期を迎えた。

b．平成時代　　海外から多くの食材が輸入されるとともに，各国の料理法が紹介され，食事形態も外食や中食（市販惣菜の利用）が多くなった。反面，欧米化した食生活の弊害が現れ，健康志向，地産地消，日本の食文化の伝承，環境破壊対策等への関心が高くなった。

c．令和時代　　世界的規模で新型コロナウイルス（COVID-19）感染症が蔓延し，人々の生活形態が大きく変化し，3密（密接・密閉・密集）の回避，ステイホーム等が提唱された。食に関しても飲食店での食事が制限され，テイクアウトやデリバリー，ウーバーイーツ等を利用して自宅での食事が増加した。

1.2　食生活の時代的変化

　日本人の食生活はいずれの時代も外国文化の影響を受けながら発展してきた。縄文時代末期の稲作の伝播以来，米飯を中心として四季おりおりの新鮮な海の幸，山の幸を用いた食文化が長く続いてきた。

　第二次世界大戦後（1945年）に洋風化が起こり，1980年代には経済成長とともに伝統的な食事に肉類や乳・乳製品が加わり，戦中に悪化した健康状態も改善された。このころ，炭水化物，たんぱく質，脂質の摂取エネルギー比が理想レベルになり，1984年に世界一の長寿国になったこともあり，日本型食生活と称され，世界に日本食やすしブームが起きた。

　1980年代後半になると経済はさらに発展しバブル期を迎え，食生活ではグルメブームが到来した。家庭における食生活も米等の主食を減らした副食多食型となり，さらに，洋風の食材や調味料の使用によって脂肪の摂取量も多くなった。このように，主食中心であった伝統的な食生活の急激な洋風化に伴い栄養バランスが崩れ，生活習慣病が問題になってきた。最近は，生活習慣病予防の観点から，和食が見直されている。

　戦後約80年間に，わが国は農業社会から産業社会，そして情報社会へと急激に変化してきた。この間，家族形態は核家族や高齢者世帯が多くなり，さらに，女性の社会進出等により食生活も変化した。家庭の食事が家庭外へ移り，外食や中食が増加し，調理の社会化が起こった。また，日本の経済状態がよくなり海外から多くの食材が入手できるようになり，特別な日に食べていたご馳走も日常的に食べることができ，ハレ（特別な日）とケ（日常）の区分がなくなった。

■ 1.3　食 物 連 鎖

（1）生態系と食物連鎖

1）生 食 連 鎖

　地上では，植物があり，植物を食べる草食動物がいて，さらに，その動物を餌にする小型肉食動物がいて，それを餌にする大型肉食動物がいる（図1-2）。また，水中でも，植物プランクトンが無機物を取り入れ光合成により有機物を合成し，それを動物プランクトンが食べ，それを小さい魚が食べ，最後に大きい魚が餌にする（図1-3）。このような関係の生物同士のつながりを食物連鎖という。食物連鎖において，生きた植物体（緑色植物）を出発点とする場合，生食連鎖という。生物群集において，AがBに，BがCに，CがDに捕食される場合，A，B，C，Dは食物連鎖をしているといい，A→B→C→Dと書き表す。

　生態系の中で特定の生物がいなくなると，それを餌にしている動物が減少し食物連鎖のピラミッドが壊れる。環境破壊によって生態系が変化すると，食物連鎖ピラミッドが崩れる。

【生産者】　植物は，光合成により根から吸い上げた水と空気中の二酸化炭素を結合して炭水化物を合成する。また，地中から，窒素や各種無機質（ミネラル）を組み合わせてたんぱく質や脂肪等をつくる。植物は第1栄養レベルに属し，生産者である。

【消費者】　動物は，炭水化物を蓄えた植物（生産者）を食物としているので消費者である。植物を餌にする草食動物は第2栄養レベルに属し，第一次消費者である。草食動物を食べる肉食動物（第二次消費者）は第3栄養レベル，その肉食動物を食べる大型肉食動物（第三次（高次）消費者）は第4栄養レベルにあり，一般的に，高次の捕食者ほど個体数が少ない。雑食の動物は，動物のほかに植物を食べるので，捕食・被食の関係は複雑である。

【分解者】　動植物の死骸や動物からの排泄物等をデトリタス（残骸）という。デトリタスは，動物に食べられたり，細菌や菌類等微生物の働きによって分解されたりする。生物を構成していた有機物は，微生物により無機物と水と二酸化炭素までに分解され，再び植物に養分を供給する。このため，微生物は生物の物質循環にとって必要な分解者である。

2）腐食連鎖（微生物食物連鎖ともいう）

デトリタスを摂食することから始まる食物連鎖を腐食連鎖という。地表部に堆積している

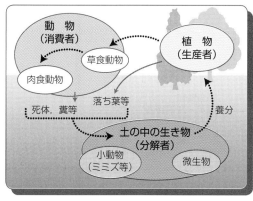

図1-2　地上の食物連鎖

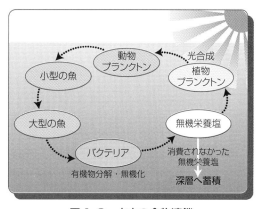

図1-3　水中の食物連鎖

落葉，落枝，腐植（植物体が菌類や細菌等により分解された残骸）や，海洋や陸上から陸水域に流れ込んだ残骸，それらに依存している動物も腐食連鎖に重要な役割を果たしている。

（2）食物連鎖と栄養

　一般に，食う動物（栄養段階が高い）は食われる動物（栄養段階が低い）より少ない。この関係を，イギリスの生態学者 C.S. エルトン（1927）が個体数に着目し，生態ピラミッド（個体数のピラミッド，またはエルトンのピラミッド）を提案した（図1-4）。エルトンの生態ピラミッドは，栄養段階において段階が高いほどその量が少ないため，積み上げ式に表示するとピラミッドのようにみえる。第1栄養レベルに属している植物は食物の生産者，第2栄養レベルからは消費者となる。第2栄養レベルに属する動物は草食動物，第3栄養レベルに属するのは肉食動物，肉食動物の捕食者は第4栄養レベルに属する。段階が上がるにつれ生物の体は大きくなり，その前段階の生物量が少なければ生存できない可能性がある。

　人間は種々の動植物を食べる雑食性の高次消費者で，生態ピラミッド（食物連鎖ピラミッド）では第4栄養レベルの第三次（高次）消費者である。狩猟生活や植物採取をして自然の中で暮らしていたときは生態系を大きく崩すことはなかったが，農耕や養殖等を行って特定の動植物を増加させたり，乱獲により絶滅させたり，環境破壊をしたりと，生態系に多大な影響を与えている。これ以上の環境破壊を起こさない対策が必要である。

（3）食物連鎖と生物濃縮

　生物濃縮とは，特定の化学物質が生態系での食物連鎖を経て生物体内に濃縮される現象をいう。疎水性が高く，代謝を受けにくい化学物質は，生物体内の脂質中に蓄積される傾向があり，上位捕食者ほど生物濃縮が行われる。

　海洋生態系の高次消費者であるクジラやイルカについて，出生率や生存率の低下が報告されている。プランクトンから始まった食物連鎖がイルカに達したとき，化学物質の蓄積濃度は海水の 1,000 万倍の濃度になるといわれている。1950 年代に熊本県水俣市で起きた水俣病も生物濃縮によって生じた問題の1つである。

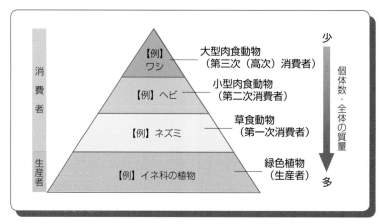

図1-4　生態ピラミッド

2 食生活と健康

2.1 食生活と健康維持・管理

WHO（世界保健機関）はローマ宣言（1948年）において「健康とは，身体的，精神的，並びに社会的に完全に良好な状態であって，単に疾病や虚弱でないというだけではない」と定義している。健康を維持するには多面的な条件が必要となるが，中でも食事は大切な要素である。

適度の脂肪や砂糖を含む食品は嗜好性が高いため，嗜好に任せ栄養バランスの悪い食事を摂っていると身体にいろいろな影響をきたす。40歳ころより増えるがん，心臓病，脳卒中等の病気を，従来は「成人病」と称していた。1996年12月に，厚生省公衆衛生審議会（当時）は「食生活や運動習慣，休養，喫煙，飲酒等の生活習慣によって引き起こされる病気」を生活習慣病とした。生活習慣病を予防し健康を維持するためには，各個人の適正量をバランスよく摂取することが必要である。

2.2 食生活と生活習慣病

（1）食　　　品

食品とは，人間が食べるために用意されたもので，栄養素を含み，有害物質を含まない天然およびその加工品を指し，一般的に市場に出回る品物をいう（図1-5）。食品を食糧や食料と区別する使い方もある。主食的性格の強い米，大麦，小麦等を食糧，それ以外のものを食品とする場合がある。また，主食のほか，豆，いも，野菜，畜肉，牛乳，魚介等原材料を含めて食料といい，加工したものを食料品とする場合がある。食品衛生法では，食品とはすべての飲食物と定義されている。

食品の基本的特性には，栄養性，安全性，嗜好性，生理機能性等があり，機能としては①食品の一次機能（栄養機能），②食品の二次機能（感覚機能），③食品の三次機能（生体調節機能，保健機能）に分類される。

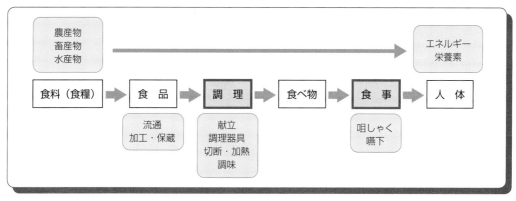

図1-5　食料・食品・食べ物の関係

（2）食　べ　物

　食べ物とは，一般的に食品材料を調理加工し，栄養効果を高め，衛生的に安全で食べられる状態にしたものである。また，食欲を高めるために外観をよくし，おいしく食べられるように味や香り，口ざわりをよくするために調理加工されたものである。これは，食品の二次機能に相当する。食べ物を食べることは，エネルギーや栄養素の摂取だけではなく，生活にリズムや潤いを与える。

（3）栄　　養

　栄養とは，食べ物を体内に取り入れ，食べ物中の栄養素を消化吸収し，体内でエネルギーを産生したり体を構成したりして生命を維持し，成長を促すために必要なものである。栄養素には，炭水化物，脂質，たんぱく質，無機質（ミネラル），ビタミンがあり，五大栄養素という。その他，炭水化物，脂質，たんぱく質を三大栄養素と称することがある。

　児童等を対象とした栄養指導に用いられる3色食品群は，赤（血や肉をつくる），緑（体の調子をよくする），黄（エネルギー源となる）で表され，食品の主たる生理活性から分類されたものである。さらに細分化した6つの基礎食品がある（図1-6）。

　食べ物を食し栄養を摂取することは，食品の機能性としては一次機能に分類される。

（4）肥満とやせ

　肥満とやせは，摂取エネルギーと消費エネルギーのバランスが悪いことにより生じる。1日に食べた食事のエネルギー量が1日に消費したエネルギー量より過剰な状態が続くと肥満となり，不足した状態が続くとやせとなる。

　肥満のスクリーニングには，一般的には，体格指数として国際基準である BMI（body mass index）を用いる。「BMI＝体重(kg)÷身長(m)^2」の計算式で求め，標準体重は BMI

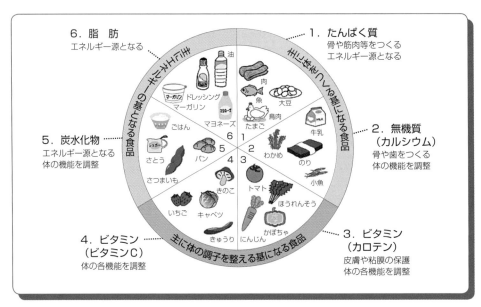

図 1-6　3色食品群と6つの基礎食品

22で，男女ともに死亡率や病気にかかる確率が最も低いとされている。また，BMI 18.5 未満をやせ，BMI 18.5 以上 25 未満を普通，BMI 25 以上を肥満としている（日本肥満学会の基準）。日本人の食事摂取基準（2020 年版）では，高齢者のフレイル予防の観点から 65 歳以上の目標とする BMI の範囲を 21.5～24.9kg/m^2 とした。

肥満は各種の生活習慣病を引き起こすリスクが高いが，近年，若い女性の強いやせ願望により BMI 18.5 未満の割合が高くなっている。急激に体重を減らすと，肌荒れ，抜け毛，便秘，胃腸系の病気，身体の抵抗力の低下，貧血，動悸，冷え，骨粗鬆症（こつそしょうしょう）をきたす。女性の場合は，生理不順，無月経になることもある。

肥満を解消するための食事については，食事のバランスを見直し，全体量を減らす，脂肪の量を減らす，間食の種類を変える等，日常の食事を見直すことが必要である。

（5）メタボリックシンドローム（内臓脂肪症候群）

内臓の周囲に脂肪が蓄積する内臓脂肪蓄積型肥満の人が，高血圧，高血糖，脂質異常症等の動脈硬化因子を 2 つ以上併せもった場合にメタボリックシンドロームと判定される。メタボリックシンドロームの診断基準の内臓脂肪蓄積状態は，ウエスト周囲径として計測し，男性では 85 cm，女性では 90 cm 以上を要注意としている。さらに，次の 3 項目のうち 2 つ以上を有する場合はメタボリックシンドロームと診断される。

① 脂質異常（トリグリセライド値 150 mg/dL 以上，または HDL コレステロール値 40 mg/dL 未満）
② 血圧高値（最高血圧 130 mmHg 以上，または最低血圧 85 mmHg 以上）
③ 高血糖値（空腹時血糖値 110 mg/dL 以上）

■ 2.3 食嗜好の形成

（1）食　　欲

食欲は，食べ物に対する基本的欲求である。食欲は空腹感等の生理的な条件だけではなく，健康状態や精神状態，体質，性別や年齢，知識や経験，文化，宗教等，各個人がもっている多くの条件によって影響を受け，食欲の起こり方は人によって異なる。摂食機能には脳の視床下部が重要な役割を果たしている。視床下部で食欲に関係しているのは摂食中枢（視床下部外側野）と満腹中枢（視床下部腹内側核）である。腹内側核は満腹感の形成に関係し，食べるのをやめさせる中枢核であり，外側野は空腹の動機に駆り立て，食欲を増す。

（2）嗜好の形成

嗜好性は食べ物に対する好き・嫌いで，それぞれの人間の食べ物に対する生理的・心理的反応である。その内容は伝統的・社会的環境と個人的環境に大別できる。前者は，人類がその周辺にある食べ物を生存の糧としてきた民族的な生活経験が基礎になっている。例えば，東洋の稲作農耕文化と発酵調味料嗜好に対して，西洋の牧畜文化と肉・乳製品嗜好等がある。個人の嗜好は，個人の成長過程における生活環境や食体験の学習的因子から形成される。

（3）ライフステージと嗜好変化

胎児は味蕾が形成される胎齢 3 か月以降，羊水に含まれるさまざまなアミノ酸やグルコー

ス組成の変化を味の変化として認知し，嗜好形成が始まると考えられている。新生児でも，すでに甘味(かんみ)，酸味(さんみ)，塩味(えんみ)，苦味(くみ)，うま味に反応し，味によって顔の表情を変える。

離乳期に入ると親から子へ食べ物の選択方法が伝えられ，嗜好が形成される。この時期から12歳ころまでに「味覚の刷り込み」が行われ，おふくろの味として記憶される。

一般的に，10歳代，20歳代は肉を中心とした「洋風」「こってり」や，「甘味」への嗜好性が高く，「和食」が嫌いである。30歳代の前半は同じように「こってり」が好きであるが，後半からは「和食」が好きになり始める。40歳代では「洋風」嫌いという嗜好の変化が現れ始め，50歳代，60歳代に近い嗜好になる傾向がある。さらに高齢になると，味蕾細胞の減少と萎縮により，味覚閾値が上昇するため濃い味を好むようになる。

3 食料と環境問題

3.1 フード・マイレージの低減

食料を消費地まで移送することに伴って排出される二酸化炭素は，環境に大きな負荷を与える。環境に与える負荷についての尺度として，フード・マイレージがある（図1-7，1-8）。

輸入食料に関してフード・マイレージという概念があり，「輸入相手国別の食料輸入量（トン：t）×当該国からわが国までの輸送距離（km）」で計算された数値（トンキロメートル：tkm）で表される。輸送距離が長くなるほど，また輸送量が多くなるほどフード・マイレージは高くなる。2001年では人口1人当たりのフード・マイレージは日本が7,093tkmであるのに対し，韓国は6,637tkm，イギリスは3,195tkm，ドイツは2,090tkm，フランスは1,738tkm，アメリカは1,051tkmと日本が世界で最も大きい。特に穀類と油脂類で高い。環境への負荷を低減する視点で食素材を選択することも大切である。

3.2 食料生産と食料自給率

食料需給表によると，日本の食料自給率は1998年ぐらいから40％前後で推移している（図1-9）。自給率低下の要因としては，日本型食生活から欧米型食生活への食料消費の変化と，食品加工メーカーや外食店等の食品産業が輸入食料に依存してきたことによる。食料自給率を上げるためには，食品産業の要望に対応できる体制をつくる必要がある。

また，農業は，農業所得の激減，農業従事者の減少・高齢化等により危機的な状況にある。安全で安心な国産農産物の安定供給のために，産業としての農業を回復し，農村の再生を図る必要がある。また，TPP（環太平洋戦略的経済連携協定）の課題もある。

現在，農林水産省を中心に，食料自給率向上に向けた国民運動「フード・アクション・ニッポン」を開始し，米粉，麦，大豆等戦略作物の需要拡大，中食・外食産業，医療・介護業界等のさまざまな企業のネットワーク化等の取り組みの推進を検討している。

3.3 地産地消

地産地消とは，地域で生産されたものをその土地で消費しようとする考え方である。地産

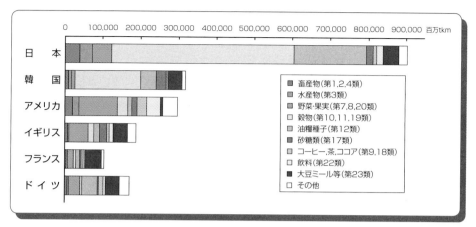

図1-7　輸入食料に係るフード・マイレージの比較（品目別，2001年）

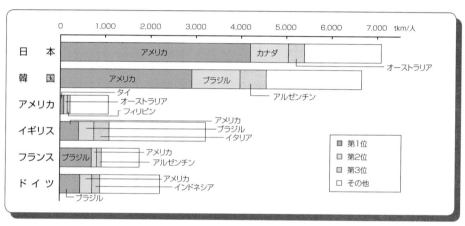

図1-8　1人当たりフード・マイレージの比較（輸入相手国別，2001年）

（図1-7，1-8ともに，中田哲也：フード・マイレージ資料室HPより）

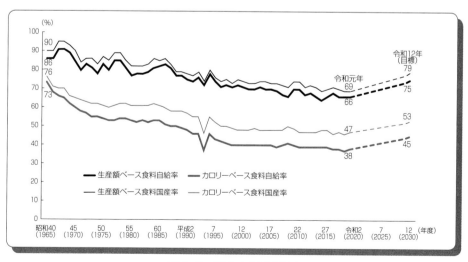

図1-9　日本の食料自給率

（農林水産省「食料需給表」）

地消によって，トレーサビリティ（p.14 参照）が容易となり，鮮度の高い食料を安心して入手することができ，地域の活性化にも役立つ。また，地産地消による食品の消費量が増加し，国内産の消費が増加すれば食料自給率の向上にもつながる。

さらに，地産地消では，食料の輸送距離が短いことから二酸化炭素の排出量を減らすことができ，環境への負荷も低減できる。

■ 3.4　食べ残し・食品廃棄の低減

前述のように，日本の食料自給率は40％程度であり，多くは海外からの輸入に頼っている。一方で年間約 2,550 万 t の食品廃棄物が，家庭や食品関連事業者から出されている。この中には本来食べられるものが年間 612 万 t にも及ぶ（2017 年度推計値，農林水産省）。これを食品ロスという。612 万 t とは 61 億 2,000 万 kg で，国民 1 人当たりの食品ロス量を概算すると，1 日約 132g となり，茶碗約 1 杯のご飯の量に相当する。年間では約 48kg になり，年間 1 人当たりの米の消費量（約 54kg）にも達する。食品ロスとなっているのが，食料品店等での売れ残り食品，期限切れ食品，外食産業等での食べ残しや余った食材である。また，家庭では食べられる部分を過剰に捨てたりもしている。家庭で最も多い食品ロスは，野菜，次いで調理加工品，果実類，魚介類である。

この食品廃棄物の年間処理コストは家庭系が約 2,130 億円，事業系が約 499 億円，産業系が約 148 億円，社会全体では約 2,777 億円と，家庭系食品廃棄物に要する費用が大半を占めている。一方，食品廃棄物の再生品売却等による収入が約 420 億円あり，再生品売却収益を加味した社会全体のコストは 2,357 億円となる。社会コスト削減には種々の課題があるが，現在の収集処理システムの中でコストを削減するためには，食品ロスの削減等，食品廃棄物の発生抑制対策が必要である。

食品ロス率は「食品ロス率（％）＝食品ロス量／食品使用量×100」で算出される。

買い物の前に在庫を確認し，保存方法を工夫し，消費期限と賞味期限を確認する等して，無駄のない量を購入し，必要量を調理することで，食品ロス率を低減することが可能となる。

〈参考文献〉
・小畑弘己：「東北アジアと日本の旧石器文化」．『日本の考古学』，奈良文化財研究所編（2007）
・西堀すき江編著：『食育に役立つ調理学実習』，建帛社（2007）
・川端晶子，大羽和子：『健康調理学　第 5 版』，学建書院（2015）
・草間正夫：『食生活論』，裳華房（1992）
・中田晴彦：「第 9 章 海洋汚染と鯨類」．『鯨類学』（村山司編著），東海大学出版会（2008）
・荒井綜一，倉田忠男，田島眞：『新・櫻井 総合食品事典』，同文書院（2012）
・山崎清子，島田キミエ，渋川祥子ほか：『NEW 調理と理論　改訂版』，同文書院（2011）
・豊満美峰子，小川久惠，松本仲子：三世代家庭と二世代家庭における若年者と高齢者の食嗜好の比較，日本食生活学会誌，14（4），289-297（2004）

第2章　食事設計の基礎

【学習のポイント】

1. 人間が心身ともに健康で，望ましい食生活を過ごすためには，個々人に応じた献立設計ができる能力を養うことが重要である。食事は，食品を調理，加工し，食べられる状態になってから，料理としてコーディネートされ献立となる。食事設計はこの一連の流れを組み立てることであり，食べる側の人間の健康的要素，嗜好的要素，経済的要素，食文化的な背景まで考慮されなければならない。食事設計に必要な条件，内容について理解する。

2. 食べるという行為は生命を維持し健康な生活を営むうえで重要なことであるが，現在では「おいしく食べる」ことに価値を求める傾向が強い。おいしさに関与する要因としては，食べ物側の要因と食べる人側の要因があげられる。各要因についてその内容を理解する。

3. おいしさの評価方法には，主観的評価方法と客観的評価方法がある。各評価方法について理解する。

　本章では，食事設計に必要な各要素を理解し，経済的，健康・栄養的配慮のみならず，「おいしく食べる」ことにつながる嗜好性とその評価法について理解を深める。

1 食事設計の意義・内容

1.1 食事設計の意義

　食事設計とは，食事提供者が食事摂取者へ満足のいく食事を提供するための食事計画である。個々人で身体状況，健康状態，環境等が異なるので，対象者に応じた適切な食事設計を行い，健康の維持・増進，疾病予防・治癒を目的とする。つまり，食事設計は，献立作成や調理だけでなく，医学的知識，人文学的知識，社会科学的知識が必要である。信用される栄養士・管理栄養士をめざすためには，「食べ物と健康」の基礎知識を修得し，食情報が氾濫する中で，食べる人に正しい情報を的確に伝えることができなければならない。また，健康や予防医学の面から正しい食生活を提案し，おいしく食べて効果をあげなければならない。

　食事設計に必要な条件には，食べ物に求められる条件として安全性，栄養性，嗜好性だけでなく，食生活に求められる条件として経済性，作業の簡便性，さらに付加価値として食文化の継承，環境保全等があげられる。

1）安 全 性

　安全性の確保が第一である。食料の生産現場から食卓まで一貫した安全対策として食中毒予防，食品汚染物質の除去，食品の変質防止方法等をよく理解する必要がある。食の現場では生産履歴追跡管理（トレーサビリティ）[*1]の構築やHACCP[*2]システム等社会環境の整備がすすめられている。

2）栄 養 性

　食べる人の生命の維持，発育，健康の維持増進，疾病の予防や治療，生活活動に必要なエネルギー・栄養素を過不足なく摂取できる栄養計画が必要である。

3）嗜 好 性

　栄養的に優れていても嗜好性に配慮されていなければ，食べてもらえない。食べる人の嗜好に配慮した五感に訴えるような献立や調理法，食事環境の工夫が必要である。

4）経 済 性

　食生活行動は消費生活の一部である。予算の枠内で適切な効果をあげるために市場価格のしくみ，社会の経済動向，鮮度や品質の関わり等を常に把握しておくことが大切である。

5）作業の簡便性

　供食の時間に合わせた時間配分を計画するためには手順，設備，器具の使い方を工夫して作業を行わなければならない。調理工程のシステム化は，作業効率をあげるだけでなく，作業環境を向上させることにもつながる。

＊1　生産履歴追跡管理（トレーサビリティ）　農産物や製造品の生産者や流通経路等が遡ってたどれること。日本では米に入荷・出荷の記録作成・保存義務，牛に個体識別番号付与のトレーサビリティ制度が制定されている。食品事故等の問題があったときに，食品の移動ルートを特定し，事故の原因究明や商品回収等を円滑に行えるようにするしくみである。

＊2　HACCP（hazard analysis and critical control points）　危害分析（HA）と重要管理点（CCP）での衛生管理に分類される。CCPの管理基準の設定，監視方法の設定，改善措置，検証，記録の維持管理が必要である。この方式によって食品製造・加工の全工程において安全が確保され，極めて衛生的な加工食品が製造されることになる。

6）食文化の継承

地域の自然・風土・交通・産物・歴史・宗教・食習慣から育まれてきた行事食や郷土食は，その地域に適した食べ方，嗜好が発達している。日本では昔から米食や特色ある食材を生かした郷土食が親しまれ「スローフード」*3 が実践されてきた。伝統に基づいた食習慣や食文化を継承することが必要である。

7）環境保全

生物環境や地球環境に与える影響についてさまざまな角度から食料と環境問題を考える必要がある。食料輸送に環境負荷の要素を加えた指標であるフード・マイレージを意識し，地産地消の取り組みを実施することは環境保全の１つにつながる。さらに，電気・ガス等のエネルギーの省力化，調理排水，使用済み廃油，廃棄物や残飯等の食品ロスにも配慮し，自然環境を守る取り組みが必要である。

■ 1.2　食事設計の内容

食事設計は，対象者の把握，栄養アセスメント，栄養目標量の設定，食品構成表の作成，献立・調理・供食，食事設計の評価・目標量の再設定という一連のサイクルで実施される。喫食者にとって望ましい食事が提供できたかを，フィードバックして点検し，必要に応じて目標量の再設定等を行う。食事提供が業務の１つとなる栄養士・管理栄養士は，対象者へ，栄養，嗜好等の点から満足のいく食事を具体的な形に仕立て上げて提供できることが必須の技術として求められる。

1）対象者の把握

性別，年齢，健康状態，嗜好，さらに個人または集団等の情報が必要である。

2）栄養アセスメント

対象者本人からの食習慣や食環境の情報を得て，身体活動，身体状況，生化学検査や臨床症状等の情報をアセスメントにより総合的に評価することが大切である。

3）栄養目標量の設定

食生活指針*4（表2-1），食事摂取基準等を活用する。

4）食品構成表の作成

対象者の特性別にどのような食品をどのくらい摂取したらよいか食品群別の摂取量目安を示すために食品群別栄養素等摂取量，食品群別荷重平均成分表等を利用する。食品構成に用いられる食品群は，３色食品群，４つの食品群，６つの基礎食品のほか，日本食品標準成分表による分類（18食品群），糖尿病治療のための交換表による食品分類（４群６表），腎臓病食交換表による食品分類（２群６表）等がある。

---

*3　スローフード　ファストフードに対して，イタリアで始まった食生活を見直す運動。伝統的な食文化の保護，質のよい食材を供給する生産者の保護，食に関する教育の３つを基本指針としている。
*4　食生活指針　国民の健康の増進，生活の質（QOL）の向上および食料の安定供給の確保を図るため，2000（平成12）年に文部省，厚生省および農林水産省が連携して10項目の内容を策定した。2016（平成28）年に一部改正。

表2-1　食生活指針

食生活	1. 食事を楽しみましょう。 ・毎日の食事で，健康寿命をのばしましょう。 ・おいしい食事を，味わいながらゆっくりよく噛んで食べましょう。 ・家族の団らんや人との交流を大切に，また，食事づくりに参加しましょう。
	2. 1日の食事のリズムから，健やかな生活リズムを。 ・朝食で，いきいきした1日を始めましょう。 ・夜食や間食はとりすぎないようにしましょう。 ・飲酒はほどほどにしましょう。
身体活動	3. 適度な運動とバランスのよい食事で，適正体重の維持を。 ・普段から体重を量り，食事量に気をつけましょう。 ・普段から意識して身体を動かすようにしましょう。 ・無理な減量はやめましょう。 ・特に若年女性のやせ，高齢者の低栄養にも気をつけましょう。
具体的な 食事ポイント	4. 主食，主菜，副菜を基本に，食事のバランスを。 ・多様な食品を組み合わせましょう。 ・調理方法が偏らないようにしましょう。 ・手作りと外食や加工食品・調理食品を上手に組み合わせましょう。
	5. ごはんなどの穀類をしっかりと。 ・穀類を毎食とって，糖質からのエネルギー摂取を適正に保ちましょう。 ・日本の気候・風土に適している米などの穀類を利用しましょう。
	6. 野菜・果物，牛乳・乳製品，豆類，魚なども組み合わせて。 ・たっぷり野菜と毎日の果物で，ビタミン，ミネラル，食物繊維をとりましょう。 ・牛乳・乳製品，緑黄色野菜，豆類，小魚などで，カルシウムを十分にとりましょう。
	7. 食塩は控えめに，脂肪は質と量を考えて。 ・食塩の多い食品や料理を控えめにしましょう。食塩摂取量の目標値は，男性で1日8g未満，女性で7g未満とされています。 ・動物，植物，魚由来の脂肪をバランスよくとりましょう。 ・栄養成分表示を見て，食品や外食を選ぶ習慣を身につけましょう。
食文化	8. 日本の食文化や地域の産物を活かし，郷土の味の継承を。 ・「和食」をはじめとした日本の食文化を大切にして，日々の食生活に活かしましょう。 ・地域の産物や旬の素材を使うとともに，行事食を取り入れながら，自然の恵みや四季の変化を楽しみましょう。 ・食材に関する知識や調理技術を身につけましょう。 ・地域や家庭で受け継がれてきた料理や作法を伝えていきましょう。
環　境	9. 食料資源を大切に，無駄や廃棄の少ない食生活を。 ・まだ食べられるのに廃棄されている食品ロスを減らしましょう。 ・調理や保存を上手にして，食べ残しのない適量を心がけましょう。 ・賞味期限や消費期限を考えて利用しましょう。
自分なりの 健康目標	10. 「食」に関する理解を深め，食生活を見直してみましょう。 ・子供のころから，食生活を大切にしましょう。 ・家庭や学校，地域で，食品の安全性を含めた「食」に関する知識や理解を深め，望ましい習慣を身につけましょう。 ・家族や仲間と，食生活を考えたり，話し合ったりしてみましょう。 ・自分たちの健康目標をつくり，よりよい食生活を目指しましょう。

（文部省・厚生省・農林水産省「食生活指針」，2000，2016一部改正）

5）献立・調理・供食

食事の種類によって内容が異なるため食事の目的や対象者の特徴を考慮し，決定する必要がある。食事の種類は，目的別，食文化別，摂取形態別，供食形態別によって分類される（表2-2）。食事は，テーブルを中心にして，人間，時間，空間が相互に作用している。料理をよりおいしいと感じるには，食べやすさ，居心地のよさ，食卓のコミュニケーション，印象に残る等がポイントとなる。清潔であるだけでなく，室内の飾り，香り，音，温度，湿度，照明等の食事環境も配慮すべきである。

表 2-2　食事の種類

目的別	食文化別		摂取形態別	供食形態別
日常食 行事食 供応食 特殊栄養食 　治療食 　施設別給食 　妊産婦・授乳期 　スポーツ栄養	日本料理 　大饗料理 　精進料理 　本膳料理 　懐石料理 　南蛮料理 　卓袱料理 　普茶料理 　会席料理	中国料理 　北京料理 　広東料理 　四川料理 　上海料理 西洋料理 　フランス 　イタリア 　ドイツ 　スペイン 　ロシア 　　　　　　等	内食 外食 中食	ビュッフェ形式 カフェテリア形式 バイキング形式 アラカルト形式 ティーパーティー形式

（大越ひろ，品川弘子：『健康と調理のサイエンス』，学文社，p.101，2008 に加筆）

6）食事設計の評価・目標量の再設定

　目的に応じた献立作成ができているか問題点を意識化する。さらに，改善のために目標量の再設定をすることが必要である。

2 嗜好性の主観的評価・客観的評価

2.1　おいしさの評価方法

　食べるということは生命を維持し健康な生活を営むうえで重要なことであるが，現在では「おいしく食べる」ことに価値を求める傾向が強い。「おいしく食べる」ことは，咀しゃくによる唾液，胃や腸からの消化液の分泌を増やし，摂食，嚥下，消化吸収を円滑にさせる。また，ホルモンの分泌を促し，栄養素の代謝調節にプラスに働き，生体恒常性（ホメオスタシス）の維持を満たす。さらに，食べる人の喜怒哀楽の感情や心理状態，生理状態に影響を与え精神的満足感を満たす。

（1）おいしさを感じるしくみ

　食べ物の認知情報の流れを図 2-1 に示す。嗅覚や味覚の情報は，刺激となって神経を伝達し，脳内の大脳皮質感覚野で分析される。扁桃体では，食事時の雰囲気等の食卓環境，食文化，食体験，風土等の記憶が形成・蓄積され，おいしい，まずいが評価される。さらに視床下部（食欲中枢）に伝達され，嗜好・おいしさ・やみつきにつながる自律神経系，神経内分泌系が作動し食行動へつながる。

　味覚のシステムを図 2-2 に示す。味覚は舌表面の乳頭にある多数の味細胞からなる味蕾で受容される。味蕾は舌前方部に散在する茸状乳頭，舌縁後部の葉状乳頭，舌根部の有郭乳頭に散在するほか，軟口蓋，咽頭，喉頭部にも認められている。味蕾の入り口には味孔があり，ここに味物質が入り込み，味細胞で味刺激に変換され味神経から大脳皮質味覚野に伝達され味覚が生じる。出生時にはすでに軟口蓋に多数の味蕾が機能しており，離乳時には味覚

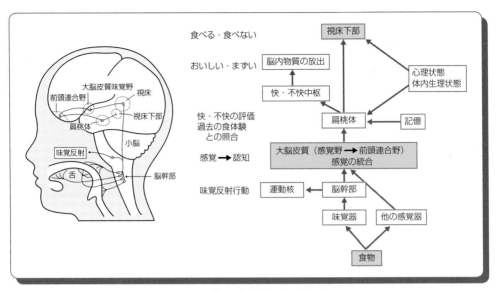

図2-1　食べ物の認知情報の流れ

(栗原堅三：「食物情報の脳内機序」．『季刊　化学総説 No.40　味とにおいの分子認識』（日本化学会編），学会出版センター，p.14，1999)

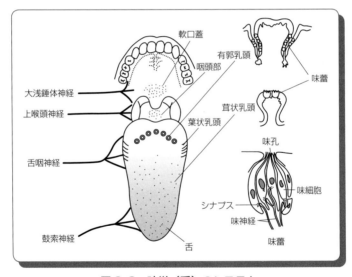

図2-2　味覚（舌）のシステム

(栗原堅三：「味覚器と味神経の構造と機能」．『季刊　化学総説 No.40　味とにおいの分子認識』（日本化学会編），学会出版センター，p.4，1999)

器が完成するとされる[1]。

　嗅覚のシステムを図2-3に示す。嗅覚は鼻腔上部にある嗅粘膜で受容される。におい物質が嗅細胞の先端の嗅繊毛に結合し細胞が興奮するとインパルスが生じ，においの情報が嗅神経から脳の嗅中枢に伝えられてにおいの感覚が生じる。

（2）おいしさの要因

　おいしさに関与する要因は，食べ物側の要因と食べる人側の要因に大別される（図2-4）。

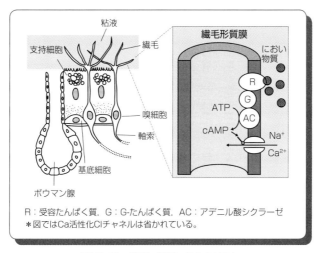

図2-3　嗅覚（鼻）のシステム

(倉橋隆：香りを感ずるしくみ，香料，200，p.25，1998)

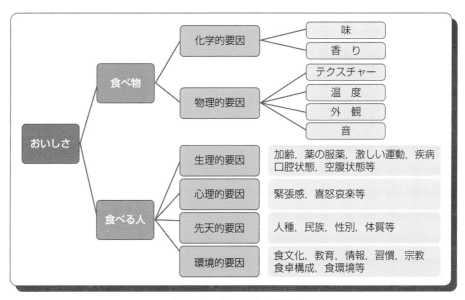

図2-4　おいしさの要因

1）食べ物側の要因

食べ物側の要因には，化学的要因と物理的要因がある。化学的要因には味と香り，物理的要因にはテクスチャー，温度，外観，音等がある。

　a．味（呈味成分）　食べ物の味は，甘味，酸味，塩味，苦味，うま味の5基本味で構成されている。基本味は動物が栄養を積極的に摂取し，有害物から身を守るのに役立っている。

表2-3に糖類の種類と甘味度を示す。甘味物質は，糖のシグナルであり，代表的な栄養物である。同じ糖質でもα型とβ型では甘味が異なり，フルクトースの場合はβ型の方がα型より3倍，グルコースの場合はα型の方がβ型よりも1.5倍甘味が強い。

表 2-3　糖類の種類と甘味度

		一般名	甘味度	備　考
糖質甘味料	単糖類	α-グルコース（ブドウ糖）	0.74	低温で増える
		β-グルコース（ブドウ糖）	0.48	高温で増える
		α-フルクトース（果糖）	0.60	高温で増える
		β-フルクトース（果糖）	1.80	低温で増える
		転化糖	0.9~1.2	スクロースが酸またはインベルターゼで加水分解したもの グルコースとフルクトースの同量混合物
		イソメロース（異性化糖）	0.9~1.2	グルコースとフルクトースの液状糖
	二糖類	ラクトース（乳糖）	0.15	ガラクトースとグルコースが結合
		マルトース（麦芽糖）	0.4	グルコース2分子が結合
		スクロース（ショ糖）	1.0	グルコースとフルクトースが結合
	オリゴ糖	ガラクトオリゴ糖	0.25~0.35	虫歯になりにくい 低エネルギー
		フラクトオリゴ糖	0.30~0.60	整腸作用 分子が大きいほど甘味度は減少する
	糖アルコール	ラクチトール	0.3~0.4	低エネルギー
		還元パラチノース	0.45	虫歯になりにくい 低エネルギー 甘味が強くなる傾向
		ソルビトール	0.4~0.7	
		エリスリトール	0.75~0.85	
		マルチトール	0.80~0.95	
		キシリトール	0.85~1.20	
非糖質甘味料	たんぱく質, アミノ酸	ソウマチン	750~1,600	すっきりした甘味 低エネルギー 加熱に弱い
		モネリン	3,000	
		D-アラニン	3	
	天然甘味料	グリチルリチン	50~100	特有の後味や苦味が残る
		ステビオシド	150~160	
		フィロズルチン	500	
	人工甘味料	アスパルテーム	200~230	自然な甘味, あっさりした後味
		サッカリン	300~500	苦味がある

（種村安子, 和田政裕, 岩間昌彦ほか：『イラスト　食べ物と健康』, 東京教学社, p.81, 2008 に加筆）

　塩味は食塩（塩化ナトリウム）が代表物質であり，そのほか KCl, NH₄Cl, LiCl 等の無機塩も塩味を呈する。水中の Na^+ と Cl^- の解離によって塩味は生じる。一般に塩のイオンの原子量が大きくなるほど，苦味が増す傾向を示す。また，微量の不純物を含んだ塩の方がマイルドで深みがある。好まれる塩分濃度は体液の浸透圧にほぼ等しい 0.85% である。

　表 2-4 に酸味の種類と特徴を示す。酸味は有機酸や無機酸が水中で解離して生じる水素イオンの味であるが，同じ pH でも酸の陰イオンの違いにより味の強さが異なる。酸の種類により，においや味わいが違う。

　表 2-5 に苦味の種類を示す。苦味はキニーネが代表であり，植物に含まれるアルカロイドにはほとんど苦味がある。閾値が非常に小さく，好まれない味であるが，酒類や茶等の嗜好品では味にしまりと独特の風味を与えている。

　味盲とは，フェルニチオ尿素に対する閾値のみ高く，ほかの味物質に対しては正常の感受

表 2-4　酸味の種類と特徴

	種　類	存在（%）	酸味の特徴
有機酸	乳酸	漬物（0.1~0.5） 乳酸飲料（0.5~0.9）	渋味のある穏和な酸味
	酢酸	食酢（4）	刺激的臭気のある酸味
	コハク酸	日本酒（0.18）	こくのあるうまい酸味
	リンゴ酸	りんご，梨（0.5~0.7）	かすかに苦味のある酸味
	酒石酸	ぶどう（0.5~1.0）	やや渋味のある酸味
	クエン酸	かんきつ類（1~4）	穏やかで爽快な酸味
	アスコルビン酸	野菜，果物（0.02~0.1）	穏やかで爽快な酸味
無機酸	炭酸	炭酸飲料，ビール	水中で爽やかな酸味
	リン酸	清涼飲料水	渋味と刺激のある酸味

（島田淳子，下村道子：『調理とおいしさの科学』，朝倉書店，p.103，1993 に加筆）

表 2-5　苦味の種類

種　類	苦味物質	存　在
アルカロイド	カフェイン	茶，コーヒー，コーラ
	テオブロミン	ココア，チョコレート
配糖体	ナリンギン ネオヘスペリジン	かんきつ類果皮
テルペノイド	ククルビタシン	うり類
	フムロン	ビールのホップ
有機化合物	硫酸キニーネ フェルニチオ尿素	キナノキの樹皮
無機塩類	硫酸マグネシウム	にがり

（島田淳子，下村道子：『調理とおいしさの科学』，朝倉書店，p.106，1993 に加筆）

表 2-6　うま味の種類

種　類	うま味物質	存　在
アミノ酸系	L-グルタミン酸ナトリウム	こんぶ，チーズ，茶，トマト
	L-アスパラギン酸ナトリウム	みそ，しょうゆ
	L-テアニン	茶
核酸系	5′-イノシン酸ナトリウム	煮干し，かつお節，牛肉
	5′-グアニル酸ナトリウム	干ししいたけ，まつたけ
	5′-キサンチル酸ナトリウム	魚介類
有機酸	コハク酸	はまぐり，しじみ

（渕上倫子編著：『テキスト食物と栄養科学シリーズ5　調理学』，朝倉書店，p.34，2008）

性を有することで遺伝的要因で決定する。

　表2-6にうま味の種類を示す。うま味はアミノ酸系，核酸系，有機酸の３つに分類され，アミノ酸系は植物性食品，核酸系は動物性食品を中心に含まれる。L-グルタミン酸ナトリウムは，pH7付近で最もうま味が強い。

　表2-7にその他の味の種類を示す。辛味は，とうがらしのカプサイシン等を代表とする物質によって口中に引き起こされる味覚で，口内粘膜を刺激して痛覚や温覚を引き起こす。辛味成分は唾液分泌を促し食欲を高め，エネルギー代謝を促進する作用や抗菌作用，抗酸化作用等がある。渋味は，渋柿のタンニン等を代表とする物質によって口中に引き起こされる味覚で，舌面上のたんぱく質を収斂させる物理的な感覚である。えぐ味は，山菜，野菜類のあくの主成分であり，収斂性の味を引き起こす。調理の際にはあくぬきが必要である。複雑な味は，こく，まろやかさ，持続性等のおいしさになくてはならない味であるが，再現することは難しいとされる。脂質の与える味は，基本味として捉えられるのではなく，なめらかな触感を与え，辛味やえぐ味等の刺激を緩和して味をマイルドにする。

表2-7　その他の味の種類

種　類	味物質	存　在
辛　味	カプサイシン	とうがらし
	ピペリン	こしょう
	サンショオール	さんしょう
	ジンゲロン	しょうが
	ジアリルジスルフィド	ねぎ，にんにく
	アリルイソチオシアナート	からし，わさび，だいこん
渋　味	タンニン	赤ワイン，渋がき
	カテキン類	茶
えぐ味	ホモゲンチジン酸	たけのこ，わらび
	シュウ酸	たけのこ
複雑な味	「こく」　質量感，深みのある濃厚な味わい 「まろやかさ」　バランスのとれた味，基本味のいずれかが目立つことのない味わい 「持続性」　舌に残る感じ，後味の強さ	
脂質の与える味	口中を覆い，なめらかな触感を与えたり，呈味成分の味蕾への到達を遅らせるか，辛味やえぐ味等の刺激を緩和してマイルドにする	

（島田淳子，下村道子：『調理とおいしさの科学』，朝倉書店，p.108，1993に加筆）

　①　**閾　値**：表2-8に基本味の閾値を示す。呈味成分の味の強さを比較する指標として，閾値が用いられる。閾値（認知閾値）は呈味成分の味を感知できる最小濃度（％）である。苦味や酸味の閾値は甘味や塩味に比べて小さい。これは毒物や腐敗した食べ物に対する人間の自己防御機構の１つと考えられている。閾値は測定の対象となる人間の年齢や食品の状態，測定方法（刺激方法，刺激場所，温度等）によって大きく異なり，絶対的な値ではない。

表2-8　基本味の閾値

基本味	種　類	閾値 (%)
甘　味	ショ糖	0.1~0.4
	ブドウ糖	0.8
酸　味	酢酸	0.0012
	クエン酸	0.0019
塩　味	塩化ナトリウム	0.25
苦　味	カフェイン	0.006
	硫酸キニーネ	0.00005
うま味	L−グルタミン酸ナトリウム	0.03
	5−イノシン酸ナトリウム	0.025

(前田清一：『調理科学辞典』，医歯薬出版，1975 を参考に作成，浜島教子：『家政学事典』，朝倉書店，1990，
島田淳子，下村道子：『調理とおいしさの科学』，朝倉書店，p.110，1993)

表2-9　味の相互作用

分　類		味	例	現　象
対比効果	同時対比	甘味 + 塩味	しるこをつくる際に塩を加える	甘味を強める
		うま味 + 塩味	だし汁	うま味を強める
	継時対比	甘味 + 酸味	ようかんの後にみかんを食べる	酸味が強まる
		苦味 + 甘味	苦い薬の後に飴をなめる	甘味を強める
抑制効果 （相殺効果）		苦味 + 甘味	コーヒーに砂糖を入れる	苦味を弱める
		酸味 + 甘味，塩味	酢の物	酸味が弱まる
相乗効果		うま味 + うま味	混合（かつお・こんぶ）だし汁	うま味が強くなる
		甘味（ショ糖）+ 　　甘味(サッカリン)	ジュース	甘味が強くなる
変調効果		塩味 + 無味	漬物の後に水を飲む	水が甘い
		苦味 + 酸味	するめの後にみかんを食べる	みかんが苦い
		味覚変革物質	ミラクルフルーツを食べる	酸味が甘く感じる

(渕上倫子編著：『テキスト食物と栄養科学シリーズ5　調理学』，朝倉書店，p.35，2008 に加筆)

　②　**味の相互作用**：2種類以上の味が共存すると，相互に影響しあって味質や呈味力が変動することを味の相互作用という。表2-9 に味の相互作用を示す。対比効果は2種類の呈味物質を同時（同時対比）または継続（継時対比）して味わうとき，一方の味が強められる効果をいう。抑制効果（相殺効果）は2種類の呈味物質を同時に味わうとき，一方の味が弱められる効果をいう。相乗効果は同じ味質の2種類の味物質が共存することによって，その味が強められる効果をいう。変調効果は2種類の味を継続して味わったときに，後の味が最初の味の影響によって変化する効果をいう。味覚変革物質としては，ミラクルフルーツと呼ばれるミラクリンがある。それ自身は味がしないが，口に含むと数時間後でも酸味を甘く感じる。

表2-10 ゲル中の呈味効率

	ショ糖	食塩	グルタミン酸ナトリウム
じゃがいもでん粉10%	0.7	0.76	0.52
じゃがいもでん粉20%	0.54	0.74	0.51
じゃがいもでん粉30%	0.50	0.64	0.34
薄力粉20%	0.58	0.72	0.41
強力粉20%	0.59	0.74	0.42
上新粉20%			0.45
寒天1%	0.65	0.73	0.85
ゼラチン4%	0.77	0.79	0.96
ゼラチン8%	0.63		1.09
卵白	0.72		0.78

(山口静子:『食品の物性（第6集）』食品資材研究会，1980，
島田淳子，下村道子:『調理とおいしさの科学』，朝倉書店，p.112，1993)

③ **テクスチャーの違いによる味の感じ方**：一般に溶媒の濃度や粘度，ゾルやゲルの硬さが増すにつれ，味の強さは弱められる傾向にあることが知られている。これは，食べ物中の呈味物質が味細胞に接触しやすいか否かによっている。表2-10にゲル中の呈味効率を示す。

　　b．**香り（香気成分）**　　香気成分は，揮発性であり，大部分は分子量が低分子物質である。また，香りの閾値は，味覚閾値の1万分の1以下であるといわれる。レンチオニン等のように単一の化合物で香りが特徴づけられるものはまれであり，組み合わせによって香りが出る場合が多い。香り（アロマ）は好ましい芳香，臭いは不快なにおい，風味（フレーバー）は食べ物を咀しゃくしている過程でのどごしから吐く息にのって鼻腔内に入り込むにおいと味が合わさった感覚をいう。

　　香りの生成過程は大別して酵素反応による場合と，非酵素反応による場合がある。酵素反応による生成は，食品自体がもつ香り，酵素の作用によるにおい，発酵や醸造による香り（チーズ，紅茶等）がある。非酵素反応による生成では，食品の調理・加熱による香り，酸素による香りの減退がある。加熱による香りの生成としては，糖，アミノ酸，たんぱく質，脂質の加熱分解によるもの（魚の焙焼香であるローストフレーバーやカラメルソースのカラメル香等）とアミノ酸と糖のアミノカルボニル反応過程から分かれたストレッカー分解によって生じたもの（みそやしょうゆの香り等）に大別される。

　　c．**テクスチャー**　　テクスチャーとは，織りなすというラテン語に由来した言葉であり，布地の風合いやクリームの肌なじみ等，皮膚感覚全般に用いられる用語である。食べ物の特性を評価するときの歯ごたえや舌ざわり等の食感的性状を表す用語であり，主として口腔内の触覚や圧覚によって知覚される感覚である。日本語はたくさんの擬態語や擬声語があり，テクスチャーに対する微細な感性が高く評価されている[2]。ツェスニアックは，食べ物を感覚的に評価する際の要素（テクスチャー，風味，外観，色，芳香，その他）のうち，テ

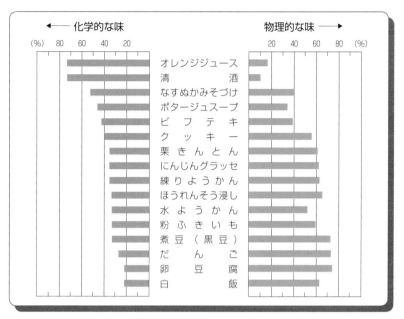

図2-5 食べ物の「おいしさ」に寄与する化学的な味と物理的な味

(松本幸雄：『食品の物性とは何か』, 弘学出版, p.20, 1991)

クスチャーの貢献度が30〜40%を占め最も高いことを示した[3]。松本らも, おいしさは食べものによって関与する要因が異なるが, 食品によっては物理的な味が多くなることを示した (図2-5)。漬物のポリポリ, ゼリーのつるん, 納豆のとろりとした食感がおいしさの評価に影響を与えていることは経験的に理解できる。

　テクスチャーや物性は食品の状態によっても大きく異なる。食品は固体から液体まで多くの成分が混合したコロイド分散系である。コロイドとは, 分子よりもう少し大きな微粒子 (直径1〜100 nm) を示し, コロイド分散系とは, 気体, 固体, 液体の各分散媒にコロイドが分散相として分散している状態である。重要なものにエマルション, サスペンション, ゾル, ゲル, 泡等がある (表2-11)。

　d．温　度　　食べ物の味は, 温度の影響を受ける。呈味物質の閾値は温度の影響を受け, すべての閾値は22〜32℃で最低になり, それより高くても低くても閾値は上昇している (図2-6)。一般に, 温かい食べ物は60〜70℃においしいと感じる温度があり, 冷たい食べ物は5〜10℃の冷蔵庫の温度程度がおいしいといわれている。すなわち, 食品の好まれる温度は体温±25〜30℃付近にあり, これらの温度を供食温度 (喫食温度) といっている。

　e．外観 (色・形)　　料理は目で食べるといわれている。食べ物の色は今までの習慣によってイメージが固定されていることが多いので, イメージと異なった色の食べ物はおいしいと感じないし, 食欲も起こりにくい。食欲を増進する色とされるのは, 赤色, オレンジ色, 黄色であり, 青色は好まれない。

　f．音　　おいしさに影響する音には, 外部からの刺激としての音と, 咀しゃくにより生じる内部からの音の2種類がある。外部からの音は空気を通して感じるので, 生まれてか

表2-11　コロイドの種類

分散媒	分散相	分散系	食品の例
気体	液体	エアロゾル	スモーク
	固体	粉末	粉末
液体	液体	エマルション （乳濁液）	油中水滴型（W/O型）：バター，マーガリン 水中油滴型（O/W型）：牛乳，生クリーム，マヨネーズ，卵黄
	固体	サスペンション （懸濁液） ゾル ゲル	オレンジジュース，みそ汁，スープ ポタージュ，ソース，でん粉ペースト 水ようかん，プリン，ヨーグルト（沈殿ゲル）
	気体	泡	ホイップクリーム，ソフトクリーム
固体	液体	固体ゲル	豆腐，（調理後）凍り豆腐，こんにゃく
	固体	固体コロイド	冷凍食品
	気体	固体泡 （*キセロゲル）	アイスクリーム，スポンジケーキ，（調理前）凍り豆腐*， ショートニング（窒素ガス）

（渕上倫子編著：『テキスト食物と栄養科学シリーズ5　調理学』，朝倉書店，p.48，2008に加筆）

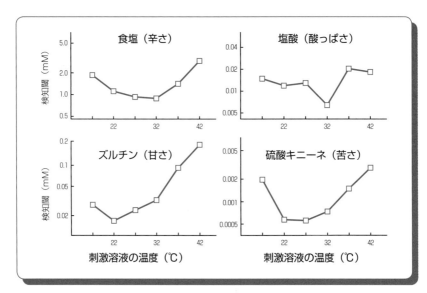

図2-6　味覚閾値の温度による変化

（McBurney, D.H.,Collimgs, V.B.,and Glanz, L.M, ：Physiol. Behav., 11, p.89, 1973, 伏木亨：『食品と味』，光琳，p.146，2010）

らの習慣とかかわりが大きい。

2）食べる人側の要因

a．生理的要因　加齢，薬の服薬，激しい運動[4]，疾病[4]によって味覚が変化する。加齢による耳下腺（唾液分泌）の萎縮は味覚に影響を及ぼす。歯がない場合には，味溶液が口腔内に広がって薄められてしまい，味覚感受性が低下する。また，歯根膜の受容器を介する感覚情報がないため，唾液の分泌量差が認められず，味の感受性も低下する。また，空腹

時には血糖が低下しているので甘いチョコレートをよりおいしく感じる場合がある。さらに，夏場は高温のため発汗量が多く，生理的に必要な塩分量が増す。

　　b．心理的要因　　　極度の緊張や怒り，不安を感じた場合には，交感神経の働きが活性化され，胃の活動，胃酸や唾液の分泌が抑制されて，あまり食べ物に味が感じられない。ストレスがあると，食欲が減退することがある。間食等仕事の合間に摂る食べ物の働きは，緊張をゆるめる効果がある。

　　c．先天的要因　　　おいしさに対する生まれつき備わっている要素として，人種，民族，性別，年齢，体質がある。体たんぱく質の生合成が不十分となる寒冷地帯では，必然的に畜肉や酪農製品からアミノ酸を摂らなければならない。主食が米の場合では，アミノ酸バランスが麦類よりよく，特に畜肉等の摂取をしなくても生活するうえでは問題がない。

　　d．環境的要因　　　人は生まれ育った環境を原点として食嗜好を形成していく。親，学校，社会がかかわる食文化，教育・情報等の影響は大きい。食習慣に影響を与える1つの要因として，宗教があげられる。ヒンドゥー教徒は牛肉を聖なるものとして食べず，イスラム教徒が豚肉を穢（けが）れたものとして食べないという習慣はよく知られている。食事の雰囲気や食卓の構成にかかわる要因も大切なことから，食卓の演出法にも工夫が必要である。

（3）主観的評価

　主観的評価とは，食べる人がどのように感じるかを評価する方法である。代表は官能評価法である。官能評価とは，人の五感（視覚，聴覚，嗅覚，味覚，触覚）によって評価することや手法を指す。人の感覚は，個人差があり，常に一定の評価をするとは限らないが，機器で検出できないわずかな違いや好み，総合評価等を得ることができる。信頼度の高い結果を得るためには十分な配慮が必要である。官能評価には，特性を客観的に評価する分析型官能評価と嗜好を主観的に評価する嗜好型官能評価がある。

　制約因子である生理的な制約（疲労順応効果，対比効果），心理的な制約（記号効果，順序効果，位置効果，練習効果，期待効果）等に留意する（表2-12）。さらに目的に適した官能評価法を選択する。手法としては差の識別，順位付け，感覚尺度による数量化，特性の内容分析に分類できる。結果は統計学的に解析し，危険率，有意水準で判定する（表2-13）。

（4）客観的評価

　客観的評価とは，食品等の対象物を評価することであり，主観的な考え方や評価から独立して普遍性をもっている。大別すると水分の測定，呈味成分の測定，香気成分の測定等の化学的評価法，色の測定，テクスチャー測定，音の測定等の物理的評価法がある。

1）化学的評価法

　　a．水　分　　　食品の水分測定には，加熱乾燥法，蒸留法，カールフィッシャー法，電気水分計法，近赤外分光分析法，ガスクロマトグラフ法，核磁気共鳴吸収法等がある。これらの中で加熱乾燥法は古くから多くの食品に適用されている方法である。

　　b．呈味成分　　　甘味を示す指標には糖度，酸味を示す指標には酸度が一般に用いられる。塩味は，塩分濃度計により塩化ナトリウム濃度として数値が得られる。

　　c．香気成分　　　食品中には物理化学的性質が大きく異なる数十から数百種類の香気成

表2-12　官能評価に影響を及ぼす制約因子

制　約	効　果	内　容
生理的制約	疲労順応効果	同じ種類の刺激に長時間接して，感度の判断が鈍くなること
	対比効果	味の相互作用
心理的制約	記号効果	試料の品質に関係なく，パネルの記号に対するイメージが結果に影響を及ぼすこと
	順序効果	2種類以上の試料を比較する場合，初めまたは後のものを過大評価すること
	位置効果	特定の位置に置かれた試料が特に選ばれやすい傾向にあること
	練習効果	練習することでパネルの感覚の判断が変化する
	期待効果	先入観が，判断に影響を与えること

（日本フードスペシャリスト協会編：『新版　食品の官能評価・鑑別演習　第3版』，建帛社，p.20-21，2008より作成）

表2-13　官能評価の主な手法と解析方法

手　法		解析法
差の識別	2点比較法	二項検定（$p=1/2$）
	3点識別試験法	二項検定（$p=1/3$）　　　　片側検定
	1・2点試験法	二項検定（$p=1/2$）
順位付け	順位法	Spearman，またはKendallの順位相関係数
		Friedmanの検定
		Kramerの検定
	1対比較法	Scheffeの方法
		Thurstone-Mostellerの方法
		Bradley-Terryの方法
感覚尺度による数量化	評点法	分散分析，t検定など
	カテゴリー尺度法	分散分析，t検定など
特性の内容分析	SD法	主成分分析・因子分析
	記述的試験法	

（和田淑子，大越ひろ編著：『管理栄養士講座　三訂　健康・調理の科学－おいしさから健康へ－　第3版』，建帛社，p.96，2016を改変）

分が含まれている。揮散しやすく化学的に不安定なことから，独特の取り扱いが必要となる。香気成分はガスクロマトグラフィー等で分離同定される。近年は，においの質と強度に関する情報を界面相互作用により直接得ようとするにおいセンサー技術が試みられている。

　2）　物理的評価法

　　a．色　　食品の色は鮮度，熟度，精製度，栄養等を示し，おいしさにつながる。客観的に色を表すために，標準色票により標準色と対比させて記号で表す方法（マンセル表色系[*5]）と，光学的に測色して表す方法（ハンター表色系[*6]）がある。

ｂ．物　性　　テクスチャーの評価は，主観的に評価されることが多いが，客観的な評価としてレオロジーを用いて食品の力学的性質を数値化することができる。レオロジーとは物質の変形と流動の科学である。液体の流動にかかわる流動特性，微小変形領域内で成立する粘弾性，破壊等の大変形領域下の性質である破断特性，人の知覚によるテクスチャー特性に分けられる。

　食品のレオロジー的性質の測定方法は，基礎的方法，経験的方法，模擬的方法の３つに分類される（図2-7）。

　ｃ．組織観察　　食品は調理により，一般的に組織構造が変化する。可視光線による顕微鏡は，数100μm程度までの物体を観察するのに用いられる。オングストロームからナノメートルサイズの物体を観察するには電子線による顕微鏡が用いられる。

　ｄ．音　　音の測定には，食べ物を咀しゃくし，音を録音して波形を分析する方法がある。また，咀しゃく音をモデルとして捉えるために，食べ物を破断するときの破断音を解析する方法もある。

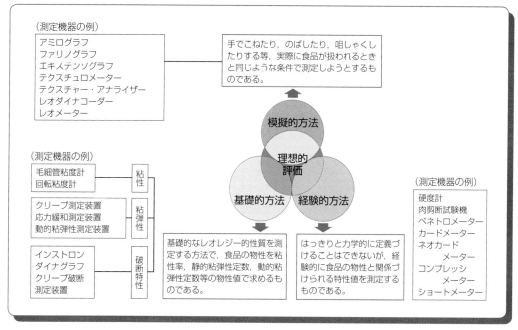

図 2-7　物性の測定法の分類と測定機器の例

（川端晶子：M. C. Bourner：Food Texture and Viscosity. p.49, Academic Press, 1982 より作図）

---

*5　マンセル表色系　アメリカの画家マンセル（Munsell, A. H.）が考案した色の表示体系。個々の色を色相・明度・彩度の三次元座標軸内の点として記述する。色相（hue：H）は赤，黄，青等の色の見え方の性質，明度（value：V）は物表面の色の明暗に関する性質，彩度（chrome：C）は物表面の色合いの強さを同じ明度の無彩色からの隔たりとしてどのように見えるか，どのように感じるかの性質をいう。

*6　ハンター表色系　ハンター（Hunter, R. S.）の表色系では，明度はL，色相および彩度は，色相 $=b/a$，彩度 $=\sqrt{a^2+b^2}$ として表される。また２点（A点とB点）の色の差については色差 $\Delta E = \sqrt{\Delta L^2 + \Delta a^2 + \Delta b^2}$ を求めて評価する。食べ物の色は測色色差計を用いて表色することが多い。

●レオロジー（rheology：変形と流動に関する科学）

1．流動特性

　液体は力を受けると流れる。流れに抵抗する性質を粘性という。流動にも圧縮流動，伸長流動，ずり（ずりとは体積変化を伴わない変形をいう）流動があり，食品ではずり流動を扱うことが多い。

　ずり応力がずり速度に比例する関係をニュートンの粘性法則といい，比例係数を粘性率または粘度という。水，油，炭酸飲料等は，ニュートンの粘性法則に従って流動することからニュートン流体といわれる。

　　ニュートンの粘性法則：ずり応力（N/m²）＝比例定数（η）×ずり速度（s⁻¹）

　一方，ずり応力がずり速度に比例しない流動，すなわちニュートンの粘性法則に従わない流動を非ニュートン流体という。食品の多くは非ニュートン流体である。非ニュートン流動では，ずり応力とずり速度の比をみかけの粘性率，またはみかけの粘度という。非ニュートン流動には，擬塑性流動，ダイラタント流動，塑性流動（ビンガム塑性と非ビンガム塑性）がある。みかけの粘性率と流動特性を図①に示す。

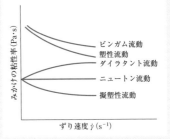

図①　流動特性

　　みかけの粘性率（ηapp）＝ずり応力（N/m²）÷ずり速度（s⁻¹）

　異常粘性としては，チキソトロピー，レオペクシー，ダイラタンシー，曳糸性等がみられる。トマトケチャップやマヨネーズを攪拌すると流れやすくなるが，しばらく放置するともとの粘っこさに戻る。このような連続流動や放置によってゾル‐ゲルの可逆的変換が起こる現象をチキソトロピーという。卵白や生クリームの泡立てのように，軽く混ぜたり，ゆすったりするとゲル化が促進される現象をレオペクシーという。生でん粉にひたひたの水を加えて，急激にかき混ぜると非常に硬くなる。空隙率が少ない最密充填状態が急激な外力により最疎充填状態に変わり硬化する現象をダイラタンシーという。卵白やとろろ等は強く攪拌して放すと弾性体のように戻る。下から上へ引き上げられるような糸を引く性質を曳糸性という。

2．物質の変形

　物体に外力を加えるとその力に比例して変形し，外力を除くと再びもとの形に戻る性質を弾性という。ある範囲において，加えた力と変形量は比例することをフックの法則という。

　　フックの法則：
　　　応力（N/m²）＝比例定数×変形量（歪み）
　　　比例定数＝弾性率

　一方，再びもとの形に戻らない性質を塑性という。多くの食品は粘性と弾性を併せもっており，この性質を粘弾性という。粘性はピストン（ダッシュポット）の粘性抵抗を示し，弾性を示すバネと粘性を示すピストンを並

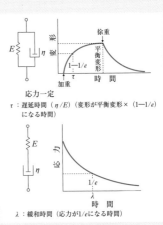

τ：遅延時間（η/E）（変形が平衡変形×（1−1/e）になる時間）

λ：緩和時間（応力が1/eになる時間）

**図②　フォークト模型（上），
　　　マックスウェル模型（下）**

列に組み合わせたり（フォークト模型またはケルビン模型），直列に組み合わせたり（マックスウェル模型）して粘弾性を解析する。フォークト模型とマックスウェル模型を図②に示す。

微小変形領域のレオロジー特性には，静的粘弾性と動的粘弾性がある。静的粘弾性はクリープ測定と応力緩和測定がある。いずれも微小変形の中で，応力と歪みが正比例関係にある線形性の領域においてのみ解析可能である。試料に一定の応力を与えると歪みは時間の経過とともに大きくなる。この歪みの時間的変化を測定するのがクリープ測定である（図③）。試料に一定の歪みを瞬間的に与えると応力は時間の経過とともに減少する。この応力の時間的変化を測定するのが応力緩和測定である。動的粘弾性は周期的な変形あるいは力を試料に与えて，応答する力あるいは変形の周期的な変化を測定し，粘弾性を求める方法である。貯蔵弾性率（弾性要素G'）と損失弾性率（粘性要素G''）の2つの要素で表される。

大変形領域のレオロジー特性には，破断特性がある。この特性は，咀しゃくや調理加工時の切る，つぶす等の現象と対応する。図④に示すようにクッキーやせんべい等にみる破断点が明確な脆性破断と餅やチーズ等にみる破断点が明確でない延性破断がある。

テクスチャーを客観的に測定する方法として，ツェスニアックが実際の咀しゃく動作を模した測定機器（テクスチュロメーター）を開発し，図⑤に示すテクスチャー特性が得られるようになった。テクスチャー特性値は官能評価と対応がよいといわれている。

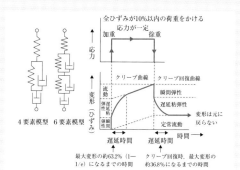

図③　クリープ特性（微小変形領域）

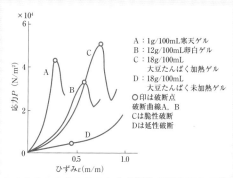

A：1g/100mL寒天ゲル
B：12g/100mL卵白ゲル
C：18g/100mL
　　大豆たんぱく加熱ゲル
D：18g/100mL
　　大豆たんぱく未加熱ゲル
○印は破断点
破断曲線A，B
Cは脆性破断
Dは延性破断

図④　破断特性（大変形領域）

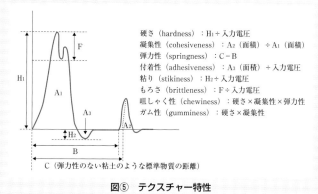

硬さ（hardness）：H_1÷入力電圧
凝集性（cohesiveness）：A_2（面積）÷A_1（面積）
弾力性（springness）：C−B
付着性（adhesiveness）：A_3（面積）÷入力電圧
粘り（stikiness）：H_2÷入力電圧
もろさ（brittleness）：F÷入力電圧
咀しゃく性（chewiness）：硬さ×凝集性×弾力性
ガム性（gumminess）：硬さ×凝集性

図⑤　テクスチャー特性

〈引用文献〉

1 ）島田淳子，下村道子：『調理とおいしさの科学』，朝倉書店，p.54（1993）

2 ）山野善正，山口静子：『おいしさの科学』，朝倉書店，p.188（2004）

3 ）A.S.Szczesniak, D.H.Kleyn：Consumers awareness of texture and other food attributes, Food Technol., 17, 74-77, 1963

4 ）日本化学会編：『味とにおいの分子認識』，学会出版センター，p.109-111（1999）

〈参考文献〉

・和田淑子，大越ひろ編著：『管理栄養士講座　三訂　健康・調理の科学－おいしさから健康へ－　第 3 版』，建帛社（2016）

・渕上倫子編著：『テキスト食物と栄養科学シリーズ 5　調理学』，朝倉書店（2008）

・種村安子，和田政裕，岩間昌彦ほか：『イラスト　食べ物と健康』，東京教学社（2008）

・川端晶子，畑明美：『N ブックス　健康食事学』，建帛社（2004）

・大越ひろ，品川裕子編著：『健康と調理のサイエンス　第 3 版』，学文社（2011）

・川端晶子，畑明美：『N ブックス　調理学』，建帛社（2008）

・藤沢和恵，南廣子編著：『現代調理学』，医歯薬出版（2001）

・金谷昭子編著：『食べ物と健康　調理学』，医歯薬出版（2005）

・長澤治子編著：『食べ物と健康　食品学・食品機能学・食品加工学　第 2 版』，医歯薬出版（2012）

・古川秀子：『おいしさを測る』，幸書房（2007）

・伏木亨：『食品と味』，光琳（2010）

・清水純夫，角田一，牧野正義：『食品と香り』，光琳（2004）

・川端晶子：『食品とテクスチャー』，光琳（2003）

・中濱信子，大越ひろ，森高初恵：『おいしさのレオロジー』，弘学出版（1997）

・小俣靖：『美味しさと味覚の科学』，日本工業新聞社（1986）

・島田淳子，下村道子：『調理とおいしさの科学』，朝倉書店（1993）

・井上勝六：『脳で食べる』，丸善（2007）

・山野善正，山口静子：『おいしさの科学』，朝倉書店（2004）

・阿部啓子，山本隆，的場輝佳ほか：『食と味覚』，建帛社（2008）

・日本化学会編：『味とにおいの分子認識』，学会出版センター（1999）

・古賀良彦，高田明和：『脳と栄養ハンドブック』，サイエンスフォーラム（2009）

第3章　調理の基本

【学習のポイント】

1．調理の基本として，調理の意義を理解すると同時にその目的を考える。

2．調理器具や調理機器の取り扱いを知り，うまく使いこなすことは，スムーズに調理を進めるうえで欠かせない。調理に使用される器具や機器についての知識を得て，その構造や特徴を理解する。

3．調理過程で行われる種々の操作である調理操作には，知識や技術，経験が必要となる。調理操作の種類とその目的や特徴を理解する。

4．種々の食品の特徴を知り，それに応じた調理特性を理解する。

　本章では，まず調理の意義と目的を理解し，調理器具の特徴と取り扱い方，調理操作の原理や特徴を学ぶ。また，食品の特徴に応じた調理特性について知識を得る。

　この章で学ぶ知識は調理の基本となり，安全で，効率的に栄養素を摂取できるおいしい料理をつくるために，実践で生かされるものである。

1 調理の意義

1.1 調理の意義

ヒトは動物や植物を食して，生命を維持するが，それらの大半は調理操作を加えることによって食べることができる。調理とは，食品素材をヒトがおいしく食べることができる食べ物に調製することである。狭義では，食材が料理になるまでの操作を指して調理というが，広義では，経済面や栄養面等さまざまな視点をもって食材を選び，出来上がった料理を目的に応じて，組み合わせて食事として食べ，後片付けまでを含めて調理という。

1.2 調理の目的

調理を行う目的として，次のようなことが考えられる。

（1）衛生と安全性を高める

食べ物はまず人にとって安全なものでなければならない。食品に付着する汚れや有害な成分が含まれているときにはこれらを取り除き，食用に適さない部分を取り除くことで，衛生的に安全な食べ物となり，食品の保存性を高める。また，硬い食品は細かく切ったり，加熱する等，喫食者に適した食べやすい状態に調製することも大切である。

（2）栄養性を高める

人は健康を維持し，増進するために必要な栄養素は，基本的に全て食品から摂取している。切断や加熱により組織が軟化したりすることで，食品に含まれる栄養素を効率よく消化吸収することができる。また，複数の食品を組み合わせて調理することによって，栄養バランスが整えられ，栄養効果が高められる。

（3）嗜好性を高める

人にとって食事をすることは，栄養摂取だけでなく，生活のリズムを整えたり，人間関係をスムーズにしたり，満足感を得る等，生活を豊かにする楽しみの1つでもある。そのためには，おいしさが増すように調理する必要がある。嗜好性は個人や地域によって異なるが，調理操作によって嗜好性が高まることには違いない。喫食者の嗜好性を高めることは大切なことである。また，おいしく食べることは，消化液の分泌が促され生理的にもよいといわれている。

（4）外観的価値を高める

調理のときに選択する食材や切り方，食器やクロスの選択，盛り付けへの配慮や工夫によって，彩りや形といった外観的価値が高まる。調和のとれた見た目にもおいしそうな美しい料理は食欲が高まり，満足感も増す。

（5）食文化の継承

それぞれの国や地域には，その土地の気候や風土といった環境に合った地域独特の食材や調理法を用いた郷土料理や，季節ごとの伝統行事やお祝いの日に食べる行事食が存在する。これらは親から子へ，調理を通して代々引き継がれたものである。このような食文化を次世代に伝えることも調理の役割の1つである。

2 非加熱・加熱調理操作の原理

2.1 調理操作の分類

調理操作とは，食品を食べやすく，安全で衛生的なものにするとともに，人が栄養成分を効率よく摂取できるように，かつ，おいしくすることを主な目的として行われる種々の操作のことをいう。

調理操作は表3-1に示すように，非加熱調理操作と加熱調理操作，調味操作に大別することができる。調理はこれら複数の操作の組み合わせで行われることが多い。調理操作がもつ役割を考えながら，食品の特性を理解し，目的に合った操作を行うことが必要となる。

表3-1 調理操作の分類

分　類	操　作
非加熱調理操作	(1) 計量　計測 (2) 洗浄 (3) 浸漬 (4) 切砕 (5) 粉砕　磨砕 (6) 混合　混捏　攪拌 (7) 圧搾　ろ過 (8) 成形　伸展 (9) 冷却　冷蔵　冷凍　解凍　　等
加熱調理操作	(1) 湿式加熱 (2) 乾式加熱 (3) 誘電加熱 (4) 誘導加熱　　　　　　　　　　　　等
調味操作	(1) 調味　　　　　　　　　　　　　　　等

2.2 調理操作の基礎

(1) 浸　透　圧

食材となる植物や動物の細胞膜は半透性であり，水は通すが食塩等の物質は通しにくい性質がある。濃度の異なる2つの溶液を半透膜で隔てておくと，物質は移動せずに，水が薄い溶液から濃い溶液の方へ移動し，同じ濃度になろうとする。このときにかかる圧力を浸透圧という。人や野菜類の細胞内液の浸透圧は約0.85%の食塩水の浸透圧に等しい。

野菜や魚の調理には，浸透圧を利用した調理操作がみられる（図3-1）。サラダ等を調理する際にせん切りにした生のキャベツを水に浸けると，水が野菜の細胞内に移動し，細胞が膨張して張りが出て，歯ごたえがよくなる。反対に酢の物を調理する際に，きゅうりに塩を加えると細胞内の水が出て，張りを失いしんなりとする。

(2) 拡　　散

加熱調理をすると，食材の細胞膜の半透性が失われ，水だけでなく物質も自由に移動することができる。溶液の濃度が部分的に違うと，溶質の移動が自然に起こり，同じ濃度になる

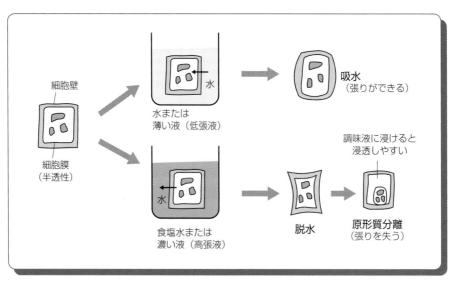

細胞壁

細胞膜
（半透性）

水

水または
薄い液（低張液）

吸水
（張りができる）

水

食塩水または
濃い液（高張液）

脱水

調味液に浸けると
浸透しやすい

原形質分離
（張りを失う）

図3-1　浸透圧のしくみ

現象を拡散という。

　食品を調味液中で煮ると味が染み込むのは，調味料が拡散により細胞内へ浸透しているからである。

③ 熱の伝わり方と効率的な加熱条件

■ 3.1　熱の伝わり方

　温度差が生じた場合，熱は温度の高い方から低い方へと伝わり，移動する性質がある。加熱によって食品全体の温度が上がるのは，熱源から食品へ，そして食品内部の高温部から低温部へと熱の移動が起こるからである。熱の伝わり方には伝導，対流，放射の3つの伝熱方式があり，種々の加熱操作で，これらが単独あるいは組み合わされて，食品が温められる（図3-2）。

（1）伝　　導

　鍋を使っていると持ち手の方まで熱くなることがある。このように温度の高い方から低い方へと物を伝わる固体内部の熱移動の形を伝導という。

　熱の伝わりやすさは熱伝導率として表され，物質によって異なる。一般的に金属類は熱伝導率が大きく，早く熱を伝えるため，急速に加熱する場合によいが，保温性が少ない。また，ガラスや陶磁器製の調理器具は熱伝導率が小さく，ゆっくり加熱したり保温性を高める場合に適している。

（2）対　　流

　液体や気体に流れができ，熱が移動する現象を対流という。水や空気は，加熱すると温度が高くなり，ふくれて密度が低くなり，軽くなるので上部に移動し，上部の温度の低い水や空気は下部に移動する。このくり返しにより，液体や気体に流れができ，全体が徐々に温め

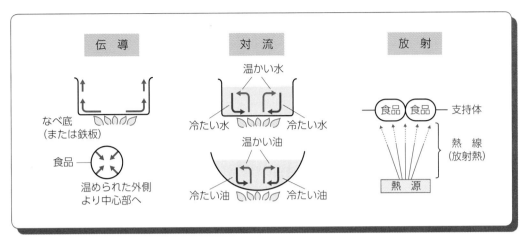

図 3-2　3 種の伝熱方式

られていく。

（3）放　　射

　熱源から電磁波が出され，空間を伝播して食品に達し，熱が伝わる現象を放射（輻射）という。例えば，炎に触れていなくても，炎に面した側が熱くなる。効率よく放射熱を利用するには，熱源に近づけることと，熱を受ける面が黒いことが有効である。黒い鍋底は熱効率がよい。

■ 3.2　熱源（エネルギー源）の種類と特性

　家庭における世帯当たりの用途別エネルギー源別エネルギーの消費量を図 3-3 に示した。加熱調理操作のための器具の主な熱源（エネルギー源）はガスと電気である。ほかに，薪や炭等がある。新しいエネルギーとして自然環境への配慮から太陽光が注目され，太陽電池を集積したソーラーパネルが注目を浴びている。

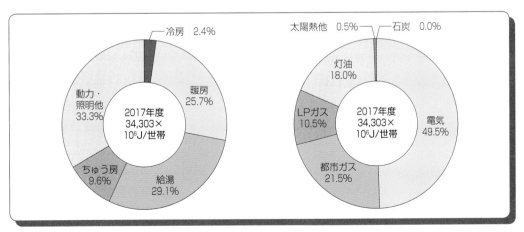

図 3-3　家庭部門世帯当たり用途別エネルギー源別エネルギー消費量（2017 年度）

（経済産業省資源エネルギー庁：『エネルギー白書 2020』，p.115，2020 より作成）

（1）ガ　　　ス

　現在，加熱調理用として家庭で使われているガスは，都市ガスとLPガスの2種類である。

　都市ガスは，メタンを主な成分にもつ天然ガスで，地下に埋設されたガス導管を通じて供給される。本来は無色，無臭だが，ガス漏れ時にすぐ気づくようににおいをつけており，空気より軽い性質がある。LPガスはプロパン，ブタンを主成分にもつ液化石油ガスで，ガスボンベに詰めて各家庭に配送される。都市ガスと同様に，無色，無臭だが，においをつけており，空気より重い性質がある。

　ガスによる加熱の特徴は点火後の温度上昇が早く，最高温度が高い。しかし，燃焼により二酸化炭素等を生じるため，換気が必要となり，漏れると引火して爆発する危険がある。また，ガスの種類によっては有毒であるので注意が必要である。

（2）電　　　気

　電気は，原子力，水力，火力，風力等の発電により供給されており，光や熱，動力等さまざまな形に変換できる。そのため，加熱調理用の熱源だけでなく，換気扇や冷蔵庫，ミキサーといったさまざまな調理器具のエネルギー源として利用されている。発熱の原理は主に電気抵抗による発熱，誘電加熱と誘導加熱の3つである。

　電気による加熱の特徴は一般的に，ガスに比べ点火後の温度上昇が遅く，火力が弱い。しかし，燃焼ガスが生じないため換気の必要がなく，感電や漏電に注意すれば炎による引火の危険がない等，安全性は高い。

> ●家庭用電源
> 　家庭用の電気は交流である。電気の流れが変わる回数を周波数（Hz）で表すが，日本では，静岡県の富士川と新潟県の糸魚川あたりを境に，東は50Hz，西は60Hzとなっており，電気器具の表示を確かめておく必要がある。

（3）その他（薪，炭）

　ガス，電気以外のエネルギー源として，薪，炭等があり，かつては加熱調理用の燃料の主役であったが，ガスの普及とともに減少した。これらは，貯蔵場所や着火の手間，灰等の処理，換気の点から，ガスや電気に比べ扱いが容易ではない。

　薪は燃料として木や木材等を利用する。火力が安定しにくい。例えば，炊飯やピザ窯等味や風味を大切にするもの，囲炉裏等のようにあたたかく，ゆったりとした雰囲気を演出するものとして，こだわりをもって使われることが多い。

　炭は木材を高温で蒸し焼きにして作った燃料である。表面が赤くなるが，薪のような炎は立たないため，煙が出ず，燃焼時間が長く，火力が安定している等の特徴がある。例えば，うなぎの蒲焼きや焼きとり，焼き魚，焼き肉等の焼き物料理に好んで使われることが多い。炭の出す遠赤外線によって食材の中までふっくらとよく火を通し，食品表面に独特の焦げと特有の香りを得ることができる。

4 代表的な調理器具の使用法

4.1 非加熱調理機器

（1）計量器具

　食材や調味料を正確に計量し，調理温度や時間を正確に管理するために使用する。調理に用いる主な計量器具は，重量は上皿自動秤，デジタル自動秤がある。容量は計量カップ，計量スプーンがある。温度測定にはアルコール温度計やデジタル温度計，食品の内部温度を測る中心温度計，食材の検収時等に用いる非接触型温度計がある。時間の計測にはタイマーやストップウオッチを用いる。

（2）包　　丁

　包丁は，一般的に，和包丁・洋包丁・中華包丁の3種類に分類している。包丁の刃は，両刃と片刃がある。主な包丁の種類と用途について表3-2に示した。三徳包丁は，野菜や魚，肉にも万能であるということから万能包丁ともいい，家庭でよく用いられている。

　包丁の材質は，鉄と炭素の合金である鋼，鋼にクロム，ニッケルを添加したステンレス鋼，鋼にモリブデン，コバルト，クロム等を添加した合金鋼がある。また，比較的新しい包丁の素材としてセラミックもある。

（3）ま　な　板

　まな板は，木，プラスチックが主な材質である。木製のまな板は，朴や桧等の材質が用いられている。プラスチック製のまな板は，木製に比べて汚れやにおい，傷がつきにくいが，刃あたりが硬く，すべりやすい。中国料理で用いるまな板は，欅のような硬い材質が適し，形は円柱形で厚みのあるものが用いられていたが，現在では形は同じようであるがプラスチック製のまな板が使用されている。

（4）冷凍冷蔵庫

　冷凍冷蔵庫は，食材や料理の冷却，保存に用いる。家庭用の冷凍冷蔵庫内は，保存に適した温度帯に分かれている。冷凍（－18℃以下），パーシャルフリージング（－3℃），氷温（－1℃），チルド（0℃），冷蔵（3〜5℃），野菜室（5〜9℃）の各温度帯があり，用途に応じて使用する。また，昨今の冷凍冷蔵庫は，冷蔵・冷凍機能のみならず，食品の鮮度維持や解凍時のドリップ量の軽減など各メーカーにより工夫がなされている。

●冷凍冷蔵庫の変遷

　冷凍冷蔵庫の冷媒には以前，特定フロンが使用されていた。しかし，オゾン層の破壊が判明し，わが国において地球環境の保護のため1988年にオゾン層保護法が制定され，2002年から特定フロンからノンフロンを用いることになった。現在は，代替フロン（R134a）に比べ地球温暖化の影響が少ないノンフロン冷媒（R600a）およびノンフロン断熱発泡剤（シクロペンタン）が使用されている。時代に合わせて省エネルギー化等機能も充実し，進化している。

表3-2　包丁の種類と分類

分類と種類		刃	特　徴	外　観
中華包丁	中華包丁	両刃	・形は1種類 ・基本的に1本で，肉，魚，野菜等すべての食材を切る ・大きさに大小あり ・骨切り包丁の刃は，出刃包丁と同じく厚みがある ・包丁の重みを利用して切る	中華包丁
洋包丁	牛　刀	両刃	・野菜，肉を切る ・魚を下ろすまで広い用途で使える	牛刀包丁
	ペティナイフ	両刃	・果物の皮むきや，各種食品の飾り切りに適する	ペティナイフ
	骨切り包丁	両刃	・牛刀より小ぶりで刃が厚く，肉，魚の下ろし用 ・骨まで切れる ・和の出刃にあたるもの	骨切り包丁
	パン切り用	波型	・刃渡りが長く，波打っているので表面が硬く中が柔らかいパンの形を崩さず切ることができる	パン切り包丁
	冷凍食品用	のこぎり型	・刃がのこぎり型で，刃渡りが長いため，切った食品が刃に付着しにくく，きれいに薄く切れる	冷凍用ナイフ
和包丁	菜切り	両刃	・まっすぐ刃が入るので，野菜を切るのに適する ・そば，うどんを切るのにも適する	菜切り
	薄　刃	片刃	・片刃なので，曲線的に刃が入るため，野菜のかつらむき，皮むきに適する	薄刃
	出　刃	片刃	・食材の大きさに合わせ，小さい小出刃から大きいものへ使い分ける ・魚を下ろし，骨を切るのに適する	出刃
	刺身包丁 蛸引き包丁（関東） 柳刃包丁（関西）	片刃	・魚介の刺身，皮引きに適する ・引き切りに適し，柔らかい魚肉に圧力を加えず，きれいに切れる	刺身包丁 柳刃包丁
三徳包丁	文化包丁 万能包丁	両刃	・西洋料理に適するように日本人が考えた牛刀と菜切りの長所を組み合わせたもの ・牛刀より軽く刃が薄く使いやすい ・直線的に切れて，野菜向き ・肉切りには不向き	三徳包丁

（吉田惠子，綾部園子編著：『新版　調理学』，理工図書，p.104，2020）

■ 4.2　加熱調理機器

（1）ガスコンロ

　ガスコンロは，2～3口型と魚焼きグリルが付属したタイプが普及している。ガスコンロの構造は，都市ガス，プロパンガスともに，ガスと空気口から空気を混合し，炎口でさらに空気が取り込まれ，燃焼するしくみである（図3-4）。ガスコンロは，

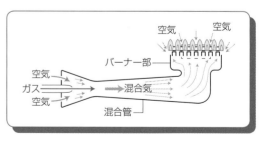

図3-4　ガスコンロのしくみ

火元が見えるため，火力の微調整が容易である。2008年4月以降に製造されたガスコンロには，全てのバーナーにセンサーを搭載してSiセンサーコンロ[*1]とし，安全機能の調理油（てんぷら油）過熱防止装置，コンロ・グリル立ち消え安全装置，消し忘れ消火機能と，便利機能の早切れ防止機能の4つを業界自主基準として備えた。さらに安全性と利便性を高めた焦げ付き防止機能等の機能を搭載した製品もある。

（2）電気コンロ

電気は安全でクリーンな熱源として利用され，現在はIHヒーターが主流となっている。ガスに比べて熱効率がよい。電気ヒーターは，ニクロム線を金属パイプで覆ったシーズヒーターが一般的である。鍋は，平底鍋がヒーターに密着するため熱が伝わりやすくてよい。ほかにラジエントヒーター，ハロゲンヒーターがある。特徴については表3-3に示した。

表3-3 各種電熱機器の比較

	ラジエント	ハロゲン	シーズ	エンクローズド
方　式	伝動熱＋輻射熱			
火　力	弱い	比較的強い	やや弱い	弱い
火力応答性	ガスに比べすべて立ち上がりが遅い。シーズよりハロゲンの方が立ち上がりが早い。			
余　熱	中	中	中	大
ヒーター上面	硬質セラミックプレートでフラット	硬質セラミックプレートでフラット	ヒーター部分は渦を巻いて凸	シーズヒーターを覆った鉄鋳物が凸
形　状（構造）	火力が弱く，温めに適する。IHの使えない鍋も使えるが，トッププレートが熱くなるので注意。	オレンジ色に発熱。鍋が小さいとハロゲン光がまぶしい。ファンの稼動音が大きい。	クッキングヒーターの一種で，ニクロム線の発熱体を絶縁体でくるみ，渦巻き状に成形したもの。ヒーター部分が赤くなって発熱し，伝道熱と輻射熱で加熱調理を行う。温度調節がしにくいのが難点。また，スイッチを切っても冷めにくいので，余熱利用の調理ができる反面，安全面では注意が必要。比較的安価なために，単身者用のミニキッチン等によく用いられる。	シーズヒーターの表面を鉄鋳物で覆って加熱部を円状に平らにしたもの。蓄熱効果が高いのが特徴で，余熱利用も含めて煮込み料理に向く。

（吉田惠子，綾部園子編著：『新版　調理学』，理工図書，p.109，2020，一部改変）

---

*1　Siセンサーコンロ　Siは，安心（safety），便利（support），笑顔（smile）のSと賢い（intelligent）に由来している。

●加熱調理機器の熱効率

　熱効率は，ガスコンロ40〜50%，電気ヒーター60〜70%，IH80〜90%であり，IH調理器が最もよい。

（3）電磁調理器

　電磁調理器は，IH（induction heating）とも呼ばれている。図3-5のように，トッププレートの下に磁力発生コイルがあり，コイルに電流が流れると磁力線が発生する。磁力線が鍋底を通ると渦電流が起こり，鍋底の金属の電気抵抗によってジュール熱が発生し，鍋底自体が発熱する。炎がないため，安全性が高く，揚げ物やとろ火等の温度管理も容易である。また，凹凸のないトッププレートは，手入れもしやすい。

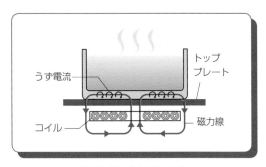

図3-5　IHのしくみ

（中山由美子：日本調理科学会誌，39（2），79，2006　図1）

　使用できる鍋は，鍋底に電気抵抗を起こすため鍋底が平らで，直径約12〜26cm程度のもの，材質は，鉄，ほうろう，ステンレス製が適している。鍋底が丸いものや，耐熱ガラス製，土鍋は使用できない。また，アルミニウム，銅製の鍋は電気抵抗が少なく，必要な熱を生み出せないため，従来は使用に適さなかった。しかし，2002年にオールメタル対応のIH製品が商品化され，これまで使用できなかったアルミニウム，銅製の鍋を含むすべての金属製の鍋が使用可能になった。卓上IH調理器では，本体に鍋をのせると使用可能な場合にのみ火力表示が点灯し，作動する機種もある。

（4）オーブン

　オーブンの熱源は電気とガスである。オーブンの加熱は，自然および強制対流式があり，強制対流式が主流となっている（図3-6）。加熱は，庫内で熱せられた空気の対流熱と，天板からの食品への伝導熱，庫壁の放射熱を利用している。強制対流式のファンで熱風を循環させることにより，庫内の温度むらが少なくなる。

　近年ではオーブン，グリル，電子レンジの一体型も出ており，スチーム機能や過熱水蒸気を付帯したオーブンもある。また，あらかじめ登録されたレシピが自動メニューとして搭載した機種もある。電子レンジとともに多機能なタイプがある。

（5）電子レンジ

　電子レンジは，マグネトロンから発生するマイクロ波によって食品自身を発熱させる調理機器である。電子レンジの加熱原理と特徴については表3-4に示した。

　マイクロ波は，2,450MHz（メガヘルツ）の周波数を照射することにより，1秒間に24億5,000万回も電界の向きが変化する。これが食品内部に吸収されたマイクロ波の振動に

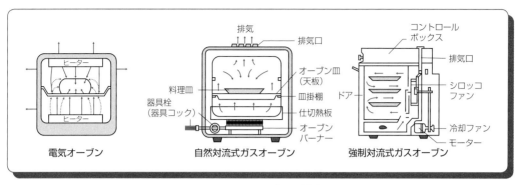

図3-6 オーブンの構造

（電気オーブン［図左］…渋川祥子編：『食品加熱の科学』，朝倉書店，p.122，1996／
　ガスオーブン［図中・右］…藤沢和恵，南廣子編著：『現代調理学』，医歯薬出版，p.134，2001）

表3-4 電子レンジの加熱原理と特徴

加熱原理	電波が熱源：長距離通信用，マイクロ波 周波数：2,450 MHz（メガヘルツ，10^6 Hz） 出力：家庭用400〜1,000 W，業務用1,000 W以上 誘電加熱
電波の浸透距離	乾燥食品約20 cm，米飯約5 cm，水1〜4 cm等
従来加熱との比較	熱伝導加熱：熱源→鍋→水→食品外部→食品内部 マイクロ波加熱：熱源→食品外部・食品内部
加熱法の特徴	スピード加熱：再加熱に便利。省エネルギーになる。酵素が働きにくい 内部加熱：ふくれやすい，脱水量が多い。破裂することがある クール加熱：焦げ目がつかない。容器ごと加熱できる

（大越ひろ，高橋智子編著：『管理栄養士講座　四訂　健康・調理の科学─おいしさから健康へ─』，建帛社，p.98，2020）

よって水分子が回転運動と摩擦によって発熱する。電子レンジの内部構造（図3-7）は，こ
れまでターンテーブルが一般的であったが，最近ではフラットテーブルのものも増加してい
る。機能面も単機能型の電子レンジから，電子レンジのみでは焼き色がつかない点を補うた
めのオーブン機能，グリル機能を加えた機種や，パン焼き機能等を組み合わせた製品もある。
また，同時に異なった2品を調理できる機能や，あらかじめプログラムが組み込まれた自動
調理機能等，高機能を備えた電子レンジもある。
　電子レンジ調理に使用する容器は，マイクロ波を透過する耐熱ガラス容器や陶器・磁器製
品，耐熱温度120℃以上のプラスチック容器，木・紙容器等である。金属容器やアルミ箔，
金銀の装飾のある陶磁器はマイクロ波を反射するために使用しない。

（6）炊 飯 器

　炊飯器は，その熱源により電気炊飯器，ガス炊飯器と区別する場合がある。昭和30年代
の電気釜の炊飯からジャー炊飯器となり，現在は電磁誘導加熱（IH）を用いた炊飯器が主
流である。炊飯器は，米の吸水，予熱，炊飯，蒸らし，保温を自動で行う。内釜の材質に多
層構造を取り入れた機種もある。炊飯機能も多様化し，白米以外の炊飯メニューも，炊き込
み，おこわ，玄米，すし飯，おかゆ等がある。時間短縮の早炊き機能や新米時の炊飯に対応

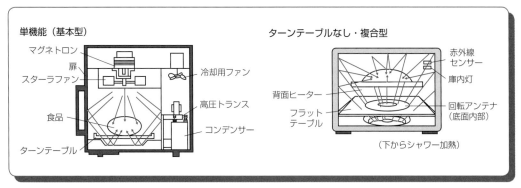

図 3-7　家庭用電子レンジの構造

（大越ひろ，高橋智子編著：『管理栄養士講座　四訂　健康・調理の科学―おいしさから健康へ―』，建帛社，p.97，2020）

した設計もある。保温機能も近年改良が重ねられているが，米飯を保温ジャー等に入れたままにすると乾燥によりアミノカルボニル反応（amino-carbonyl reaction，メイラード反応）が生じやすくなり数時間で黄ばみが出る。味覚の面からも，12 時間以上の長時間保温はできるだけ避けることが望ましい。

(7) 鍋

　鍋は，調理に不可欠であるが，多くの種類があり，用途に合うものを選択する必要がある。鍋の形や材質を選び，つくる分量により鍋の大きさを決め，効率のよい調理を行うことが大切である。鍋の材質と特徴については表 3-5 に示した。

　鍋は，浅型は熱が早く伝わるが，熱の放散もあり冷めやすい。深型では，寸胴鍋に代表されるスープ鍋等は熱の伝わりは遅いが，冷めにくい特徴がある。厚手鍋は，熱が均一で保温性があり，シチュー等の煮込み料理に向いている。熱効率も重要な要素である。鍋底が広く，平らなものがよい。中華鍋（両手）および北京鍋（片手）は，鉄製で丸型であり，鍋に熱が伝わりやすい。中華鍋は，1 つで中国料理全般に使用することのできる機能的な鍋である。

　多層鍋は，アルミニウムとステンレスを 5〜9 層重ね合わせ，両者の長所を生かし，熱しやすく冷めにくい鍋である。圧力鍋は，蓋を密閉し，内部圧力を上げ，水の沸点を上昇させる。圧力鍋の種類によって異なるが，作動圧力は 2 気圧前後，内部温度は 120℃ 程度の高圧・高温状態になる。そのため，時間のかかる豆料理や煮込み料理等を短時間で仕上げることができる。また，調理鍋と保温容器がセットになり，余熱で食材にじっくりと熱を伝える真空保温調理タイプの鍋がある。さらに 2.4 気圧前後の高圧で加熱できる鍋もある。

■ 4.3　新調理システム

　集団給食施設やホテル，レストラン等での大量調理は，調理作業の内容，衛生管理，作業環境面で家庭の調理と異なる。大量の食材を調理するため，作業工程に時間を要することになり，衛生面や品質低下を防ぐことが重要である。真空調理，クックチルシステム，クックフリーズシステム等の新調理システムの導入により，調理後の安定した品質の確保や労働力の軽減，繁忙期の労働解消等の利点がある（図 3-8）。

表 3-5　鍋の材質と特徴

材 質	熱伝導率 (kcal/cm·s℃)	比 熱 (kcal/g℃)	特徴と扱い方
銅	0.92	0.092	1. 比重が 8.9 で，アルミニウムの 3 倍重いが，熱伝導がよい。 2. 塩素や酸に敏感なため，緑青（さび）を生じるので，内側にスズ，銀，ニッケル等でメッキしたものが多い。スズメッキははげやすいので補修が必要である。 3. 使用後の手入れは，硬いたわしは用いず，中性洗剤をつけたナイロンたわしで洗い，乾いたふきんでよくふく。
アルミニウム	0.49	0.21	1. 熱伝導率がよく，熱容量が小さいので，早く加熱される。また厚手であれば保温性があり，鉄，ステンレス製より軽くて扱いやすい。 2. 酸，アルカリ，塩分に弱いので，食品（特に塩分や酸味の強いもの）によっては黒変することがある。 3. 使用後，水分が残っているとアルミニウムと反応し，$Al(OH)_3$ を生じる。 4. 軽く，鍋の材質にはよいが，強度が弱く，へこみやすい。
アルマイト	0.16	0.21	1. 酸，アルカリに弱いというアルミニウムの欠点を除くため，陽極酸化皮膜処理（シュウ酸や硫酸で処理して酸化皮膜を形成）する。 2. 光沢があり，生地の厚いものがよい。 3. 焦げつきや空炊きに注意。
鉄	0.15	0.11	1. 熱に強く，堅ろうである。厚みがあるので熱容量が大きい。比重は 7.8 で重い。 2. 油のなじみがよいので，油を使う料理に適している。 3. さびやすい。 4. 使用後は，熱いうちに湯で洗う。特別に汚れた場合を除き，洗剤は使わない。
ステンレス	0.038 〜 0.056	0.11	1. 耐蝕性があるが，熱伝導が悪く焦げやすい。この欠点を補うため，熱伝導のよい銅を鍋底に溶接したり，鉄や銅を挟んだりして使いやすくしている。 2. 使用後は，洗剤をつけたスポンジで洗う。 3. 18-8 ステンレス（クロム 18%，ニッケル 8%）が最もよく使用されるのは，手入れしやすいためである。
ほうろう			1. 金属の表面に特殊なガラス質の釉薬をかけ 800〜900℃で焼きつけたもの。金属の堅ろう性とガラスの耐蝕性および表面の美しさを備えている。鉄とほうろうとは熱に対する膨張率が異なるので空炊き，煎り物，妙め物には使用できない。焦げつきには注意。衝撃に弱い。金属たわしは避ける。 2. 酸，アルカリ，塩に強く，汚れも落としやすい。 3. 長く食物を入れても金属臭による味の変化がない。 4. 熱伝導は悪いが，熱効率はよいので煮込み料理に向く。
フッ素加工	6.4 × 10^{-4}	0.25 〜 0.28	1. 鍋の内側にフッ素樹脂（ポリテトラフルオロエチレン）を塗布したもので，冷却後スポンジで洗う。 2. 木やプラスチックのへらを使う。 3. 油を塗布しなくても食品が付着しない。
耐熱ガラス	1.2〜2.9 × 10^{-3}	0.15 〜 0.25	1. 耐熱性，耐衝撃性を大きくしたガラス鍋で，保温性がある。手入れには洗剤を用いる。 2. 不透明品（パイロセラム）は強度と耐熱性がある。 3. 透明品（パイレックス）は直火用（400℃以上）の耐熱性のものと，天火用（120〜400℃以上）のものがある。 4. 種類により温度の急変に注意する。
土			1. 衝撃や熱に弱い。使い始めは水を入れ弱火にかけ，徐々に温度を上げ，強火で約 5 分沸騰させる。においが残れば，茶を焙じてもよい。 2. 熱容量が大きく，食品への熱のあたりが軟らかく，保温力があり，余熱もきくので鍋物によい。

（木戸詔子，池田ひろ編：『新食品・栄養科学シリーズ　調理学　第 2 版』，化学同人，p.134，2010。ただし，アルマイト，フッ素加工のデータは，吉田惠子，綾部園子編著：『新版　調理学』，理工図書，p.115，2020）

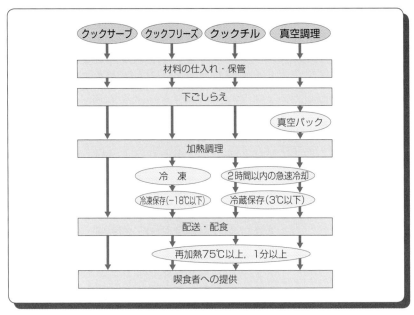

図 3-8 大量調理の調理方式と調理工程の比較

（木戸詔子，池田ひろ編：『新食品・栄養科学シリーズ　調理学　第2版』，化学同人，p.175，2010）

（1）真空調理

　真空調理は，フランスでフォアグラの加工に脂肪分の歩留まりをよくし，おいしさを保つために1970年代に開発された調理法である。食材を生あるいは前処理した後に真空包装し，低温で長時間加熱する。その後，急速冷却し，冷蔵保存しておく。提供する場合は二次加熱を行う。真空調理では，魚肉たんぱく質食品と根菜類が扱いやすいとされている。魚肉たんぱく質は，58〜70℃の比較的低温で30分〜72時間程度の長時間加熱を行う。このため，肉質は食感がよく，味が落ちない。また，根菜類は煮崩れず，均一な味になる。欠点として真空調理では焼き色がつかないため，焼き色が必要な場合，別の調理段階で焼き色をつけなければならない。また，あくの多い食材は，下処理の段階であくを取り除くことが必要となる。真空調理は，時間に余裕のあるときにまとめて調理を行い，繁忙期に備えることができるため，労働環境の改善にも役立つ調理法である。

（2）クックチルシステム，クックフリーズシステム

　大量調理を行う場合には，加熱調理したものを冷蔵・冷凍せずにそのまま提供する通常のクックサーブシステムと，加熱後に急速冷却するクックチルシステム，加熱後に−18℃まで急速冷凍するクックフリーズシステムがある。

　クックチルシステムは，1968年にスウェーデンで開発された方法で，中心温度75℃で1分間以上加熱した料理を，30分以内に急速冷却を始め90分以内に3℃以下にし，低温のまま冷蔵（chill）し，保存する。その後，必要に応じて再加熱を行う。クックチルシステムには，使用する冷却機の異なる，ブラストチラー（空冷急速冷却機）とタンブルチラー（水冷急速冷却機）がある。

4.4　食　器　類

（1）食器の材質および機能性

　料理にふさわしい食器の選択を行うことが必要であり，料理に適した食器の材質と機能性についての理解が大切である。盛り付けによる見た目の美しさは，器の色，柄，形も重要である。主な食器の材質と特徴について，表3-6に示した。

表3-6　食器の材質と特徴

材　質	性　質
陶磁器	釉薬をかけて焼く温度は，磁器より陶器の方が低い。陶器は磁器に比べ強度が低いので厚めである。模様等の美しいものが多いが，こわれやすい。土鍋等の磁器は，陶器より高温で焼くため，滑らかで強度も大きく，たたくと澄んだ音がする。金属製のものに比べて保温性がある
漆　器	素地（木，竹，紙，合成樹脂等）に漆を塗った器。漆を何回も塗ったものほど，耐水，耐酸，耐久性に富む。保温性がよいので汁椀としてよく使われる。熱湯，摩擦に弱い。高価なものが多い
銀　器	洋食器の最高級品は純銀製の食器で，料理の味・香りを損なわない。熱に強いが，黒変したり，強い酸に弱いので，特に手入れが必要。一般には，洋白（銅とニッケルの合金）や真ちゅうにメッキをしたものが多い
ステンレス製	ステンレススチールは，銅，クロム，ニッケル等の合金である。光沢があり，さびないので洋食器に多く使われる。丈夫で熱に強いが，熱伝導率が高く，保温性に劣る。唇に触れたとき，温度を強く感じる
ガラス製	清涼感があるため夏用の食器等に用いられる。上下からの圧力には強いが，横からの力には弱くこわれやすい。耐熱性ガラスは強く，陶磁器と同様に扱える
プラスチック製	材質の種類が多く，最近では陶磁器に近い外観や感触が工夫されている。軽くて，割れにくく，形が自由に成形できる。材質によって熱，酸，油等への耐性が異なる。傷がつきやすく，汚れが落ちにくい欠点がある

（木戸詔子，池田ひろ編：『新食品・栄養科学シリーズ　調理学　第2版』，化学同人，p.140, 2010）

5 代表的な調理操作

　調理操作は，非加熱調理操作と加熱調理操作に大別される。調理操作を理解することで，一連の調理の流れや意味を把握することができる。

5.1　非加熱調理操作

　非加熱調理操作は，全体を表3-7のように分類している。

（1）計量・計測

　計量と計測は，料理の一定な仕上がりと再現性のために重要である。計量に使用する秤は測定可能な最大重量および最小重量の確認を行う。また，調理操作では，計量の際の重量と容量の違いを理解することが大切である。容量は，計量カップ，計量スプーン等を用いるが，食品や調味料によっては，容量と重量が同一ではない。主なものを表3-8に示した。

表 3-7　非加熱調理操作の分類

操作	内容
計量・計測	重量，容量，体積，温度，時間を計る
洗浄	流し洗い，こすり洗い，もみ洗い，ふり洗い，さらし洗い，混ぜ洗い，とぎ洗い
浸漬	戻す…吸水，膨潤 浸す…吸水，膨潤，あくぬき，塩だし，うま味成分の抽出，調味料の浸透，変色防止，水分の補給
切砕・成形	切断…切る，きざむ，皮をむく，魚をおろす，けずる 成形…形状，大きさを整える
粉砕・磨砕	粉砕…つぶす，砕く，裏ごしする，肉をひく 磨砕…野菜をおろす，する
混合・混捏・攪拌	混ぜる…かき混ぜる，かき回す 和える…混ぜ合わせる こねる，練る，泡立てる
圧搾・ろ過	圧搾…しぼる　　　ろ過…こす 粉をふるう
成形・伸展	成形…押す，握る，詰める　　　伸展…伸ばす
冷却	冷やす，冷ます
冷凍・解凍	冷凍…凍らせる　　　解凍…氷結晶を溶かす

（川端晶子，大羽和子：『健康調理学　第4版』，学建書院，p.78，2012，一部改変）

表 3-8　標準計量カップ・スプーンによる重量表　　　　　　　　(g)

食品名	小さじ (5mL)	大さじ (15mL)	カップ (200mL)	食品名	小さじ (5mL)	大さじ (15mL)	カップ (200mL)
水	5	15	200	かたくり粉	3	9	130
酒	5	15	200	上新粉	3	9	130
酢	5	15	200	ベーキングパウダー	4	12	150
しょうゆ	6	18	230	パン粉	1	3	40
みりん	6	18	230	ごま	2	6	
みそ	6	18	230	マヨネーズ	4	12	190
食塩・精製塩	6	18	240	牛乳	5	15	210
上白糖	3	9	130	生クリーム(高脂肪)	5	15	200
グラニュー糖	4	12	180	トマトケチャップ	6	18	240
はちみつ	7	21	280	カレー粉	2	6	80
ジャム	7	21	250	こしょう	2	6	100
油	4	12	180	コーヒー	2	6	60
バター	4	12	180	紅茶	2	6	60
小麦粉（薄力粉）	3	9	110	抹茶	2	6	110

（松本仲子：『調理のためのベーシックデータ　第5版』，女子栄養大学出版部，2018より）

（2）洗　　浄

　食品を衛生的に使用するため，汚れを落とす基本操作が洗浄である。洗浄の目的は，土壌の汚れ，農薬，不味成分，寄生虫等の虫，微生物をできる限り洗い流すことである。正しい洗浄により，安全な食材を準備することができる。特に生食するサラダや付け合せの野菜では，洗浄操作が最終調理操作となるため，衛生面に注意する。洗浄の基本は水洗いであるが，洗浄の目的に合わせて水温を選び，塩水や酢水，中性洗剤等の使い分けが必要である。洗浄方法についても，ふり洗い，こすり洗い，もみ洗い等，食材に合う方法を選択する。大量調理の場合，酸性電解水，次亜塩素酸ソーダ液を用いての殺菌洗浄が有効とされ，十分な流水で洗浄する。

（3）浸　　漬

　食品を液体に浸す調理操作を浸漬という。調理の下処理では，水分の少ない食品を吸水させたり，食品中の不味成分を溶出させたりすることができる。調理操作例として，りんごを塩水に浸けることでの褐変防止や，こんぶを水に浸けてうま味成分を溶出させるだし汁等がある。また，調味液を浸透させたマリネや野菜を漬け込んだピクルスは，保存性を向上させることができる。浸漬液は，水，塩水，酢水等を用いる。主な浸漬操作と注意事項について表3-9に示した。

（4）切　　砕

　切砕とは，食品の不可食部分を除去し，切ったり皮をむいたりする操作である。その中で形を整える，大きさを切りそろえることは成形という。切る操作は，食品の表面積を大きくし，火の通りを早く，均一にすることができ，煮崩れを防ぐことができる。また，飾り切り等の美しい仕上がりにするためにも用いられる。野菜や肉では，繊維の方向を考えて切ることで食感が変化する。繊維に対して直角に切る場合，軟らかい食感にすることができる。一方，食感を残したい場合は，繊維に対して平行に切ることで硬さを残すことができ，煮崩れを防ぐこともできる。さらに切り方の大小も食感，味に影響する。大きく切る場合は食材の味や食感を残すことができる。また，小さく切る場合は，うま味成分の溶出はあるが，火の通りが早く，仕上がり時間を短縮することができる。このように，切砕は下ごしらえから仕上げまで幅広く用いられる操作であり，包丁技術が必要なものもある。

（5）粉砕，磨砕

　粉砕および磨砕は，食品を細かく砕く操作をいう。食品を粉状にする，すりおろす，裏ごしする，ペースト状等にすることである。これらの調理操作により，物性が変化し，香りが増し，嗜好性の向上や，消化吸収がよくなる。主な調理例について表3-10に示した。

（6）混合，混捏，攪拌

　混合，混捏，攪拌は，2種類以上の材料を混ぜ合わせ，均一にする操作である。調味料は均一に浸透する。ほうれんそうのごま和え等の和え物の仕上げ操作は混合であるが，和え物は，水っぽくならないように直前に調味料と和えることが大切である。混捏は，こねる操作である。具体例として，ぎょうざやしゅうまいの皮つくり，パンやうどんがある。調理過程における小麦粉のグルテン形成に重要な操作である。攪拌は，泡立て操作やかき混ぜ操作の

ことである。具体例として，卵白を砂糖とともに泡立ててメレンゲにすることや，生クリームを泡立ててホイップクリームにする等がある。また，攪拌により，加熱時や冷却時の温度を均一にすることができる。

表3-9　調理における浸漬の目的と主な食品

目　的	浸漬液	主な食品
吸水・膨潤	水 水または温水 食塩水（1％）	米 植物性乾燥食品（干ししいたけ，切干しだいこん，凍り豆腐，かんぴょう，海藻，寒天） 動物性乾燥食品（貝柱，干しえび，干し魚，干しなまこ，干しあわび，ゼラチン） 大豆
不要成分の除去 　塩出し 　血抜き 　砂出し 　あく抜き 　脱臭	水 食塩水（1％） 食塩水（3％） 酢水（1〜3％） 重曹水（0.2％以下） 灰汁（灰10％の上澄液） 米のとぎ汁・ぬか水（10％） 牛乳	不味成分（えぐ味，渋味，苦味）を含む食品 塩蔵食品 レバー あさり，はまぐり ごぼう，れんこん，うど 大豆，わらび，ぜんまい わらび，ぜんまい 干し魚，かずのこ，たけのこ レバー，魚
褐変防止	水 食塩水（1％） 酢水（1〜3％） 砂糖水（10％） ショ糖溶液	じゃがいも，なす 果実類，いも類 ごぼう，れんこん，うど 果実類 バナナ
うま味成分の溶出	水または沸騰水	こんぶ，煮干し，かつお節，鶏骨，豚骨
調味液の浸透	食塩（1〜3％） 調味料	下処理として立て塩（海水と同じ約3％の塩水）につける，即席漬け 魚肉・食肉の下味つけ おひたし，煮豆，マリネ 青煮（さやえんどう，さやいんげん） 白煮（うど，れんこん）
テクスチャーの 改善・向上	冷水 重曹水（0.2％以下） ミョウバン水（1％）	生食用野菜，さしみのけん，ゆでため類 大豆，わらび，ぜんまい さつまいも，くり，ゆり根
鮮度保持	水	野菜類
保存性の向上	水 食塩水（3〜30％） 高濃度の砂糖水 高濃度の酢水 酒 油	もち 塩蔵食品 果実類・くり等のシロップ漬け ピクルス，しめさば 果実酒 魚介オイル漬け

（畑井朝子，渋川祥子編著：『ネオエスカ　調理学　第2版』，同文書院，p.61，2006を一部改変）

表3-10　調理における粉砕，磨砕の目的と調理例

	目　的	調理例	留意点
粉砕	組織の細分 香りの増強 消化率の増加	コーヒー こしょう，さんしょう きな粉	・成分を浸出しやすくする ・芳香が強くなる ・油脂の酸化が生じるので開封後は密封し，冷蔵する
磨砕	組織の破壊	だいこんおろし にんじんおろし りんごおろし たたきごぼう れんこん，たけのこのすりおろ 　しだんご	・組織の破壊により酵素が活性化し，褐変現象が起こるので，食酢，レモン汁，食塩を用いて調理する
	粘着性の増加	ミンチ 魚肉すり身	・食塩の添加により粘着性が増す
	物性の変化	みそ，とうふ	・粒子が細かくなると，口当たりがなめらかになる
	芳香，風味の変化	すりごま，ピーナッツペースト	・煎った直後にする
	辛味の増加	わさびおろし 練りからし	・ゆっくりすりおろすと酵素ミロシナーゼが活性化する ・ぬるま湯で練るとミロシナーゼが活性化する
	消化率増加	やまいもとろろ	・アミラーゼの働きを助長する

（畑井朝子，渋川祥子編著：『ネオエスカ　調理学　第2版』，同文書院，p.65，2006を一部改変）

（7）圧搾，ろ過

圧搾とは，圧力を加え，押しつぶす，搾り出す等の操作をいう。ろ過は，液体と固体を分離する方法であり，不純物の除去や抽出物の分離等を行う。

（8）成形，伸展

成形は，形を整える操作をいう。おにぎりやすしを握る，団子を丸める，クッキー生地を型で抜く，ロールケーキを巻く，巻きずしをつくる等があり，仕上がりが食感にかかわっている。調理前，調理後の仕上げに多く用いる調理操作である。伸展は主に伸ばす操作をいう。具体的には，材料の混合と混捏後のうどんやそば，パンのドウ，クッキー生地等を伸ばす操作をいう。めん棒等の道具を用い，厚みを均一に伸ばす。

（9）冷却，冷蔵，冷凍，解凍

冷却は，冷やす操作をいう。加熱調理後に室温で冷却する場合もあるが，主に冷水，氷水，冷蔵庫を用いて目的の温度まで冷却していく。冷蔵は，食品の保存や品質維持のために行うが，冷却も含む調理操作である。冷蔵庫内の保存が主である。目的に応じて冷蔵庫内の各種温度帯を使用していく。冷凍は，食品を0℃以下で凍らせる操作である。冷蔵と同様に食品の保存や品質保持が目的である。冷凍は，冷蔵に比べその温度帯が低く，−1〜−5℃で微生物の繁殖を抑えることができ，食品をより長く保存することが可能である。冷凍食品の温度については，冷凍食品保存基準は−15℃，冷凍食品協会自主取り扱い基準は−18℃となっ

ている。食品の冷凍は，図3-9に示し
た冷凍曲線のように，食品中の水分の
多くが氷結晶となる最大氷結晶生成温
度帯（−1〜−5℃）を，できるだけ
速く通過させることが重要である。急
速凍結では，最大氷結晶生成温度帯の
通過時間は短いため，食品の組織が損
なわれることが少ない。一方，緩慢凍
結では，最大氷結晶生成温度帯の通過
時間が長いため，食品の組織内に大き

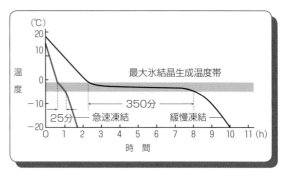

図3-9　急速凍結と緩慢凍結の冷凍曲線
（高橋雅弘監修：『冷凍食品の知識』，幸書房，1982）

な氷の結晶ができ，解凍時の食感の低下や解凍時の水分（ドリップ量）の流出が多くなる。
家庭で冷凍を行う場合，一般的な冷凍庫の機能では緩慢凍結になる。最近の冷凍冷蔵庫では，
急速冷凍に近い冷凍機能をもった機種もある。ホームフリージングに際しては，冷凍に適し
た食品を選ぶ，薄く均一に包装する，なるべく密閉し，空気を入れない等に注意する。冷凍
品は期限内に早目に使用するようにする。

　解凍は冷凍した食品をもとの状態に戻す操作であり，半解凍状態も含む。解凍方法は，解
凍速度によって急速解凍と緩慢解凍に分類される。急速解凍は加熱操作と電子レンジでの解
凍を同時に行う方法であり，緩慢解凍は流水，冷蔵庫，室温等でゆっくり解凍する方法であ
る（表3-11）。

表3-11　解凍方法と適応する冷凍食品

種　類		方　法	食　品
緩慢解凍	室温解凍	直射日光を避け室内の涼しいところに放置	菓子類，パン，煮豆
	冷蔵庫解凍	冷蔵庫内で時間をかけてゆっくりと解凍し，ドリップをできるだけ少なくする	魚肉，畜肉
	水中解凍	密封した袋ごと水に浸ける，もしくは直接水をかけながら戻す	魚肉，畜肉
急速解凍	加熱解凍	煮る，蒸す，揚げる，妙める，焼く等直接加熱する。解凍と同時に調理も行える	調理済み冷凍食品，半調理済みの冷凍食品
	誘電加熱解凍	電子レンジを使用し解凍する。ただし電子レンジをかけすぎると，食品が乾燥したり，中心部が焦げたりすることもある	ほとんどの冷凍食品の解凍に使用可

（久木久美子，新田陽子，喜多野宣子：『はじめて学ぶ　健康・栄養系教科書シリーズ10　調理学』，化学同人，p.35，2011
に加筆）

■ 5.2　加熱調理操作

　加熱調理操作は，表3-12のように分類される。

（1）湿式加熱

　湿式加熱とは，水（蒸気）を熱媒体として，水や水蒸気の対流熱で加熱するため，加熱温

表 3-12　加熱調理操作の分類

分　類	種　類	主な伝熱媒体	主な伝熱法	温度（℃）
湿式加熱	ゆでる	水	対流	100
	煮る	水	対流	100
	蒸す	水蒸気	対流（凝縮）	100，85〜90
	炊く	水・水蒸気	対流	100
	加圧加熱（圧力鍋）	水・水蒸気	対流	115〜125
乾式加熱	焼く 　直火 　間接 　オーブン	空気 金属板等 空気・金属板等	放射 伝導 対流・伝導・放射	200〜300 200〜300 130〜280
	炒める	油・金属板等	伝導	150〜200
	揚げる	油	対流	120〜200
電磁誘導加熱 （電磁調理器）	煮る・蒸す・焼く（間接）・揚げる	電磁調理器のコイルに高周波電流を流し，磁力線を発生させる→磁力線が鍋底を通るときに渦電流を発生させ，電流が流れるときの電気抵抗で鍋底自体が発熱する→食品が加熱される		
誘電加熱 （電子レンジ）	煮る・蒸す・焼く	食品にマイクロ波を照射する→食品内部の分子が回転摩擦し，熱エネルギーとなる→食品の内部温度が上昇する→食品自体が発熱し加熱される		

（中嶋加代子，山田志麻編著：『調理学の基本—おいしさと健康を目指す— 第 5 版』，同文書院，p.39，2020）

度は 100℃以上にはならない。具体的にゆでる，煮る，炊く，蒸す等の加熱調理操作がある。水を加熱するとお湯になり，さらに加熱すると沸騰し，蒸気へと変化する。また，そのまま放置すると水になる。顕熱は，温度が上昇下降するときに変化する熱のことで，潜熱は蒸発，融解，凝固等，状態が変化するだけで温度変化がない熱を指す。

1）ゆ で る

　主に，下処理用としてたっぷりの湯で野菜等を加熱する調理操作である。食品によってゆで方に違いがある。一般的に，根菜類は水から，めん類や葉菜類は沸騰水でゆでる。ゆでることにより，組織の膨潤・軟化，不味成分（あく，生臭さ等）の除去，色素の安定，たんぱく質の凝固，でん粉の糊化，殺菌および有害物質の除去等を行う。ゆでる場合に食塩，酢等を添加することで，より効果的に調理操作を行うことができることもある。ゆでる調理操作の具体例を表 3-13 に示した。

2）煮　　　る

　食品に水分を加えて加熱する方法であるが，主に煮汁で加熱しながら調味操作を行う加熱方法をいう。煮汁の対流熱により，食品に熱が伝わり，加熱を行う。煮汁に食品の水溶性成分やうま味成分の流出がある。味付けは，煮汁に調味ができ，味の調整が可能である。落とし蓋を用いると，煮崩れを防ぎ，調味料を均一に浸透させることができる。調理に用いる鍋は，材質，大きさ，深さ等，調理の目的に合うものを使用することが大切である。

表3-13　ゆでる操作の分類

分類	添加するもの	食品	主な目的
水から入れる場合	なし（水だけ）	いも	煮崩れ防止
		にんじん，だいこん等の根菜類	組織が硬く色の変化しないもので，軟化促進
		豆類	あずき以外は浸漬後，ゆでて吸水促進
		殻つき卵	卵内外の温度差を少なくし，殻割れ防止
	食酢（0.5～3％）	れんこん，ごぼう等の褐変する根菜類	褐変防止
	ぬか（10～20％），米のとぎ汁	皮つきたけのこ，だいこん等えぐ味のある根菜類	でん粉粒子が付着し酸化を防止して白くゆで上げる ぬか中の酵素（アミラーゼ・セルラーゼ）で軟化し，えぐみ除去
	焼きミョウバン（0.5％）	さつまいも，くり	アルミニウムイオンがペクチンの分解を抑制し，煮崩れ防止
沸騰してから入れる場合	なし（水だけ）	緑色野菜	加熱時間を短縮し，緑色保持
		魚，貝，肉	表面のたんぱく質を固め，うま味保持
		卵	早く熱凝固させる
		めん類	中心部まで早く加熱
	食塩（0.5～1％）	ほうれんそう等の緑色野菜	ビタミンCの酸化を抑制
		さといも	糖たんぱくの一種であるぬめり成分の凝固を促進し，ぬめり除去
		魚，卵	たんぱく質の変性促進
		野菜	ペクチンの分解を促進し軟化
		パスタ類	こしのあるゆで上がり
	食塩（1～2％）	ほうれんそう等の緑色野菜	緑色保持
	酒，香辛料	魚，肉	生臭み除去，香り付与
	食酢（0.5～3％）	卵	たんぱく質の変性を促進し，卵白の散らばり防止
		レッドキャベツ，ビート	アントシアン色素の色出し（p.80）
		カリフラワー	フラボノイド色素を含む野菜の色を白く仕上げる（p.80）
		れんこん，ごぼう	pH4付近でペクチンの分解を抑制し歯ざわりをよくする（p.82）
	小麦粉（1％以上）	カリフラワー	うま味の溶出防止
	重曹（0.2～0.3％）	わらび，よもぎ，ふき，ぜんまい等の山菜	ペクチンが分解し組織が軟化，アクの除去促進 クロロフィルがアルカリ性で安定したクロロフィリンとなり濃い緑色の保持（p.79）
	焼きミョウバン（0.5％）	なす	アルミニウムイオンと安定した錯塩を形成し色の保持（p.80）

（中嶋加代子，山田志麻編著：『調理学の基本—おいしさと健康を目指す—　第5版』，同文書院，p.40，2020より一部改変）

3）炊　　く

炊くは，豆を炊く等，煮る操作も含む場合もあるが，炊飯に代表される調理操作である。煮る場合と比較して，煮汁が食品に吸収された状態を炊くということが多い。また，「炊き合わせ」と呼ばれるそれぞれの食材ごとに煮物にし，器に盛り合わせた料理名もある。

4）蒸　　す

主に蒸し器を用い，水蒸気を通して加熱する調理操作である。鍋の下の水を沸騰させ，発生した水蒸気が食品に当たり，潜熱（1gの水蒸気が1gの水になるときに発生する熱量，539 cal/2.3 kJ）が食品に伝わる。煮物と比較すると，煮汁がないため，水溶性成分の流出やうま味成分の流出は少ない。水蒸気の加熱であるため，焦げつきの心配がない。型に入れることで流動性のあるものも蒸すことができる。煮崩れ等も起こりにくい。蒸している間に調味ができないため，調理前後に調味する必要がある。

茶碗蒸しやカスタードプディングの調理は，すがたたないように強火での加熱は避ける。蓋をずらして水蒸気量を減らし，蒸し器の温度を85〜90℃に抑え，弱火の加熱にするとよい。いも類，まんじゅう，だんご等の調理は，強火で蒸す。強飯は，途中でふり水をする。空焚きにならないよう鍋の水量に注意する。

（2）乾式加熱

乾式加熱とは，水を熱媒体とせず，放射熱，金属板からの伝導熱，油を熱媒体として加熱する方法であり，100℃以上の高温調理が可能である。焼く，炒める，揚げる等の加熱調理操作がある。

1）焼　　く

焼く操作は，直接熱源にあて加熱する直火焼きと，オーブン，鉄板等を用いた間接焼きの2種類に大別される。焼く操作によって食品の水分が蒸発し，食品の持ち味は濃縮される。また，適度な焼き色がつくことで，香ばしい香りが付与される。直火焼きと間接焼きの分類については表3-14に示した。

2）炒　め　る

少量の油を用い，熱媒体として，中華鍋やフライパンを用い，伝導熱で加熱する調理操作である。食品を高温，短時間で調理することが可能である。栄養成分の流出が少なく，油は脂溶性ビタミン類との相性もよい。加熱により，食品の表面が油で覆われ，風味が増す。短時間での調理のため，食材の切り方をそろえ，手際よく調理する必要がある。調味は，加熱前，加熱中，加熱後のいずれの場合にも行うことができる。野菜類等の水分の出る食材は，ある程度水分を蒸発させるよう注意する。

3）揚　げ　る

中華鍋や揚げ鍋に油を入れ，温度を上げ，油の対流熱で加熱する調理操作である。食品に油が吸着することで風味が増す。高温，短時間で調理するため，栄養成分の流出が少ない。揚げ物の種類は，衣をつけない素揚げ，から揚げ等の衣揚げがあり，豊富である。中国料理では，食材を120〜140℃程度の低温の油にくぐらせて取り出す油通しと呼ばれる下処理法がよく使用されている。代表的な揚げ物の種類と内容について表3-15に示した。

表 3-14　焼き物の種類と方法，食品例

焼き方	種　類	方　法	食品例
直火焼き	串焼き	味をつけてから，金串等に通して，炭火や電気ヒーターで焼く	魚，肉
直火焼き	網焼き	炭火や電気ヒーターからの主に放射熱による伝熱	干物，貝，もち，とうもろこし
直火焼き	機械焼き	トースター，グリル，ロースター等を用いる	パン，魚
間接焼き	板・鍋焼き	鉄板，ホットプレート，フライパン，鍋を使用する	卵，肉，魚，野菜
間接焼き	オーブン焼き	ガスオーブン，電気オーブン	大きめの肉，クッキー，ケーキ
間接焼き	包み焼き	アルミホイール，和紙等に包んで，フライパンやオーブン等で焼く（蒸し焼き）	魚，きのこ
間接焼き	石焼き	小石や石板（石焼プレート），石製の容器等を熱して，その熱で焼く	さつまいも，くり，肉，ビビンバ
間接焼き	ほうろく焼き	ほうろく（素焼きの浅い土鍋）の底に松葉や塩等を敷き，食材を入れて，ふたをして蒸し焼きにする	ハマグリ，野菜，きのこ

（野口聡子：『食べ物と健康Ⅳ　調理学　食品の調理と食事設計』（山崎英恵編），中山書店，p.41，2018）

表 3-15　揚げる操作の分類

分　類		特　徴	食品および調理の例	適温（℃）	吸油率（％）
素揚げ		・食品に衣をつけずに揚げるため，水分の蒸発が多い	ポテトチップス（二度揚げ）	130〜140 180	5〜10
素揚げ			青菜	140〜160	5〜10
素揚げ			根菜類	160〜170	5〜10
素揚げ			なす，しいたけ	180	5〜10
素揚げ			クルトン	170〜180	5〜10
素揚げ			ドーナツ	160〜170	5〜10
から揚げ		・でん粉や小麦粉をまぶして揚げる ・からっとした歯ざわりと風味がある	魚の丸揚げ（二度揚げ）	140〜150 180〜190	6〜8
から揚げ			鶏骨なし（とりほね）	160〜170	6〜8
から揚げ			鶏骨付き（とりほね）（二度揚げ）	160 180〜190	6〜8
衣揚げ	てんぷら	・水分の多い衣（小麦粉と卵水）を使用 ・内部の食品は蒸し煮状態 ・衣は水と油の交換が起こるため，からっとしたテクスチャーになる	魚介類	180〜190	15〜25
衣揚げ	てんぷら		根菜類	160〜180	15〜25
衣揚げ	てんぷら		かき揚げ	180〜190	15〜25
衣揚げ	てんぷら		青しそ，のり	140〜150	15〜25
衣揚げ	フリッター	・泡立てた卵白を衣に混ぜた揚げ物なので，口当たりがよい ・材料は味の淡白なもの，軟らかいものが適する	白身魚，バナナ	160〜170	15〜25
衣揚げ	フライ	・水分の少ない衣（パン粉）を使用 ・焦げ色がつきやすいため短時間加熱に適する	肉類（カツレツ）	160〜170	10〜20
衣揚げ	フライ		魚介類	170〜180	10〜20
衣揚げ	フライ		コロッケ	180〜200	10〜20
衣揚げ	変わり揚げ	・粉と卵白をつけた後，春雨，道明寺粉，そうめん，ゴマなどを表面にまぶす	肉類	180〜190	春雨揚げは35，道明寺粉やそうめんは12〜15
衣揚げ	変わり揚げ		魚介類	180〜190	春雨揚げは35，道明寺粉やそうめんは12〜15
衣揚げ	変わり揚げ		野菜類	180〜190	春雨揚げは35，道明寺粉やそうめんは12〜15

（中嶋加代子，山田志麻編著：『調理学の基本—おいしさと健康を目指す—　第5版』，同文書院，p.46，2020より一部改変）

（3）誘電・誘導加熱

　誘電加熱は，マイクロ波を用い，食品内部から発熱させる，電子レンジで行う加熱調理方法である。誘導加熱は，電磁調理器を用いて加熱する調理方法であり，鍋底の金属の電気抵抗によってジュール熱が発生し，鍋底自体が発熱する加熱方法である。電磁波の分類と用途を図 3-10 に示した。

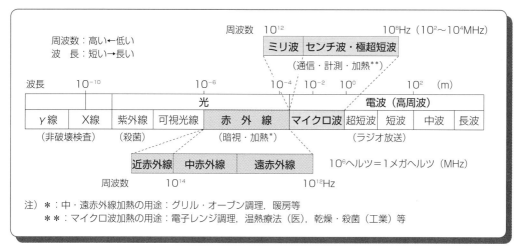

図 3-10　電磁波の分類と用途

（大越ひろ，高橋智子編著：『管理栄養士講座　四訂　健康・調理の科学—おいしさから健康へ—』，建帛社，p.80，2020）

1）マイクロ波加熱（電子レンジ）

　電子レンジは，マイクロ波が照射されて食品がマイクロ波を吸収し食品自身が発熱する（p.42 参照）。マイクロ波加熱の特徴として，食品自身が発熱するため，温度の上昇は早く，水分蒸発が大きい。飯や牛乳等を温めるのに向いている。豆腐等の脱水，下処理にも向いている。栄養成分の損失は少ない。調理では焦げ目はつかない。食品の形によっては，加熱むらが起きたり，中心部が焦げたりすることがある。

2）誘導加熱（電磁調理器）

　トッププレートの下に磁力発生コイルがあり，コイルに電流が流れると磁力線が発生し，磁力線が鍋底を通り渦電流が起こる。鍋底の金属の電気抵抗によってジュール熱が発生し，鍋底自体が発熱する。鍋が発熱するので，熱効率がよい。温度設定も簡便であり，手入れも簡単である（p.42 参照）。

（4）そ　の　他

1）過熱水蒸気

　過熱水蒸気とは，水蒸気をさらに加熱して高温状態にしたものである。食品に触れると，大量の潜熱を食品に伝えることができる。主に業務用のスチームコンベクションオーブンで用いられている加熱方法である。近年は，過熱水蒸気を用いた家庭用の機種も出回っている。過熱水蒸気による調理の利点は，細胞破壊や酸化を抑え，余分な脂や塩分も落とすことができることである。

6 食品の特徴に応じた調理の特性

食べ物は、心身ともに健康な生活を維持するために必要不可欠なものである。しかし、食材については、その食材の選択方法や保存方法、調理方法等により栄養特性や嗜好性が大きく左右される。

調理中のさまざまな操作は、食べ物の栄養や嗜好および生理機能を向上させ、その価値を高めるためのものである。

食べ物の栄養やその調理特性を知り、それを最大限に生かす調理技術を体得することは、栄養や調理に携わるものにとって、必要かつ重要なことである。

6.1 食品成分の調理特性

6.1.1 炭水化物

炭水化物は、糖質と食物繊維を合わせたもので、穀類やいも類、野菜類、果実類、藻類等に含まれる主成分であり、単糖を構成成分とする有機化合物の総称である。炭水化物は、たんぱく質や脂質とともに三大栄養素とも呼ばれ、1 g当たり4 kcalの熱量となる。人体では、骨格形成、貯蔵、代謝等エネルギー源として広く用いられ、必要不可欠な物質である。

食品中の主な炭水化物は、単糖類、少糖類（オリゴ糖）、多糖類に分類され、さらに多糖類では、消化されるものとされないものとに大別される。

単糖類とは、消化酵素によってこれ以上分解されない糖質の最小単位である単糖により構成され、主なものとして、グルコース、フルクトース、ガラクトース等がある。グルコースは、果実類や野菜類等に含まれており、ブドウ糖とも呼ばれている。グルコースがブドウ糖と名づけられた理由は、果物のぶどう中に多く含まれる成分であったためといわれている。フルクトース（果糖）は、糖類の中で最も甘みが強く、グルコースと結合してスクロース（ショ糖）を構成し、果実類やはちみつ等に多く含まれている。

少糖類のうち単糖2分子が結合した二糖類には、マルトース（麦芽糖）、ラクトース（乳糖）、スクロース等がある。マルトースは、でん粉を麦芽アミラーゼで糖化した水あめの中に含まれており、グルコース2分子が結合したものである。ラクトースは、ガラクトースとグルコースが結合したものであり、哺乳動物の乳汁の中に含まれるが、乳汁以外の食物中には存在しない。スクロースは、さとうきびやてんさいの搾汁を濃縮して調理加工して製造され、調味料の砂糖として広く用いられている。

多糖類は、単糖類が多数結合した、高分子化合物である。消化されるものには、エネルギー源となるでん粉、グリコーゲン等がある。消化されないものには、セルロース、ペクチン、寒天、アルギン酸等があり、腸の蠕動運動を促進し整腸作用を有したり、血糖の上昇抑制、コレステロールの吸収低下作用等がある。

でん粉は、グルコースが多数結合したものであるが、そのままの状態では、消化酵素の作用をほとんど受けないため、水を加えて加熱する。穀類、いも類、豆類等にでん粉は多く含まれているが、生でん粉を糊化でん粉にすることによって、消化も味もよくなる。セルロー

スは，ごぼうやいも類に多く含まれ，人間の消化酵素では分解できない。ペクチンは，果実類に多く含まれるが，砂糖，有機酸とともに加熱するとゼリー形成をする。

このように炭水化物を多く含む食品には，さまざまな種類があり，食品のもつエネルギー量や調理性等にそれぞれ特徴がある。

■ 6.1.2　たんぱく質

たんぱく質とは，アミノ酸が鎖状に多数連結してできた高分子化合物であり，生物にとって重要な構成成分の1つである。アミノ酸が数個結合したものを，ペプチドといい，これが連なったものをポリペプチドという。構成するアミノ酸の数や種類，結合の順序によって，そのアミノ酸の種類が異なる。これらの差は，側鎖の形状の違いで分けられている。人体は，約10万種類のたんぱく質からできているが，そのたんぱく質は20種類のアミノ酸から構成されている。アミノ酸は，体内で合成できるものとできないものに分けられるが，体内で合成できる11種類のアミノ酸を可欠アミノ酸といい，体内で合成できない9種類のアミノ酸を必須アミノ酸（不可欠アミノ酸）という。必須アミノ酸は，体内で合成できないため食事から摂る必要がある。たんぱく質の栄養素としての価値は，それに含まれる必須アミノ酸の構成比率によって評価される。その評価基準としては，動物実験によって求める生物価にたんぱく質の消化率を加味した正味たんぱく質利用率と，化学的にたんぱく質を構成するアミノ酸の比率から算出するプロテインスコア，ケミカルスコア，アミノ酸スコアがある。

食事で摂取されたたんぱく質は，高分子化合物であるため，そのままでは吸収されない。そのためたんぱく質は，酵素が加水分解してアミノ酸にまで分解し，腸粘膜から吸収される。その後，肝臓に蓄えられて体の各組織に運ばれ，体たんぱく質となり，常に合成と分解という代謝をくり返している。分解され，もとに戻ったアミノ酸は，再利用されるものと体外に排泄されるものとに分かれる。体外へ排泄されたアミノ酸を補うためには，食事からたんぱく質を摂る必要がある。そこで，たんぱく質の中でも，必須アミノ酸をバランスよく含んでいるものを良質たんぱく質といい，上手に食事から摂る必要がある。

たんぱく質は，炭水化物，脂質とともに三大栄養素と呼ばれ，脳や心臓等の内臓や骨，筋肉，皮膚，毛髪，爪等の体をつくる役割を果たすほか，各種酵素，ペプチドホルモン，神経伝達物質等として体を機能させるためにも利用されている。また，たんぱく質は，エネルギー源としても利用され，1g当たり4kcalエネルギーを有している。成人の日本人のたんぱく質の推定平均必要量は，0.72g/kg体重/日であるとされている。これは，窒素出納実験により測定された良質（動物性）たんぱく質のたんぱく質維持必要量を基に，それを日常食混合たんぱく質の消化率で補正して算定されている。栄養摂取目標として総エネルギーに対するたんぱく質エネルギー比は，目標量13〜20%である（日本人の食事摂取基準2020年版）。

■ 6.1.3　油脂（脂質）

食品に含まれる油脂は，一般的に常温で液体のものを油，固体のものを脂と呼ぶ。また，脂質とは生物から単離される，水に溶けない物質を総称したものである。脂質は，単純脂質，

複合脂質，誘導脂質の３種類に大別される。

　油脂は，中性脂肪ともいわれ，単純脂質に分類される。単純脂質は，脂肪酸とアルコールがエステル結合したもので，エネルギーの貯蔵に利用される。生体中にみられる単純脂質は，アルコールとしてグリセリンをもつもので，アシルグリセロールまたはグリセリドと呼ばれる。グリセリンには３つのヒドロキシ基があり，エステル結合した脂肪酸の数によってモノグリセリド（MG），ジグリセリド（DG），トリグリセリド（TG）に分けられる。生体中では主に脂肪として蓄えられる。必要に応じてエネルギー源としても利用され，脂質は１g当たり９kcalのエネルギーを有している。

　複合脂質には，リン酸を含むリン脂質と，糖を含む糖脂質がある。複合脂質のアルコール部はグリセリンとスフィンゴシンである。そのためグリセロ脂質とスフィンゴ脂質としても分類される。

　誘導脂質とは，単純脂質と複合脂質から加水分解されて生じる化合物であり，疎水性（水に溶けにくい性質）をもつ。脂肪酸，ステロイド，カロテノイド等がある。体の構成，エネルギー貯蔵に働くほか，ホルモンなどの生理活性物質の構成物質となっている。

　日常の食べ物に含まれる脂質の大部分はトリグリセリドであるが，そのほかはリン脂質，コレステロール，植物ステロール等がある。調理では，てんぷら油やサラダ油等を日常使用するが，それらの油の95〜99％はトリグリセリドである。

　トリグリセリドの融点，消化吸収機能等は，構成脂肪酸の種類により影響される。脂肪酸の融点は，二重結合が増すと低下し，炭素数が増すと上昇する。脂肪酸の構造上の分類には，飽和脂肪酸（saturated fatty acids）と不飽和脂肪酸（unsaturated fatty acids）に大別される。

　飽和脂肪酸は，炭化水素鎖の全ての炭素が水素で飽和されている。代表的なものには，パルミチン酸（炭素の数が16個，二重結合の数が０個，C16：０と示される），ステアリン酸（C18：０）等がある。飽和脂肪酸には二重結合がないのが特徴である。

　不飽和脂肪酸とは，炭化水素鎖の一部に二重結合があるものをいう。また，二重結合の数と位置により，その生物的な役割が大きく変わる。一価不飽和脂肪酸（monounsaturated fatty acids）には二重結合が１つあり，多価不飽和脂肪酸（polyunsaturated fatty acids）には二重結合が２つ以上ある。メチル末端から数えていくつめに最初の二重結合があるかにより，n-3系，n-6系等に分類される。n-3系，n-6系のような脂肪酸は，体内で合成されにくく，必須脂肪酸（不可欠脂肪酸）と呼ぶ。

　n-3系脂肪酸にはα‐リノレン酸等があり，C18：３と示され，シソ油等があげられる。そのほかに，IPA（イコサペンタエン酸（エイコサペンタエン：EPAともいう），C20：5，魚油），DHA（ドコサヘキサエン酸，C22：6，魚油）等がある。

　n-6系脂肪酸には，リノール酸（C18：2），γ‐リノレン酸，アラキドン酸（C20：4）等がある。

　油脂に含まれるトリグリセリドは，小腸で遊離脂肪酸とモノグリセリドに分解される。遊離脂肪酸とモノグリセリドと残存トリグリセリドは，小腸上皮細胞に吸収され酵素作用を受

け，新たに合成されたトリグリセリド，リン脂質，摂取したコレステロール，たんぱく質が組み合わさり，キロミクロンとして小腸のリンパ管に分泌される。キロミクロンは小腸リンパ管からリンパ管系に入り，血管に乳液状で分泌され，エネルギーが足りているときには脂肪組織に運ばれて脂肪として貯蔵される。しかし，食事不足で貯蔵に回せないときは，骨格筋，心筋，肝臓で消費される。

■ 6.2　植物性食品

■ 6.2.1　穀　　類

穀類とは，食糧や飼料として用いられるイネ科作物の種子で，でん粉を主成分とし，主食として重要なエネルギー源となっている。わが国では米，小麦，大麦を主穀，とうもろこし，そば，ライ麦，えんばく，あわ，ひえ，きび等を雑穀と呼ぶ。

❶ 米

米は古くから日本人の主食としてだけでなく，日本のさまざまな行事との結びつきが強く，日本の歴史や文化の象徴的な意味合いをもつ重要な穀類である。しかし近年，米の消費量は年々減少傾向にある。

（1）米の種類・成分および性質

1）米の種類

米は，日本型のジャポニカ種，インド型のインディカ種に大別される。ジャポニカ種は丸みをおびた形（円粒米）で，アミロース（コラム「でん粉」参照）含量が少ないため，粘りのある飯になるのに対し，インディカ種は細長い形（長径米）で，アミロース含量が多いため，粘りの少ないパサパサした飯になる。日本型とインド型の中間としてジャワ型のジャバニカ種を分類することもある。また，玄米の表面種皮に赤色系色素を含む赤米や紫黒米，香りの強い香り米，清酒醸造の原料米としての酒造米等がある。日本では主としてジャポニカ種が食されるが，収量（栽培のしやすさ）や食味の点（アミロース含量を変えたもの，たんぱく質含量が異なるもの等）から米の品種改良が進み，各地に適した地域特産米や特徴的な性質をもった新形質米も開発されている。

米に含まれるでん粉の性質により，半透明なうるち米と乳白色のもち米に分けられる。うるち米のでん粉には約20％のアミロースが含まれているが，もち米のでん粉は100％アミロペクチンで構成されており，粘りが強い（図3-11）。近年，うるち米はアミロペクチン含量の多いブランド米が好まれる傾向にある。

また，米粒の性状からは軟質米と硬質米に分類され，栽培方法により水稲と陸稲に区別される。

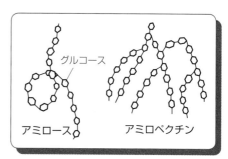

図3-11　アミロースとアミロペクチンの構造

（調理学研究会編：『レクチャー調理学』，建帛社，p.34，1997に加筆）

●でん粉

でん粉は，穀類等の植物の中にでん粉粒子として含まれている貯蔵多糖である。分子レベルでみると，グルコース（ブドウ糖）が多数結合した高分子化合物であり，でん粉を構成する分子には，アミロースとアミロペクチンの2種類がある。アミロースは分子量が数万〜数十万で，グルコースが，α-1,4結合によって直鎖状に重合し，らせん形の鎖状構造をしている。アミロペクチンは分子量が数千万〜数億と大きく，アミロースの鎖の途中からα-1,6結合により枝分かれした分岐鎖分子で房状の構造をしているといわれている。でん粉粒内では，アミロースとアミロペクチンが部分的に規則正しく配列し，微結晶（ミセル）構造を形成していると考えられている。

米は小麦と異なり，大部分が粒食される。これは胚乳部が硬いためである。玄米は稲からわらを除いた籾米（もみ）の外皮（籾殻）を除去したもので，果皮や種皮，糊粉層等のぬか（糠）層と胚芽に覆われている。精白すること（搗精（とうせい））によって，ぬか層と胚芽がぬかとして取り除かれ，精白米になる（図3-12）。精白米は，玄米から8〜10%のぬかを取り除いた胚乳部であり，歩留まり（玄米を100としたときの搗精の割合）90〜92%である。ぬかを5%，7%程度を取り除いたものがそれぞれ半つき米（歩留まり95〜96%），七分つき米（歩留まり93〜94%）であり，胚芽を残すように精白したものが胚芽精米である。

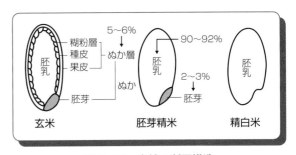

図 3-12 米粒の断面構造
（調理学研究会編：『レクチャー調理学』，建帛社, p.34, 1997 に加筆）

2）米の成分

米の主成分はでん粉で，約75%を占め，たんぱく質は約7%，水分は約15%である。米のたんぱく質のほとんどが，グルテリン系のオリゼニン（oryzenin）である。米のたんぱく質は植物性たんぱく質の中では良質とされているが，必須アミノ酸のリシンが少ない。無機質やビタミン類は玄米には多いが，精白するほど少なくなる。そのため，ビタミン B_1 を強化した強化米もある。

3）米の性質

米に含まれている生でん粉（β-でん粉）は消化が悪く，食味も悪いので，食する場合には，水を加えて加熱する。これをでん粉の糊化（gelatinization）といい，糊化したでん粉を糊化でん粉（α-でん粉）という（p.105，図3-25参照）。米は，炊いて飯にして食するのはこのためである。飯中の糊化でん粉は粒が膨潤し，ミセル構造が崩壊しているので，消化がよく，食味もよい。

飯を放置すると糊化したでん粉が生でん粉に類似した結晶構造に変わるため，硬くなる。これを老化（retrogradation）といい，老化したでん粉を老化でん粉（β'-でん粉）という

（p.105，図 3-25 参照）。しかし，糊化を保持したまま水分量を減らしたせんべい類，砂糖を加えた求肥等では老化が抑制される。また，アミロペクチンは老化しにくいので，アミロースの含有量が多いと老化しやすい。うるち米ともち米を比較すると，うるち米の方が老化しやすいのはこのためである。

（2）米の調理性

1）うるち米を使った調理 1（白飯）

a．炊　飯　　炊飯とは，水分約 15％のうるち米に水を加えて加熱し，水分約 65％の飯にする調理過程をいう。炊飯は煮る，蒸す，焼く等の複合操作で，炊き上がったとき，水分が完全に米粒の中に吸収されてでん粉の糊化に利用され，表面に余分な水が付着していない状態になる。炊飯法は炊き干し法と湯取り法に大別される。

b．炊飯操作　　炊飯は，米を，①洗う，②水加減をする，③水に浸けて吸水させる，④加熱する，の 4 つの手順で行われる。

①　**洗　う**：米の表面に付着しているぬかやごみを取り除く操作である。とぎ洗い（米を研ぐ）は，水溶性成分等の流失が大きい。米は水を加えるとすぐに吸水するので，ぬか水を米粒内に吸収させないよう，最初に加えた水は手早く流す方がよい。また，洗米中に米重量の約 10％の水が吸収されるため，ぬか臭さが残らないように，たっぷりの水で手早く洗うことが大切である。最近は，精白米より深削をして洗米せずに炊ける無洗米も利用されている。これは精白米の表面に付着した肌ぬかを取り除いたものである。

②　**水加減**：炊き上がった飯の表面に余分な水分が付着していない状態になるよう適量の水を加える必要があり，それを水加減という。おいしい飯は，水分が約 65％であり，米の重量の 2.1～2.4 倍になる。したがって，加水量は炊飯中の蒸発量を考慮し，米重量の 1.5 倍，米容量の 1.2 倍が基準とされている。無洗米については，ぬかの付着がないことを考慮する必要がある。また，新米では加水量を 10～20％減らし，古米では反対に 10～30％増やすとよい。胚芽精米では米重量の 1.6～1.7 倍にするとよい。

③　**浸水，吸水**：米中のでん粉が糊化し，組織が軟らかくなるためには，あらかじめ米の中に水を十分吸収させておく必要がある。米の吸水量は，水温が高く，浸漬時間が長いほど多い（図 3-13）。吸水させずに加熱を始めると，芯のある飯になりやすい。吸水速度は，浸漬後 30 分間で急速に吸水し，2 時間でほぼ飽和状態になることから，最低 30 分以上浸漬させることが望ましい。水温を上げることで，初期の吸水速度が大きくなるので，浸漬時間を短縮することができる。30℃で長時間の浸漬は，米粒周辺の過度の膨潤や成分の流失，微生物の繁殖による影響があることから避けた方がよい。また，胚芽精

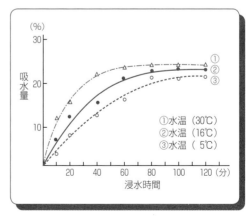

図 3-13　米の浸水時間と吸水量

（調理学研究会編：『レクチャー調理学』，建帛社，p.36，1997）

米は浸漬時間が2倍，玄米では2時間で吸水量は6〜7％となり，飽和状態に達するのに20時間を必要とする。

　④　**加熱する**：米のでん粉の糊化温度は70℃前後であるが，米のように硬い組織の中に含まれるでん粉を完全に糊化するには，98℃で20分以上加熱する必要がある。加熱過程は，ⅰ．温度上昇期，ⅱ．沸騰期，ⅲ．蒸し煮期，ⅳ．蒸らし期の4段階に分けて行う（図3-14）。加熱時間の合計は30〜40分程度とする。

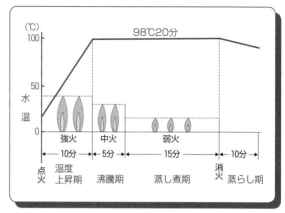

図3-14　炊飯の加熱過程
（調理学研究会編：『レクチャー調理学』，建帛社，p.37，1997に加筆）

　ⅰ．**温度上昇期**：この時期に米粒はさらに吸水し，でん粉の糊化が始まる。短時間に温度が上昇すると，米粒の表面だけが糊化し，内部まで吸水されないため，芯のある飯になりやすい。また，長時間かけて温度が上昇すると，米粒が膨潤して動きにくくなるため，沸騰による対流が起こらず，釜の上部と下部で米の硬さに差が出る。そのため，火力は中強火で約10分かけて沸騰させるとよい。

　ⅱ．**沸騰期**：この時期に水の対流が起こり，米粒内に吸水して残存する液がなくなる。初期は，温度上昇期の吸水とでん粉の糊化がさらに進むため，残っている水の対流で釜内の温度は均一になる。その後，蒸発によって米粒の間にカニの穴と呼ばれる穴状の空間ができる。この時期の温度が低いと食味のよい飯にならないとされているので，沸騰温度を保つことが重要となる。そのため，火力は沸騰が続く程度の中火で，5分ぐらいがよいとされる。この時間が長いと焦げやすくなる。

　ⅲ．**蒸し煮期**：この時期に米粒間が蒸気で満たされ，米のでん粉が完全に糊化する。でん粉の糊化により軟らかくなり，たんぱく質や脂質の変化で独特の香りを生成する。火力が強すぎると焦げるため，弱火で約15分がよいとされる。

　ⅳ．**蒸らし期**：消火後のこの時期に，米粒表面の水が完全に吸収されて米粒内の水分が均一になり，ふっくらした飯になる。温度の下降を緩やかにするため，蓋を取らないことが重要である。温度が急激に下がると蒸気が釜肌に凝縮し，米粒に付着して食味がよくない。そのため，蓋を取らずに高温で10〜15分放置する。

　炊き上がった後に軽くほぐし，飯粒周囲の水分を適度に蒸発させることが大切である。また，水が米粒に吸収されて遊離の水分がなくなった段階で鍋底が加熱され続けると，その部分の飯の水分が減少し，120℃ぐらいになった時点でこんがりときつね色の焦げができる。これは水中に遊離した糖とアミノ酸のアミノカルボニル反応（メイラード反応）によって生成されるもので，よい香りとほどよい硬さが好まれる。

２）うるち米を使った調理２（かゆ）

米に5～20倍の水（全がゆ：5倍，七分がゆ：7倍，五分がゆ：10倍，三分がゆ：20倍）を加え，軟らかく煮たものである。出来上がりの重量に対する米の割合により，全がゆ，七分がゆ，五分がゆ，三分がゆ等に分類される。おもゆは，五分がゆ程度のかゆをこして米粒を除いた粘り気のある汁である。

３）うるち米を使った調理３（変わり飯）

a．炊き込み飯　米に調味料（塩，しょうゆ等）と具を加えて炊飯したものである。具の主材料により五目（かやく）飯，菜飯等や，調味料のみで炊飯したさくら飯がある。塩分濃度は，米重量に対して1.5%，飯重量の0.7%，炊き水の1.0%を基準とする。しょうゆや食塩は米の吸水を妨げるため，調味は加熱直前に行う。清酒は炊き水の5%では飯の風味を増すが，10%では酒のにおいが強すぎる。しょうゆは加熱中の吸水膨潤を妨げるので，沸騰時間を延長するとよい。また，沸騰時の泡立ちが少ないので，沸騰を見逃しやすく，焦げやすいため注意が必要である。

b．すし飯　白飯に合わせ酢を混ぜ合わせたものである。水加減は酢の分量だけ減らして炊き，蒸らし時間は白飯の半分（約5分間）にして硬めに炊くとよい。合わせ酢は炊きたての飯に混ぜると浸透がよくなる。また，うちわ等であおいで急冷すると飯の表面がひきしまって，つやが出る。

c．炒め飯　米を油脂（米重量の7%）で炒めてから（米重量の1.3倍のスープで）炊くピラフと，飯を油脂（飯重量の7～10%）で炒める炒飯（チャーハン）がある。ピラフは米粒の表面の組織が損傷して糊化が進み，中心部への吸水が悪くなるので，芯のある飯になりやすい。洗米後の水切りを十分にすると炒めやすくなり，加熱時間を長くするとよい。炒飯は，飯を硬めに炊くとよい。冷や飯は粘りが少なく炒めやすい。

４）もち米を使った調理

もち米中のでん粉はアミロペクチン（p.62，コラム「でん粉」参照）のみからなるので，膨潤しやすく，加熱すると強い粘性を示し，老化しにくい性質をもつ。また，もち米はうるち米より吸水性が大きく，米の重量の30～40%吸水する。

a．強飯　強飯（こわめし）はおこわともいい，もち米の白飯であるが，うるち米の白飯より弾力があり，硬いので，強飯といわれる。うるち米と同様の炊飯方法ではもち米が水面から上に出てしまい，均一に加熱できないため，もち米は，十分に浸漬して蒸す方法をとるのが一般的である。しかし，浸漬時の吸水量だけでは硬くなるので，蒸している途中で数回ふり水をして水分を補う。炊き強飯の場合は，水加減は出来上がりが米の重量の1.6～1.9倍となるため，蒸発分を考慮し，米とほぼ同量でよい。浸漬は行わず，洗米後十分に水切りして炊く。また，うるち米を混ぜて炊く場合の水加減は，もち米の重量×1.0＋うるち米の重量×1.5として計算する。

b．もち　もちは，水に浸漬したもち米を蒸してでん粉を糊化させ，ついて粘りを出したものである。もちの品質は，もち米の品種，吸水や蒸し時間，つき方等で変わる。

5）米粉を使った調理

米粉は，本来うるち米やもち米を製粉した米穀粉の総称である（表3-16）。米粉は，米を生のまま粉にした生粉製品（β型）と，米に熱を加えて糊化させてから粉にする糊化製品（α型）に大きく分類され，さらに原料や用途によって細分化されている。近年，製粉技術の向上により上新粉をさらに微細化した微細粒粉の新規米粉が誕生し，パン，めん，洋菓子等，小麦粉と同様の調理加工が開発され，利用を推進している。

表3-16　米粉の種類と用途

製　法	原　料	種　類	用　途
生粉製品 （β型）	うるち米	新規米粉（微細粒粉） 上新粉（上用粉）	パン，めん，洋菓子等 かるかん，ういろう，草もち，かしわもち，だんご等
	もち米	白玉粉 もち粉（求肥粉）	大福もち，しるこ，求肥，もちだんご 大福もち，しるこ，もちだんご，もなか
	うるち米と もち米混合	だんご粉	かしわもち，だんご
糊化製品 （α型）	うるち米	乳児粉（α化米粉） 上南粉 みじん粉	乳児食，おもゆ用等 和菓子等 和菓子等
	もち米	上南粉 道明寺粉 落雁粉 みじん粉（春雪粉） 寒梅粉（焼きみじん粉）	おこし，つばきもち，桜もち，玉あられ，てんぷら粉用等 おはぎ，桜もち らくがん 和菓子等 押菓子，豆菓子，製菓子用，糊用，おもゆ用等

（山口慶一：『お米革命―日本の食材が世界を変える』，知玄舎，p.160-161，2008 に一部加筆）

だんごは，上新粉の粒度が細かいほど吸水率は高くなり，日持ちがよくなる。上新粉は，水でこねるとまとまりにくいため，熱湯ででん粉の一部を糊化させる。これを加熱後こねて軟らかくするが，こね回数が多いほど生地は軟らかく，なめらかになる。また，白玉粉を混ぜるとだんごは軟らかくなめらかになり，反対にかたくり粉（でん粉）を混ぜると硬さを増し，歯切れをよくする。

求肥は，白玉粉に倍量の水を加えて加熱し，粉と同量の砂糖を加えたものである。もち米のでん粉は老化が遅いため，保存性が高い。

❷　小　麦　粉

小麦粉は米と並ぶ重要な穀類であり，主食として世界各国で食べられている。米は胚乳部が硬く，搗精しやすいため，粒のまま調理されるのに対し，小麦は外皮が硬く，粒溝部と呼ばれる深い溝にそって内部に入り込んでいるため，粉にして調理される。また，小麦のたんぱく質は吸水すると特有の粘弾性を示すため，この性質を利用してパン類，めん類，ケーキ類等数多くの調理加工がなされている。

（1）小麦粉の種類・成分および性質

1）小麦粉の種類・成分

　小麦の多くは，普通小麦で，このほかパスタ用のデュラム小麦等の栽培種がある。粒の硬さによって硬質小麦，中間質小麦，軟質小麦等に分類される。小麦の硬さはその小麦に含まれるたんぱく質の含量に比例する。

　小麦粉の主成分は炭水化物（70〜75％）で，そのほとんどはでん粉である。たんぱく質（8〜13％）は米より多く含まれているが，その大部分はグルテリン系のグルテニン（glutenin）とプロラミン系のグリアジン（gliadin）の混合物であり，調理性に大きく影響する。そのほか脂質（1.5〜2.0％），灰分（0.4〜0.5％）を含んでいる。

　小麦粉はたんぱく質含量によって強力粉，中力粉，薄力粉等に分けられ，調理の目的に応じて使用される。また，小麦の製粉過程で灰分含量（ふすまの混入度）によって，1等粉（0.3〜0.4％），2等粉（約0.5％）等に分類されるが，市販品の多くは1等粉である（表3-17）。そのほか，外皮や胚芽を取り除かず全部を粉にしたものを全粒粉という。

表3-17　小麦粉の種類と用途

種　類		たんぱく質量	湿麩量 （粒度の状態）	グルテン の質	用　途
強力粉	1等粉	11.7%	35%以上 （粗い）	強靭	パン類，パスタ類等
	2等粉	12.4%			パン類，菓子パン，そば配合用，パスタ類等
中力粉	1等粉	9.0%	25〜30% （やや細かい）	軟	めん類，まんじゅう，クラッカー，パイ等
	2等粉	9.7%			めん類，そば配合用，ビスケット，カレールウ等
薄力粉	1等粉	8.0%	25%以上 （細かい）	軟弱	スポンジケーキ，カステラ，ドーナッツ，クッキー，まんじゅう，てんぷら衣等
	2等粉	8.8%			ビスケット，まんじゅう等

（調理学研究会編：『レクチャー調理学』，建帛社，p.40，1997に加筆）

2）小麦粉の性質

　小麦粉に水を加えてこねる，または溶く操作をしたものを生地という。これを水中でもみ洗いして，でん粉や可溶性成分を洗い流すと，黄褐色で粘弾性のあるガム状の塊が得られる。これをグルテン（gluten）という。グルテンの主成分は，小麦粉中に分散状態にあった小麦たんぱく質のグルテニンとグリアジンである。これらをそれぞれ吸水させると，グルテニンは硬いゴムのような弾力性を示し，グリアジンは流動性とねばねばした粘性を示す。小麦粉に水を加えてこねると，グルテニンとグリアジンは吸水膨潤するとともに，機械的な刺激によって絡み合い，粘弾性のある網目構造を形成し，グルテンとなる（図3-15）。

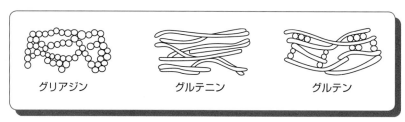

図3-15　グルテンの網目構造模式図

(Huebner F. R.: Baker's Dig., vol 51, p.154, 1977)

　このとき，たんぱく質分子内のジスルフィド（S-S）結合とほかのたんぱく質のスルフヒドリル（-SH）基とが交換反応して分子間のS-S結合が増加し，これが架橋となって網目構造を強化する。このほか疎水結合等も粘弾性に影響を与える。グルテンは，水を吸った状態のものを湿麩，乾燥したものを乾麩といい，乾麩は湿麩の約1/3量である。

　小麦粉生地の粘弾性は，粉の種類，加水量，こね程度やねかし，温度，添加材料等により異なり，出来上がり製品のテクスチャーに影響するので，調理の目的にあった種類を選ぶことが大切である（表3-18）。

表3-18　調理条件と小麦粉生地の物性

調理条件	小麦粉生地の物性	用　途
小麦粉の種類	薄力粉（軟質小麦）：たんぱく質が少ないので，生地の粘弾性は弱い 中力粉（中間質小麦）：たんぱく質量は薄力粉と強力粉の中間で，約9g 強力粉（硬質小麦）：たんぱく質が多く，生地の粘弾性は強い	クッキー 乾めん，そうめん パン類
加水量	ドウ：加水量50〜60％の粘弾性のある生地 バッター：加水量100〜200％の流動性のある生地	パン類，めん類 クレープ，衣
混　捏	混捏：グルテン形成が促進して伸長抵抗が大きくなる 過度の混捏：グルテン構造が崩壊して伸長抵抗が小さくなる	めん類，ぎょうざの皮
ねかし（熟成）	一定時間ねかす：グルテンの網目構造が緩和され伸展性や成形性が高まる	パン類，めん類 ぎょうざの皮
水　温	30℃以下：グルテン形成が抑制される 30〜70℃：グルテン形成が促進される 70℃以上：グルテンが熱変性し，でん粉が糊化するので，グルテン形成が悪くなる	てんぷら衣 パン類，めん類 ルウ

　a．加水量　　小麦粉に50〜60％の水を加えてこね，手でまとめられる程度の硬さのものをドウ（dough）といい，パン類やめん類の生地である。ドウは可塑性をもち，膨化させる場合は化学膨化剤や炭酸ガス発生量の多い酵母を用いる。小麦粉に100〜200％の水を加えて溶いた流動性のあるものはバッター（butter）といい，てんぷら衣等の生地がある。バッターは液状のものが多く可塑性はない。化学膨化剤または気泡で膨化させる。

　b．混捏とねかし　　水を加えた直後の生地（ドウ）は硬くてちぎれやすく，ぼそぼそしているが，混捏を続けているとなめらかで伸びやすくなってくる。しかし混捏しすぎると，

ドウは軟らかくねばねばした状態になる。ある程度混捏したドウをぬれ布巾等に包んで放置する（ねかす）と，小麦粉中のプロテアーゼ（たんぱく質分解酵素）によってグルテンの網目構造は緩和され，アミラーゼ（でん粉分解酵素）に作用して生地は軟らかく伸びやすくなる。通常は 30 分ぐらいがよい。

　　ｃ．温　　度　　生地の硬さは水温によっても異なる。高温の方が粉の吸水が早く，グルテン形成はよいが，70℃以上になるとグルテンが熱変性し，粘弾性が消失する。しかし，でん粉が糊化して粘性を生じ，製品の組織を補強するので硬くなる。30〜40℃がグルテン形成に適している。逆にグルテン形成を抑える場合には冷水を用いるとよい。

　　ｄ．添加材料　　小麦粉を調理加工する場合，粉と水のほかに，食塩，砂糖，油脂，卵，牛乳等の副材料を用いる。これらはグルテンの形成等に影響を与える（表3-19）。また，添加材料の種類のみでなく，添加順序の影響も受ける。

表3-19　小麦粉生地の物性に及ぼす副材料の影響

	副材料	小麦粉生地の物性	用　途
硬化	食塩 ビタミンC カルシウム塩・ マグネシウム塩	グリアジンの粘性を促しグルテニンの網目構造をち密にする グルテン形成を促進する グルテンの腰を強くする	パン類，めん類 パン類 パン類
弱化	砂糖 油脂	保水性が高くグルテン形成を制限する グルテン形成を阻害するが，伸展性は増す	クッキー クッキー，パイ
軟化	食酢・レモン汁 アルコール類	グルテニンとグリアジンを溶けやすくするので，グルテンが軟らかくなり，生地が伸びやすくなる グリアジンを溶けやすくするので，軟らかく伸びやすくなる	パイ
均一化	卵・牛乳 乳化剤	材料を均一に分散させる 材料を分散させ，安定にする。また製品のキメを細かくし，老化を抑制する効果がある	クッキー パン類

注）副材料の換水率（水として生地の硬さに作用する割合）は水 100 に対して，牛乳 90，卵 80，砂糖 30〜60，バター70
（河田昌子：『お菓子「こつ」の科学―お菓子作りの疑問に答える』，柴田書店，p.23，1987 を改変）

　　①　食　塩：食塩は生地を引きしめ，腰が強く，伸びがよくなる。めん類，パン類等に加えるのはこのためである。逆に，てんぷら衣やケーキ等のようにグルテン形成が調理上好ましくないものには用いない。

　　②　砂　糖：砂糖は親水性が大きいので，生地中の水と結合して水分を奪い，グルテン形成を阻害する。そのため，しっとり軟らかい生地になる。少量の添加では，粘弾性は低下するが，伸張性や安定性は向上する。また，加える順序との関係が大きく，砂糖と水を混ぜてから小麦粉を加えるとグルテン形成は抑えられるが，小麦粉に水を加えてこねてから砂糖や油脂を加えると影響は小さい。

　　③　油　脂：油脂は疎水性なので，たんぱく質と水との接触を妨げ，グルテン形成を阻害する。しかし，伸展性は増し，なめらかな生地になる。また，砂糖と同様に加える順序が影響する。クッキーやスポンジケーキをつくるときに小麦粉を最後に加えるのは，グルテン形

成を抑制するためである。クッキー等の場合，油脂の添加により，加熱後の製品にショートネス（p.109参照）を与える。

　④　**卵・牛乳**：グルテン形成に対しては水同様に作用し，生地は軟らかくなる。また，含有する油脂により生地をなめらかにする。卵は卵黄レシチンの乳化作用で伸展性が高くなるが，加熱により卵たんぱく質が凝固して成形に役立つ。

　⑤　**アルカリ**：小麦粉にアルカリ性の水を加えてこねると，グルテニンに作用して伸展性が増し，歯切れがよくなる。中華めんをつくるときにかん水（炭酸ナトリウム，炭酸カリウム等の混合溶液）を加えるのはこのためである。

（2）小麦粉の調理性

　小麦粉の主成分はたんぱく質とでん粉であるが，グルテンの特性を主として利用した調理と，でん粉利用を主としてグルテン利用を副とした調理がある（表3-20）。調理によってどちらの働きを利用するか変わってくる。小麦粉を利用する主な成分と調理の関係を示す。

表3-20　小麦粉の調理

利用する主成分	主な調理性	調理の例
グルテンを主としてでん粉を副とするもの	粘弾性，伸展性，可塑性	めん類，パスタ，ぎょうざ・しゅうまいの皮
	スポンジ状組織の形成	パン類，中華まんじゅうの皮
でん粉を主としグルテンを副とするもの	スポンジ状組織の形成	スポンジケーキ，揚げ物の衣
	糊化でん粉の粘性	ソース，スープ
	でん粉の吸水性，糊化膜	ムニエル，から揚げ
	接着性（つなぎ）	肉だんご，つみれ

（大越ひろ，高橋智子編著：『管理栄養士講座　四訂　健康・調理の科学—おいしさから健康へ—』，建帛社，p.154，2020）

1）膨化を利用した調理

　膨化調理とは，小麦粉生地を膨化させて，食感，色，風味等をよくする調理をいい，多孔質状（パン類，ケーキ類），層状（パイ），空洞状（シュー）等の形態に大別される。パン類やケーキ類等の軟らかい食品では，弾力性，口当たり，硬さ等のテクスチャーが評価され，クッキーではショートネスが評価される。生地を多孔質状にするための膨化方法には，膨化の原理により，微生物によるもの（生物的膨化），膨化剤によるもの（化学的膨化），気泡によるもの（物理的膨化）等がある。また，生地を層状，空洞状にするには，水蒸気圧による方法（物理的膨化）がある。

　　a．イースト（酵母）による膨化　　イーストのアルコール発酵により発生する二酸化炭素（CO_2，炭酸ガス）で生地を膨化させる方法で，パン類，中華まんじゅう，ピザ等に用いる。イーストにより発生する内部からの強い圧力を受けて膨化する。粘弾性，伸展性のあるグルテンの膜が必要であるので，強力粉を用いる。微生物を繁殖させるので，生育や発酵活動に適した条件にすることが必要である。イーストの発酵を次に示す。イースト発酵の適温は28〜30℃で，低温では発酵しにくく，高温ではイーストを失活させる。

〈イースト〉

$$C_6H_{12}O_6 \longrightarrow 2C_2H_5OH + 2CO_2 \uparrow$$

グルコース　　エチルアルコール　　二酸化炭素（炭酸ガス）

　b．化学膨化剤による膨化　　重曹（炭酸水素ナトリウム）等の膨化剤から発生する二酸化炭素で生地を膨化させる方法で，蒸しパン，ドーナッツ，ケーキ類，まんじゅう等に用いる。ガスの発生は次のような化学反応によって起こる。

〈重曹〉

$$2NaHCO_3 \longrightarrow （水＋加熱）\longrightarrow Na_2CO_3 + H_2O + CO_2 \uparrow$$

炭酸水素ナトリウム　　　　　　　　炭酸ナトリウム　　水　　二酸化炭素
　（重曹）　　　　　　　　　　　（アルカリ性）　　　　　（炭酸ガス）

　重曹に水を加えると二酸化炭素を発生し，加熱によりさらに盛んになる。しかし，ガス発生量が少なく，生地にアルカリ臭や味を残す。また，小麦粉中のフラボノイド系色素がアルカリにより黄変化する等好ましくない点がある。これらを改良するため，重曹に酸性剤（ガス発生促進剤）および使用時まで直接反応しないよう緩和剤（でん粉）を加えたものがベーキングパウダー（BP）である。ベーキングパウダーの反応式を次に示す。

〈ベーキングパウダー〉

$$NaHCO_3 + HX \rightarrow （水＋加熱）\rightarrow NaX + H_2O + CO_2 \uparrow$$

炭酸水素ナトリウム　　助剤　　　　　　　　中性塩　　水　　二酸化炭素
　（重曹）　　　　　（酸性剤）　　　　　　　　　　　　　　（炭酸ガス）

　酸性剤の種類によりガス発生時間は変わる。速効性のあるものには酒石酸，リン酸一カルシウム，リン酸二水素ナトリウムが，中間性のものには酒石英が，遅効性のものにはミョウバン等がある。市販品はこれらを組み合わせてガスが連続的に発生するようにしてある（ダブルアクション）。重曹のガス発生量は少ないので，薄力粉を用い，生地調製後は直ちに焙焼する。

　c．気泡による膨化　　卵白，やまいも等を攪拌して泡立てた気泡，あるいは油脂と砂糖のクリーミング（creaming）による気泡の熱膨張と生地中の水分の蒸発による蒸気圧により膨化させる方法で，前者にはスフレ，スポンジケーキ，かるかん等が，後者にはバターケーキやソフトクッキー等ある。内部からの膨圧が小さいので，薄力粉を用いてグルテン形成を抑えることが大切である。

　d．水蒸気圧による膨化　　生地中に含まれる空気の熱膨張と加熱時に発生する水蒸気を利用して膨化させる方法で，空洞状に膨化したシューや，層状に膨化したパイ等がある。

　シュー生地は，水とバターを加熱し，小麦粉を加えて78℃ぐらい（第一加熱）に調節して，グルテンの一部は失活せずに残し，でん粉は糊化して適度な粘弾性をもったペースト状にする。これを65℃に冷まして卵を加え200℃の高温で加熱（第二加熱）することで，膨化を完成させる。外側が固まりかけたとき，内部に水蒸気が発生して生地が膨張し，表面に押し出されてシュー特有のキャベツ状になる。

　折り込みパイ（フレンチパイ）は，粉と水を混ぜてドウをつくり，油脂を包んで折りたた

みながら生地を伸ばしていくもので，グルテン膜とバターが交互に層状を形成する。これを高温で加熱すると，生地から蒸発した水の水蒸気圧で膨化し層が浮き上がる。油脂は層の浮き上がりを助け，生地は溶けた油脂の中で揚げたようになり，独特のショートネスを与える。そのほか，小麦粉に油脂を混ぜ込んでから水を加え，グルテン形成を阻害した練り込みパイ（アメリカンパイ）がある。

2）粘性を利用した調理

a．ル　ウ　　ルウは薄力粉を油脂で炒めたもので，ソースに粘度（とろみ）となめらかさを与える。加熱の程度によって白色ルウ（120〜130℃），淡黄色ルウ（140〜150℃），褐色ルウ（160〜180℃）がある。炒めることででん粉粒の膨潤が抑えられ，粘性の少ないさらりとした食感になる。炒め温度が高くなるほどでん粉の一部がデキストリン化（p.106 参照）し，粘度が低下する。ルウに牛乳やスープストックを加えて混合するときは，混合液の温度を 60℃前後にすると，分散性がよく，ダマになりにくい。ダマは高濃度のでん粉が部分的に糊化したものである。

b．てんぷら衣　　てんぷら衣は薄力粉に対して 1.5〜2.0 倍の水を混合したバッターである。これを食品にからませて高温の油で揚げる。使用直前に冷水（約15℃）で手早く混ぜ，グルテン形成を抑えると，油と水の交代がよく，軽く仕上がる。また，卵水（卵：水＝1：2〜3）を用いると，衣は多孔質でもろく，歯ざわりがよくなる。重曹を加えると，二酸化炭素が発生して衣に広がり，水分の蒸発を促進して衣が軽く仕上がり，時間が経ってもべとつかないが，衣は硬くなり色が濃くなる。おいしいてんぷら衣の水分は，出来上がり状態の10〜15％である。

3）粘性と伸展性を利用した調理

a．うどん・そうめん　　中力粉に食塩水を加えてこねたものである。太さ，形状からうどん，ひやむぎ，そうめん等に分類される。手打ちうどんの加水量は粉の約50％で，1.5〜2％の食塩を加えてこねる。食塩を添加することによりグルテンの形成をよくし，腰のあるうどんができる。手延べそうめんは植物油，でん粉または小麦粉を塗布して引き延ばす工程を経て乾燥させたものである。

b．中華めん　　中華めんは，こね水として炭酸カリウムや炭酸ナトリウムを含むかん水を用いて製めんしたものである。アルカリ性であることからグルテンは伸展性に富み，小麦粉中のフラボノイド色素が黄変する。

c．マカロニ・スパゲッティ　　デュラム小麦や強力粉を用い，いろいろな形に成形したものであり，硬い歯ごたえとなる。食塩水でゆでることでアルデンテが得られる。マカロニ・スパゲッティは吸水性が強いので，ゆでた後水洗いはしない。また粘着性が強く，相互に付着しやすいので，ザルに上げたら直ちに油脂を少量加えて混ぜておく。

■ 6.2.2　い　も　類

いも類は米や麦等の穀類と同様に，でん粉を主成分とする食品であるが，穀類に比べて水分を多く含むために，貯蔵が難しく輸送に不便である。しかし，豊凶の差がなく収穫量が安

定しているため，救荒食品として利用されてきた。

（1）いも類の種類・成分および性質

1）いも類の種類

いも類のうち，茎が肥大したじゃがいもやさといも等を塊茎といい，根が肥大したさつまいもややまいもなどを塊根という。

2）いも類の成分および性質

いも類は，水分が多いため，蒸す，ゆでる，揚げる，焼く等，いずれの調理操作でも，いも自身に含まれる水分で十分でん粉を糊化することができる。1〜2％の食物繊維を含み，無機質に富む。また，ビタミンCが多く，熱に対して比較的安定で，加熱による損失は10〜20％と野菜類に比べて少ない。

（2）いも類の調理性

1）じゃがいも

じゃがいもは，でん粉の含量により粉質いもと粘質いもに大別される（表3-21）。同一品種でも，新いもは成熟度が低く，粘質性で，加熱してもペクチン（pectin）が水溶化しにくい。また，収穫期が遅いほど細胞内のでん粉が充実して粉質性になる。じゃがいもの40％はでん粉原料として利用される。

表3-21　じゃがいもの種類と用途

種　　類		主な特徴	調理性	調理適性
粉質いも	男爵や農林1号等	球形 皮は淡黄褐色	・でん粉含量が多い ・加熱するとホクホクして粉になりやすい ・煮崩れしやすい	粉ふきいも マッシュポテト スープ
粘質いも	メークインや紅丸等	長楕円形 皮は淡黄色	・でん粉含量が少ない ・糖分，たんぱく質の割合が多い ・加熱すると粘質で粉をふきにくい ・煮崩れが少ない	煮物 揚げ物 炒め物 サラダ

（調理学研究会編：『レクチャー調理学』，建帛社，p.47，1997）

じゃがいもの芽および緑皮部には，有毒なステロイド系アルカロイド配糖体のソラニンが含まれている。ソラニンは多量に摂取すると中毒を起こす。貯蔵する際には日光に当てない等の配慮が重要であり，調理する際に芽や緑変した皮を十分に取り除く必要がある。ソラニンは水溶性なので，水浸することにより流出する。

じゃがいもを切って空気中に放置すると，切り口が褐色に変化する。これを褐変（酵素的褐変）といい，アミノ酸の一種であるチロシン等が，切断により溶出したチロシナーゼ（酵素）によって酸化され，黒褐色のメラニン様重合化合物を生成するためである。切ってすぐ水に浸けることで褐変を防止できる。

　a．粉ふきいも　　じゃがいもをゆでた後ゆで水を捨てて，鍋をゆすりながら水分を蒸発させ，いもの表面の細胞を分離させて粉をふかせたものである。煮熟により細胞間質のペクチンが水溶性になる。流動性のある熱いうちに細胞単位に分離させると粉がふきやすい。

粉質でよく成熟したいもが適する。新じゃがいもはでん粉粒の成熟が不十分で，水に不溶な
プロトペクチンが多いので粉がふきにくい。

　　b．マッシュポテト　　じゃがいもをゆで，熱いうちに裏ごしして細胞単位に分離させ
たものである。加熱により，細胞壁のペクチンのβ脱離反応（p.82，図3-18参照）が起こっ
て柔軟になり，流動性をもつので細胞同士が離れやすくなると同時に，細胞内のでん粉が糊
化する。このとき，裏ごししやすくなる。冷えると細胞壁のペクチンの流動性がなくなるの
で，細胞同士が接着して分離しにくくなり，裏ごししにくくなる。そのために強い力を加え
ると，細胞膜が破れて細胞内から糊化したでん粉が流出して粘りを生じ，食味が悪くなる。

　　c．フライドポテト　　じゃがいもを切って水でさらし，油で揚げたものである。じゃ
がいもを揚げたときに表面が褐色に褐変して外観を悪くする。これはアミノ酸と糖による非
酵素的褐変（アミノカルボニル反応）である。調理中の温度が高いほど褐変しやすい。調理
前に水にさらすと水溶性のアミノ酸や還元糖が溶出するので褐変しにくくなる。

2）さつまいも

　さつまいもはじゃがいもに比べて水分が少なく，糖分，繊維，ビタミンCが多く甘味が
強いため，副食としてよりも菓子類として利用されることが多い。品種としては，農林1号，
高系14号，紅赤，金時等がある。黄肉種にはカロテンも多く含まれる。また，寒冷地に適
するじゃがいもに対し，さつまいもは暖地に適し，寒冷に弱く低温障害を起こすので，貯蔵
には12〜13℃以上がよい。

　さつまいもの切り口から乳白色の粘液が出ることがある。これはヤラピンという樹脂配糖
体で，水に不溶で空気に触れると黒くなる。いも掘りをすると手が黒くなるのはこのためで
ある。また，さつまいもの切り口が褐変するのは，クロロゲン酸が，切断によって溶出した
ポリフェノールオキシダーゼ（酵素）の作用により，空気中で酸化重合してキノン体を生じ
るためである。皮の部分に多いので皮を厚くむいたり，水溶性なので切ってすぐ水に浸した
りするとよい。

　　a．焼きいも　　さつまいもを低温で長時間加熱したものである。β-アミラーゼ（で
ん粉分解酵素）がでん粉に働き，マルトース（麦芽糖）を生成するので甘くなる。β-アミ
ラーゼが働くためには，50〜70℃に保ち続けることが大切である。したがって，電子レンジ
加熱では急速に温度が上昇するので，β-アミラーゼが失活し，甘味が少ない。また，β-ア
ミラーゼは貯蔵中にも働くので，掘りたてより日光に干した方が甘くなる。

　　b．きんとん　　さつまいもをくちなしの実と一緒にゆで，裏ごしした後，砂糖を加え
て練ったものである。黄肉種を用いて黄色にすることもある。0.5％程度の焼きミョウバン
でゆでると，ミョウバン中のアルミニウムイオンがさつまいものフラボノイド系色素に作用
して塩をつくり，黄色が美しくなる。また，ミョウバンは水中でイオンに解離するため，ゆ
で水の浸透圧を高くして組織を引きしめ，煮崩れを防ぐ。

3）さといも

　さといもは，タロいもの仲間で，茎の基部が肥大したものを親いもといい，その周辺に子
いも，さらに孫いもができる。親いもを食する京いも等は水分が比較的少なく，粉質であり，

子いもを食する石川早生，土垂等は水分が多く，軟らかくて粘質である。両方食するものにえびいもがあり，親いもに子いもがくっついているやつがしらは縁起がよい。えぐ味の少ない唐いもややつがしらの葉柄はずいきと呼ばれ，酢の物等に用いられる。

さといもは，ぬめりやあくが多い。粘質物はガラクタンを主体とした多糖類や，糖たんぱく質で，さといも特有のなめらかな食感を出すが，加熱時に泡を生じてふきこぼれの原因や，粘度が高いので調味料の浸透を妨げる原因となる。加熱前に塩もみして表面の粘質物を除いたり，ゆでこぼして表面部のでん粉を糊化させ，水洗いして用いるとよい。さといもの皮をむくとき，手がかゆくなるのは，えぐ味成分のシュウ酸カルシウム等が皮膚を刺激するためである。これは細胞内に針状結晶として存在している。手に塩や酢をつけたり，加熱後に皮をむくとよい。

4）やまいも

やまいもは，栽培種のやまのいも（薯蕷）や大薯，野生種の自然薯の総称である。ヤムいもの仲間で，古くから広く食べられている。長形のながいもや手のひらのような形のいちょういも，ボール状のやまといも等がある。

主成分はでん粉であるが，ミセル構造が弱いため消化酵素が作用しやすく，生食できる。特有の粘質物は，グロブリン様のたんぱく質とマンナンが結合した糖たんぱく質であり，強い粘弾性があるので，とろろ汁ややまかけ等に利用される。生のまま組織を破壊すると粘性が出るが，加熱すると粘性を失う。また，起泡性もあって泡の安定もよく，かるかんや薯蕷まんじゅう等の膨化に利用される。じゃがいもと同様やまいもをむいたり，切ったりすると褐変することがある。また，さといもと同様，シュウ酸カルシウムを含むため，手がかゆくなる。

■ 6.2.3 豆類・種実類

❶ 豆　　類

（1）豆類の種類・成分および性質

豆類とは，マメ科の植物の完熟した種子のうち，食用となるものをいう。完熟豆の分類では，たんぱく質，脂質を多く含むもの（大豆，らっかせい）と，糖質，たんぱく質を多く含むもの（あずき，ささげ，いんげんまめ）がある。また，未熟なうちに食用するもの（グリンピース，えだまめ）や，発芽させ幼芽期に食用する（もやし）ものがある。グリンピースやえだまめのように未熟なもの，およびもやしのように発芽したものは野菜類に分類されており，完熟豆には認められていないビタミンCも含まれている。

豆類は栄養価が高く，穀類に不足しているリシンを多く含んでいるので，穀類と一緒に摂取すると栄養効果が高い。特に，大豆にはレクチン，イソフラボン，サポニン等生理活性物質等が多く含まれる。また，大豆オリゴ糖と呼ばれているスタキオース，ラフィノース，スクロースが含まれている。中でもスタキオース，ラフィノースはビフィズス菌に選択的に利用されるので，整腸作用に効果があるとされる。生大豆には消化を阻害するトリプシンインヒビターが含まれるが，加熱するとこれらの有害たんぱく質は変性し無毒化できるので，十

分加熱することが必要である。

（2）豆類の調理性

1）乾燥豆の吸水

　完熟した豆類は乾物であるため，加熱料理に用いる際には水に浸漬し，吸水，軟化させる。あずき以外の豆類には15％前後の水分が含まれるため，約4倍の水を加えて浸漬すると5〜8時間までの吸水が早い（図3-16）。あずきは，種皮が強靭^{きょうじん}で吸水性が低く，胚孔部の小さな穴から少しずつ吸水するため，ほかの豆類と比べて吸水に時間を要する。また，子葉が先に膨潤して胴割れを起こしやすいので，浸漬を行わずにそのまま直接加熱することが多い。

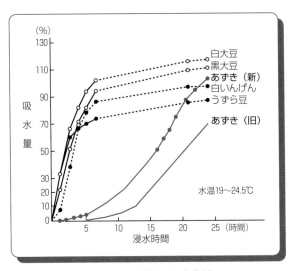

図3-16　豆類の吸水曲線
（松元文子：『食べ物と水』，家政教育社，p.221，1988）

2）煮　　豆

　煮豆は，乾燥豆を吸水膨潤させ，水煮して軟らかくなった豆に調味を行う。煮豆の調味には，調味料を添加しながら煮る方法と，加熱を行わずに調味液に浸漬して味を浸透させる方法がある。

　調味料を加えながら煮る場合，軟らかくなった豆が煮えるに従って硬くなり，しわができる場合がある。これは，調味料の添加で煮汁の濃度が高くなって浸透圧が高まり，豆の水分が煮汁に出るため，豆の組織の収縮が起こるからである。また，砂糖を加えるときには一度に加えず，何回かに分けて加えるとよい。圧力鍋は，内部温度が高温（120℃程度）となり，短時間で豆を軟化させる。短時間の加熱のため，煮豆中に糖やペクチンが多く残存しており，甘味が強く，ねっとりした食感になる。

　大豆は，水煮するとふきこぼれやすいが，これは煮汁中にサポニンが溶出するためである。大豆は組織が硬いので，少なくとも5〜7時間は水に浸漬してから加熱する。十分に吸水すると，乾燥時の重量の2倍強に膨潤する。浸漬水に食塩（1％程度）や重曹（0.3％程度）を添加すると，吸水が速やかに起こり，その後の加熱による軟化も早くなる。食塩添加により吸水が速やかに進み軟らかくなるのは，大豆たんぱく質のグリシニンが塩溶性であり，食塩水に溶けて子葉が膨潤しやすくなるからである。重曹等アルカリ性の溶液は，煮豆の軟化を促進するが，味は落ち，ビタミンB_1が損失することが知られている。

　黒大豆（黒豆）を煮るとき，鉄鍋を用いたり鉄くぎを入れたりするのは，黒豆の種皮のアントシアニン系色素クリサンテミンが鉄イオンと結合して錯塩をつくり，美しい黒色になるためである。

3）あ　　ん

でん粉含有量の多い豆類（あずき，いんげんまめ等）でつくる。あずきをゆでる場合は，浸漬を行わずに水からゆでて一度煮立ったらゆで汁を捨て，新しく水を取り替える渋切りを行う。渋切りを行うことにより，あずきに含まれるサポニンやタンニン，カリウム等のあくや渋味成分が除去され，出来上がりの風味がよくなる。

あずきのでん粉粒は，その表面を熱凝固性の高いたんぱく質（グロブリン）に覆われているため，加熱によってもでん粉が糊状になりにくい。この特性により，穀類やいも類のように粘性が出ることなく，ホクホクした食感のあんができる。

製あん法により，種皮を含んでいるもの（粒あん，煮くずしあん）と，種皮を除去したもの（こしあん，さらしあん）がある。

4）大豆加工食品

大豆加工食品には，きな粉，豆乳，豆腐，湯葉，油揚げ，凍り豆腐，納豆，みそ，しょうゆ等がある。

豆腐は，豆乳が熱いうちに凝固剤（塩化マグネシウム（にがり），硫酸カルシウム，グルコノデルタラクトン等）を加えてゲル化させたものである。豆乳を布でこして凝固させ，圧搾して形をつくるのが木綿豆腐，高濃度豆乳を容器の中でそのまま固めるのが絹ごし豆腐である。豆腐は，高温（90℃以上）で長時間加熱すると硬くなるだけでなく，すだちが起こり，なめらかな食感が失われるが，食塩（0.5〜1％）の添加によりすが立ちにくくなる。これは，豆腐中に遊離しているカルシウムイオンによるたんぱく質の凝固を，食塩中のナトリウムイオンが妨げるからである。また，1％のでん粉溶液やグルタミン酸液を添加して加熱しても，すだちを緩和する。

湯葉は，豆乳を加熱したとき表面にできる皮膜をすくいとったものである。生湯葉とそれを乾燥させた干し湯葉がある。たんぱく質と脂質に富み，消化もよい。

凍り豆腐（高野豆腐）は，水分の少ない硬い豆腐を凍結と溶解をくり返して，最後に乾燥させたものである。温湯50℃で戻し，絞り水が濁らなくなってから調理に用いる。

納豆には，納豆菌を利用して煮熟した大豆を発酵・熟成させてつくる糸引き納豆と，麹菌（こうじきん）を主要発酵菌としてつくる塩納豆（塩辛納豆，大徳寺納豆，浜納豆）がある。糸引き納豆の粘質物は，ポリグルタミン酸ポリペプチドとフラクタン（フルクトースの重合体）の混合物である。

❷ 種 実 類

（1）種実類の種類・成分および性質

種実類とは，植物の種子（ごま，かぼちゃの種等）や堅果類の果実（くり，くるみ等）の肥大した種子の胚や仁で，食用になるものをいう。糖質を多く含むもの（くり，ぎんなん，はすの実等）と，たんぱく質・脂質を多く含むもの（アーモンド，ごま，まつの実等）に分類できる。

種実類の特徴は，水分含量が少なく，エネルギーが高く，ビタミンB_1・B_2，ナイアシン，ビタミンEも比較的多く含まれていることである。無機質はカルシウム，鉄，リン，カリ

ウムに富み，食物繊維含量も多い。種実類の脂肪酸は，コレステロールを低下させる働きをもつ不飽和脂肪酸（オレイン酸，リノール酸）が多く含まれている。ごまの微量成分（ゴマリグナン）であるセサミンやセサミノール等は，強い抗酸化作用をもつ。

（2）種実類の調理性

殻や皮を除き，乾燥させたものを焙煎すると香ばしくなり，風味が増す。料理や菓子の材料として丸ごと，または粒状，粉末にして用いる。

ごま，らっかせい，くるみ等の脂質含量の多い種実は，磨砕することでしっとりとしたペーストとなる性質をもつので，日本料理の和え物の衣に利用される。糖質を多く含むくりは，蒸してきんとん等に利用する。ゆでぐり，焼きぐり等にしても食される。甘露煮やマロングラッセ，モンブランのような菓子の材料としても利用されている。

■ 6.2.4 野　菜　類

（1）野菜類の種類・成分および性質

調理に用いられる野菜の種類は多く，輸入野菜を含め約200種類以上とされている。食用とする部位により，葉菜類，茎菜類，根菜類，果菜類，花菜類に分類される。美しい色および特有の風味や香気，テクスチャーをもち，副菜の主材料となっている。

野菜類は，一般に水分が多く，エネルギー，たんぱく質，脂質，糖質の含量は少ない。ビタミン，無機質，食物繊維の供給源として重要である。緑黄色野菜にはβ-カロテン，ビタミンKが多く，葉物野菜には硝酸イオンが含まれる。

栄養学的には，可食部100g当たりのカロテン含量が600μg以上を含有する野菜を緑黄色野菜と分類する。緑黄色野菜に多く含まれるβ-カロテンは，プロビタミンAとしてビタミンA効力を示す。β-カロテンは，揚げる，炒める等の油脂を用いる調理によって吸収率が増大する。また，野菜類には健康維持・増進に必要な生体調節機能をもつ成分が含まれており，これらに関する機能が注目されている。

（2）野菜類の調理性

1）野菜類の嗜好特性

a．色　　野菜類には多くの色が存在する。表3-22に野菜類に含まれる色素を示した。

① **クロロフィル**：クロロフィルは葉緑素ともいい，植物の光合成の光エネルギーをとらえる重要な働きをしている。クロロフィルは調理によって変色しやすい。調理過程におけるクロロフィルの変化を図3-17に示す。クロロフィルの構造は，ポルフィリン環の中央にMg^{2+}をもち，疎水性のフィトール（フィチル基）がエステル結合しており，脂溶性である。酸に不安定で，酸性溶液に浸けたり，その中で加熱したりすると，分子中のMg^{2+}が外れてH^+と置換され，黄褐色のフェオフィチンとなる。さらに分解が進むと，フィトールが加水分解され，褐色のフェオフォルバイドになる。アルカリ溶液中で加熱するとクロロフィルからフィトールとメタノール（ヒドロキシメチル基）が除かれ，鮮やかな緑色を呈するクロロフィリンになる。

② **カロテノイド**：カロテノイドは，にんじん，トマト，かぼちゃ等の赤色や黄色の脂溶

表 3-22　野菜類に含まれる色素

性質	色素			色	含有野菜等
脂溶性	クロロフィル（葉緑素）		クロロフィルa	緑藍色	緑黄色野菜
			クロロフィルb	黄緑色	（クロロフィルa, bの割合は, 3:1）
	カロテノイド	カロテン類	α-カロテン	黄色	にんじん, かぼちゃ, かんきつ類
			β-カロテン	黄色	緑黄色野菜, さつまいも, 卵黄
			γ-カロテン	黄色	あんず
			リコペン	赤色	トマト, すいか
		キサントフィル類	ルテイン	黄橙色	とうもろこし, 緑黄色野菜, 卵黄
			クリプトキサンチン	黄橙色	とうもろこし, パパイア, 卵黄
			カプサンチン	赤色	とうがらし
水溶性	フラボノイド		ルチン	無色	そば, 茶, アスパラガス
			ケルセチン	黄色	たまねぎの皮
			ダイシン	黄色	大豆
			ナリンギン	無色	かんきつ類
	アントシアニン	ペラルゴニジン系	カリステフィン	明赤色	いちご, 赤ラズベリー
		シアニジン系	シアニン	赤色	赤かぶ
			シソニン	赤紫色	赤じそ
			クリサンテミン	暗紫色	黒大豆の皮
		デルフィニジン系	ナスニン	青紫色	なす

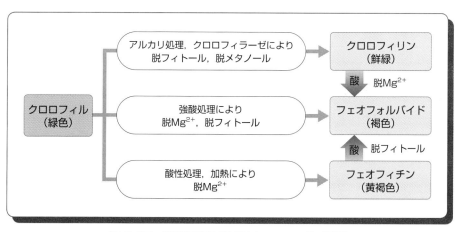

図 3-17　調理過程におけるクロロフィルの変化

性色素である。緑黄色野菜では，クロロフィルと共存している。緑黄色野菜が鮮度低下により黄色くなるのは，クロロフィルが分解して共存しているカロテノイド色が現れるためである。カロテノイドにはカロテン類とキサントフィル類があり，動物の体内でビタミン A に変わるプロビタミン A としての栄養効果をもつ。カロテノイドは，酸，アルカリ，熱に比較的安定しており，調理による分解も少ない。

③　フラボノイド：フラボノイドとは，たまねぎ，カリフラワー等に含まれる無色，白，淡黄色の水溶性色素である。酸性で白，アルカリ性で黄色に変化する。カリフラワー，れんこん等の淡色野菜をゆでる際に酢を加えると白く仕上がり，小麦粉に重曹を加えると黄色く発色する。また，鉄イオンやアルミニウムイオンと錯塩をつくり，黄色や青緑色に変化する。たまねぎを鉄製の包丁で切断し，放置すると変色するのはこの理由である。

④　アントシアニン：アントシアニンは，いちご，ぶどう，なす等に含まれる赤，青，紫色の水溶性色素である。

アントシアニジンの配糖体として，しそ（シソニン），なす（ナスニン），赤かぶ（シアニン），いちご（カリステフィン），黒大豆の皮（クリサンテミン）等に存在する。

アントシアニンは pH により変化する。中性では紫・藍色であるが，酸性で赤色が強くなり，アルカリで青色を示す。梅干しの中に入っている赤じそのシソニンは梅から溶出した酸によって赤くなる。不安定な色素で，調理中に変色または退色しやすい。しかし，アントシアニンは金属とキレート（多座配位子への金属イオンの結合）を形成し安定化する。なすを漬けるときや黒大豆を煮物にするときに，ミョウバンや鉄くぎを加えると色鮮やかになるのは，アルミニウムイオンや鉄イオンをキレートして色素が安定するからである。なすに含まれるナスニンは，油炒めや揚げ物等，高温処理によって変色を抑えることができるため，炒め煮や揚げ煮等の調理法に用いられる。

⑤　ポリフェノール：ポリフェノールは，ベンゼン環にヒドロキシ基を有しているものの総称で，カテキン類やクロロゲン酸等のタンニン類，フラボノイドやアントシアニンも含まれる。

野菜には，ポリフェノール類が多く含まれていると同時に，これらを酸化する酵素であるポリフェノールオキシダーゼも存在している。野菜を切断や破砕すると褐変が起こるのは，ポリフェノール類がポリフェノールオキシダーゼにより酸化され，キノン体を形成し，褐色物質となる（酵素的褐変）からである。じゃがいもやごぼうを切って放置すると褐変するのはその例である。褐変を防止する方法には，水，食塩水に浸ける（空気中の酸素との接触を防ぐ），加熱する（酵素失活），pH を 3 以下に下げる，還元剤（アスコルビン酸）を加える等の方法がある。

　b．味

①　呈味成分：野菜の呈味成分には，糖や有機酸，アミノ酸，核酸関連物質等がある。うま味成分は，グルタミン酸，アスパラギン酸等のアミノ酸を含み，トマトには 5′- アデニル酸も多く含まれている。野菜中の有機酸含量は微量であるが，リンゴ酸，クエン酸，酒石酸等が含まれ，さわやかな味を与える。

② **不味成分とその除去**：野菜にはえぐ味，苦味，渋味等を呈する成分が含まれている。茶やかきに含まれているカテキン類や，うど，ごぼう，れんこん等の褐変に影響するポリフェノール物質はクロロゲン酸である。あくの成分は，アルカロイド，ポリフェノール，有機酸，無機塩等で，多くは水溶性であるため，ゆでると除去できる。

たけのこのえぐ味成分であるホモゲンチジン酸は，米ぬかと一緒にゆでることで，でん粉等のコロイド粒子に吸着させて除くことができる。山菜は，アルカリ溶液（木の灰，灰汁，重曹）等でゆでることにより，あくの成分を除き，軟化させることができる。また，時間をかけて冷水で浸漬処理を行うことにより，それぞれの風味を残してあくを除くことができる。ほうれんそうのえぐ味は遊離シュウ酸類であり，熱湯でゆでることにより除去できる。

c．香　り　　野菜には固有の香りを有するものがあり，食べ物のおいしさに重要な役割をはたしている。香りの主な成分は，アルコール類，エステル類，含硫化合物等である。たまねぎ，ねぎ，しょうが，にんにく，みつば，セロリー等は香味野菜として用いられる。

たまねぎやにんにくの香気成分は，ジプロピルジスルフィドである。このにおいは，切ったり，すりおろしたりして組織が破壊されることで生成される。わさびやだいこんの香気成分および辛味成分は，イソチオシアナートである。また，しょうが，さんしょう，しそ等は，肉類や魚介類等のにおいを覆い，食欲を増進させる。

d．テクスチャー　　　野菜の細胞は，セルロースやヘミセルロース，ペクチン等からなる細胞壁に包まれている。このため，野菜をかんだときのパリパリした歯ざわりやかみごたえ等独特な食感をもつ。サラダのように野菜のみずみずしさを生かすためには，野菜を切断後，冷水に浸すと水を含みパリッとなる。

2）調理操作によるテクスチャーの変化

a．生食調理

① **野菜の浸透圧**：生食調理は，野菜の新鮮な風味，歯ざわりを楽しむものである。代表的なものにサラダがあり，せん切りのキャベツは料理の付け合せとして広く利用されている。生食時のテクスチャーに影響を与えるのは，野菜の細胞膜の浸透圧と水分含量である。

野菜の細胞膜は半透膜であり，水は通すが，食塩や砂糖等の溶質は通しにくい性質をもつ。野菜の細胞内液の浸透圧は，約 0.85% 食塩溶液，10% ショ糖溶液，0.2% 酢酸溶液とほぼ等しい。せん切りしたキャベツやレタスを冷水や低濃度の食塩水に浸けておくとパリッと張りが出るのは，野菜の細胞内に水が移動し細胞が膨らんだ状態になるからである。反対に野菜の塩もみや漬物のように高濃度の食塩水や調味液に漬けると，野菜から水が脱水されてしんなりとする（p.36，図 3-1 参照）。

b．加熱調理

① **野菜の軟化**：多くの野菜は加熱により細胞膜の半透性も失われる。そのため，組織は軟化し，食べやすく，消化しやすくなる。野菜の軟化は，加熱により細胞壁に含まれるペクチンのグルコシド結合が β 脱離（トランスエリミネーション）し，可溶化することで細胞間の接着力がなくなるためと考えられる。図 3-18 に示すように，野菜の軟化は，ペクチンのグルコシド結合がどのように切れるかによって，加水分解なのか，または β 脱離なのか判断

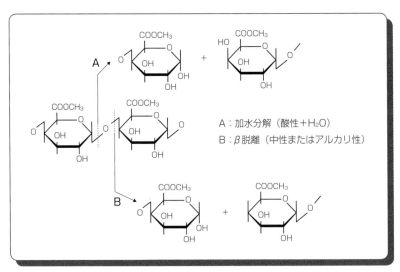

図3-18　加熱によるペクチンの分解

できる。

　ペクチンを分解する酵素として，ポリガラクツロン酸のα-1,4結合を加水分解するポリガラクツロナーゼ，β脱離反応により主鎖を分解するペクチンリアーゼとポリガラクツロン酸リアーゼ，ペクチンのメチルエステルを加水分解するペクチンメチルエステラーゼ等がある。

　これらの反応により，加熱による野菜の軟化に大きな影響を与えるのは，pHと加熱温度である。野菜を酸性（pH3以下）で加熱すると加水分解が生じ，中性およびアルカリ性（pH5以上）で加熱するとβ脱離が促進され，いずれも軟化する。そのため，重曹を加えてゆでると水煮より軟らかくなる。山菜をゆでる際には重曹を用いるとよいが，青菜は軟らかくなりすぎるので不適である。また，弱酸性（pH4付近）ではペクチンのβ脱離や加水分解が起こりにくいので，食酢を加えてれんこんやごぼう等を煮ると，シャキシャキとした歯ざわりに仕上がる。

　野菜は沸点に近い温度では軟化する。70～90℃では，加熱直後に一度硬くなってから軟化する。50～60℃の比較的低温域で加熱するとペクチンメチルエステラーゼが作用し，野菜は硬化し，100℃で再加熱しても軟化しにくい。この性質を利用して，水からゆっくりと野菜を加熱すると煮くずれを防止することもできる。

　②　**栄養成分の変化**：野菜に含まれる水溶性ビタミンやカルシウム，カリウム等の無機質は，ゆで汁へ溶出され，栄養成分の損失が大きい。ほうれんそう等青菜ではゆでた場合，鉄，ナトリウム，カリウム等が20～40％ぐらい減少する。

6.2.5　果　実　類

（1）果実類の種類・成分および性質

　1）果実類の種類

　一般に果実類は，可食部の形態によって仁果類（じんか），準仁果類，漿果類（しょうか），核果類，さらに熱帯果実類に分類される。熱帯果実類は，トロピカルフルーツと呼ばれ，近年日本で流通する

種類が増えている。

2）果実類の成分および性質

　果実類を構成する成分は，ほとんどが水分（80〜90％）と糖質である。他の成分としては，ビタミンC，カロテン類，無機質があり，これらは果実の種類によりその含有量が異なっている。また，果実類は食物繊維の重要な供給源である。果実類の食物繊維は，大部分をペクチンが占めている。糖質は，グルコース，フルクトース，スクロースが多く，成熟によって甘味が増す。ビタミン類は果物の種類によって含有量の割合が異なり，ビタミンCはかんきつ類，いちご，かき等に多く，カロテンは，みかん，かき，すいか等に多く含まれる。

　甘味のほかに，有機酸（クエン酸，リンゴ酸，酒石酸等）による酸味や，芳香（エステル類，アルデヒド類），色素（アントシアニン，カロテノイド，フラボノイド），食感等独特の特徴があり，嗜好食品といえる。

　未熟果実は，一般にクロロフィルにより緑色を示す。成熟に伴ってクロロフィルが分解されると同時に，含まれているカロテノイド色が現れ，アントシアニン類が生成されて果実らしい色になる。成熟から追熟の段階で，果実自体から発生するエチレンガスにより，呼吸量が増える。その結果，クロロフィル分解，でん粉糖化，有機酸減少，香気成分合成，果肉軟化等が進み，食すのに適するようになる。

（2）果実類の調理性

1）生　　食

　果実類は適度に熟したものを生食することが多い。果実中のフルクトースは，低温で甘味の強いβ型（β-フルクトース）が増加し，果実は冷やした方が甘くなる。そのため，よりおいしく食べられるよう，冷やして供される。しかし，バナナ，パパイア等の熱帯果実の場合，低温で貯蔵すると表面が褐色となる等品質が低下する低温障害を起こす。

　生で食べる果実は，食感が重要となる。日本なし独特のざらざらした食感は，リグナンとペントサンからなる細胞膜が厚くなった石細胞により得られる。渋がきは，水溶性のポリフェノール化合物である柿タンニン（シブオール）があるため，渋みを感じる。アルコールや炭酸ガス等にさらしてタンニンを不溶化する渋抜きが必要である。かんきつ類には苦味成分が含まれている。適度な苦味（主としてナリンギン）は風味として好まれる。

2）ペクチンとゲル化

　ペクチン質は，植物細胞壁の主要構成成分であり，ガラクツロン酸を主体とする複合多糖質である。ペクチン質のうちガラクツロン酸の一部がメチルエステル化しているものをペクチンという。果実が成熟するに従い，プロトペクチン（不溶性ペクチン）は酵素の作用で加水分解されてペクチニン酸（狭義のペクチン）となる。さらに酵素作用が進むとペクチン酸になる。

　果実に砂糖を加えて煮つめると，ペクチンの作用によりゲル化し，ゼリーを形成する。ペクチンのゲル化を利用したものに，ジャム，ゼリー，マーマレード等がある（表3-23）。果実の種類や成熟度によってペクチンの含量や性質は異なる。また，同じペクチンの量でも，糖の量やpHによってゲルの硬さは異なる。

表3-23　果実類の成熟とペクチンの変化

	果肉の状態	ゲル化 (ゼリー化)
プロトペクチン (不溶性)	未熟果実に多く含まれる（硬い） プロトペクチナーゼにより分解され, ペクチニン酸になる	しない
ペクチニン酸 (水溶性)	成熟果実に多く含まれる（軟らかい） ポリガラクツロン酸のメチルエステル化が高いものを一般的にペクチンという	する
ペクチン酸	過熟果実に多く含まれる ペクチナーゼによりペクチニン酸が分解され, ペクチン酸になる	しない

表3-24　ペクチニン酸（ペクチン）のゲル化

	メトキシ基の割合	ゲル化の条件	調理例
高メトキシペクチン (HMP)	ペクチニン酸がメチルエステル化されてできるメトキシ基が7%以上のもの	酸と糖（50%以上）で加熱するとゲル化（ゼリー化）する	ジャム ヨーグルト
低メトキシペクチン (LMP)	メトキシ基が7%未満のもの	Ca^{2+} など二価の金属イオンの存在でゲル化（ゼリー化）する	ムース アイスクリーム 低糖ジャム

　ペクチニン酸はメトキシ基の比率が7%以上のものを高メトキシペクチン（HMP）と称し, 7%未満のものは低メトキシペクチン（LMP）に分類される（表3-24）。HMPは, 酸と糖の共存によってゲル化する。最もゼリー化しやすい条件は, 果実中のペクチン含量0.5%以上, 糖濃度60%以上, 有機酸0.5%以上, pH2.8〜3.2である。LMPは, カルシウムやマグネシウム等二価の金属イオンの存在があれば低糖度でもゲル化するため, 低糖度ジャムの製造に用いられる。

3）プロテアーゼの利用

　果実類には, たんぱく質分解酵素（プロテアーゼ）を含むものがある。パインアップル（ブロメリン）, パパイア（パパイン）, いちじく（フィシン）, キウイフルーツ（アクチニジン）等が知られている。これらの生果実は, 肉の軟化に効果的であり, 硬い肉をこれらの果汁に漬けておくと軟らかくなる。パインアップルが酢豚や肉の付け合せに用いられるのもそのためである。しかし, ゼラチン等のたんぱく質を分解して凝固を妨げるので, ゼラチンを用いたゼリーには適さない。そのため, ゼリーをつくる場合には缶詰の果実を用いるか, 加熱して酵素を失活させてから用いる。

4）クライマクテリック型果実

　果実類には, クライマクテリック型と非クライマクテリック型がある。収穫後にエチレンを放出して追熟が進むものをクライマクテリック型果実（りんご, もも, バナナ, メロン, マンゴー等）, エチレン放出量が少なくなるタイプを非クライマクテリック型果実（かんきつ類, ぶどう, いちじく, パインアップル, ブルーベリー等）という。

6.2.6 藻　類

（1）藻類の種類・成分および性質

1）藻類の種類

　藻類には海藻と淡水藻があり，色によって緑藻類，褐藻類，紅藻類，藍藻類に分けられる
（表3-25）。

表3-25　藻類の種類と特徴

分類	色素成分	特　徴	粘質性多糖類	種　類	用　途
緑藻	クロロフィルa, b カロテノイド（β-カロテン，ルテイン）	緑色 淡水および海水	でん粉 糖と硫酸が結合した多糖	あおのり ひとえぐさ あおさ	ふりかけ等 佃煮等
褐藻	クロロフィルa, c カロテノイド（β-カロテン，フコキサンチン）	黄褐色，黒褐色 寒い海に多い 海水	アルギン酸 ラミナリン フコイダン	こんぶ わかめ ひじき もずく	煮物，だし等 汁物，酢の物等 炒め煮，サラダ等 酢の物等
紅藻	クロロフィルa 色素たんぱく質（フィコエリスリン） カロテノイド（β-カロテン，ルテイン）	種々の色彩 海水	カラギーナン 寒天	あまのり おごのり てんぐさ	焼きのり等 刺身のつま等 寒天やところてんの原料
藍藻	クロロフィルa 色素たんぱく質（フィコシアニン） カロテノイド（β-カロテン）	暗緑色，青黒色，黄褐色 淡水	藍藻でん粉	すいぜんじのり	刺身のつま，酢の物等

（調理学研究会編：『レクチャー調理学』，建帛社，p.84，1997を改変）

2）藻類の栄養

　藻類の炭水化物は粘質性多糖類が主で，水溶性食物繊維としての働きが期待されている。
ビタミンB群，カロテン等のビタミン類も多く，また，カルシウム，ヨウ素，鉄等の無機
質を多く含むため，海の野菜と呼ばれている。

（2）藻類の調理性

　藻類はほとんどが乾物として流通しているため，水で戻して調理する場合が多い。

1）こ　ん　ぶ

　こんぶはだし汁用，煮物用，加工用に区分されている。最も良質でうま味があるのはまこ
んぶ（北海道内浦湾）といわれ，りしりこんぶ（利尻島，礼文島）とともにだし汁用に，軟
らかいみついしこんぶ（日高・三石地方）やながこんぶ（釧路）は煮物用に，ほそめこんぶ
（三陸海岸）はとろろこんぶとして加工用に用いられる。

　こんぶのうま味成分は，主としてグルタミン酸，そのほかアスパラギン酸，アラニン等の
アミノ酸類で，和風のだしの基本として欠かせない。これは核酸関連物質である5′-イノ

シン酸（かつお節，煮干し），5′-グアニル酸（干ししいたけ）との相乗効果でうま味を呈するため，混合だしとして，かつお節と併用されることが多い。沸騰させるとこんぶ中のアルギン酸が溶出し特有の粘りを出すため，だしとして用いる場合には，沸騰直前に取り出す。乾物の表面の白い粉は，糖アルコールのマンニトール（マンニット）であり，甘味を呈する。また，こんぶはほかの食品に比べてヨウ素が多く含まれる。

2）わかめ

わかめは，素干し，塩蔵品が汁の実や煮物，酢の物，サラダ等に用いられる。戻した場合，重量は塩蔵品が2倍，乾物は約14倍になる。生のわかめは，クロロフィルのほか，たんぱく質と結合すると赤色になるカロテノイド系色素のフコキサンチンが混合して褐色に見える。加熱すると，たんぱく質と結合していたフコキサンチンがたんぱく質から離れ，本来の橙黄色に戻る。クロロフィルは加熱により色はほどんと変わらないので，わかめは褐色から緑色へ変化する。市販の生わかめは，実際には一度湯通しした後，塩漬けにしたものである。

3）ひ じ き

乾物ひじきの重量は，水で戻すと約4倍になる。くせがなく，油と相性がよいので，炒め煮等に利用される。カルシウムと鉄（鉄は，鉄釜で煮熟後乾燥した場合）の含量が多い。また，ひじきは渋味を呈するタンニン様物質が酸化して黒色を呈する。生ひじきを料理するとき，必ずゆでるのはこのためである。

4）の　　り

新鮮なものは甘い芳香とほのかな甘みがあることから，あまのり（甘海苔）ともいわれる。日本各地で栽培されているものはあさくさのりのほか，20種類ほどである。たんぱく質やビタミン類，鉄等の無機質が多く含まれる。干しのりを長く放置すると赤変するのは，色素たんぱく質のフィコエリスリンによるものである。また，火であぶるとフィコエリスリンは減少するが，クロロフィルは変化しないので，青緑色になる。

5）その他の海藻

てんぐさ，おにぐさ，えごのり等の煮だし汁を室温で固めたところてん，さらにこれを凍結，融解をくり返し乾燥して寒天がつくられる。

■ 6.2.7　き の こ 類

（1）きのこ類の種類・成分および性質

きのこ類はカビの仲間で真菌類に属し，胞子を生産する生殖器官（子実体）が大型化したものの俗称である。胞子のでき方により，担子菌類（Bacidiomycetes）と子嚢菌類（Ascomycetes）に大別されるが，食用きのこのほとんどは担子菌類に属する。

栽培種はしいたけ，しめじ，えのきたけ，まいたけ，なめこ，きくらげ，マッシュルーム等であるが，しめじ（味しめじ）として市販されているものは多くがひらたけであり，ほんしめじはぶなしめじ（しろたもぎたけ）の栽培品である。天然のしめじやまつたけは栽培が難しく，高価である。最もよく用いられるのはしいたけで，生育時期や傘の開き具合によって分けられる。肉厚で，傘に白く亀裂の入ったものを冬菇といい，高級である。肉薄で傘が

8〜9分開きで表面のなめらかなものを香信<ruby>香信<rt>こうしん</rt></ruby>という。

きのこ類は消化が悪く栄養バランスもよくないが，無機質のカリウムが多く，ビタミンB_1・B_2，ナイアシンも含む。きのこ類の多くはビタミンD_2（エルゴカルシフェロール）の前駆体であるプロビタミンD_2（エルゴステロール）を含み，きくらげが最も多く含有する。日光をあてるとプロビタミンD_2はビタミンD_2に変わるため，干ししいたけはビタミンD_2含量が高くなる。固形物の主成分は糖質で主に食物繊維である。その他，独特の香気成分やうま味成分を含有し，特有のテクスチャーをもつ。生きのこは酵素類を多く含み，変質しやすいので，乾物として用いることが多い。

（2）きのこ類の調理性

きのこのおいしさは種類によって異なり，まつたけやトリュフは主に香りを，しいたけやしめじは味を，きくらげは歯ざわりを，なめこはぬるぬるとした食感を味わう。調理の際には，これらの特性を失わないように取り扱う。まいたけにはたんぱく質分解酵素が含まれ，肉を軟らかくしたり，卵液の凝固を防げたりする。

1）まつたけ

まつたけは，独特の香気とテクスチャーをもつことから，日本では秋の味覚として珍重されている。香りの主成分はマツタケオールと桂皮酸メチルで，傘の開き始めが最も香りがよい。洗うときは，表面の軟らかい皮を落とさないようにさっと洗う。焼きまつたけや土瓶蒸し，すまし汁，まつたけご飯等にして，香りとテクスチャーを楽しむ。香りを楽しむ場合は，乾式加熱が適し，味を賞味する場合は湿式加熱がよい。

2）しいたけ

生しいたけは日本での生産量が最も多く，焼き物や揚げ物等に，干ししいたけは主に煮物に使う。乾燥等の調理加工の過程でRNA（リボ核酸）が酵素に加水分解されて，うま味成分の5′-グアニル酸が生成し，風味がよくなる。かつお節やこんぶと組み合わせると相乗効果でうま味が増す。また，水で戻すときに香気成分のレンチオニンが生成する。このほかコレステロール低下作用をもつエリタデニン，抗腫瘍作用のある多糖類のβ-グルカンやレンチナンを含むことも知られている。干ししいたけを戻す場合，水や微温湯で3〜4時間かけてゆっくり戻すとよい。急ぐ場合は，熱湯に砂糖を少量入れて戻す。うま味成分は浸け汁に溶出するので，浸け汁ごと用いる。吸水後も長く浸漬したままにすると，うま味成分が溶出し，芳香も失われる。

3）マッシュルーム

生や缶詰のもの等が出回っている。生のものは鮮度が落ちると黒ずむので，新鮮なものを選ぶ。切り口は褐変しやすいため，切った後はレモン汁や酢をかけておくとよい。

6.3　動物性食品

たんぱく質は体組織の構成成分であり，必須アミノ酸の供給源としても重要である。たんぱく質を多く含む動物性，植物性食品をバランスよく摂ることが大切である。

6.3.1 食 肉 類

食肉は，一般的に牛，豚，馬，羊，山羊，兎，鶏，七面鳥等の筋肉の部分であるが，これら動物の内臓器官である肝臓，腎臓，脳，舌，脂肪組織等も含めて食用としている。

（1）肉の種類・成分および性質

1）肉の組織構造と成分

a．肉の組織構造　食肉は，筋細胞，結合組織，脂肪組織から構成されている。筋細胞は，横紋をもった筋細線維（筋原線維）が十数本集まり，その間に筋形質が存在する直径 $10〜100\mu m$ の細胞である。厚い外筋周膜で包まれた骨格筋組織は，一次筋束（筋細胞が50〜150本集まったもの）が50〜70本集まった二次筋束の集合体である。脂肪組織は，筋肉，皮下，内臓等に多く存在するが，脂肪の沈着状態により，肉の食感や風味が異なる。霜降りは，筋細胞や筋束の周囲の結合組織に脂肪細胞が少量ずつ分散してつき，脂肪交雑（さし）がみられるものをいう。

b．肉の成分　食肉の主な成分は，たんぱく質（17〜20％），脂肪（3〜25％），水分（60〜80％）で，炭水化物と無機質の量は少ないのが特徴である。それらの量は，動物の種類や部位により異なる。

食肉のたんぱく質の種類を表3-26に示す。膜や腱等を構成している肉基質たんぱく質が多い肉ほど硬い。肉基質たんぱく質のコラーゲンは，3本のペプチド鎖が三重らせん構造をとり，これが架橋した集合体である。コラーゲンは，水とともに加熱するとゼラチン化するが，エラスチンは，鎖同士が共有結合で架橋し弾力がある網目をつくっているため，加熱分解されない。コラーゲンとエラスチンはトリプシンによって分解される。ゼラチンはトリプトファンを含まないので，アミノ酸スコアは0である。食肉は，リシンが多い。そのため，米や小麦，大豆食で欠乏しやすいアミノ酸を効率よく摂取できる。

食肉の脂質は，動物の種類や部位により異なる。飽和脂肪酸であるパルミチン酸（C16：0），ステアリン酸（C18：0）等を多く含む牛脂（融点40〜50℃）や羊脂（融点44〜55℃）の融

表3-26　食肉たんぱく質の種類と組成，割合

たんぱく質の種類		名　称	分子形	牛肉（%）			豚肉（%）		羊肉（%）			鶏肉（%）	魚介類筋肉（%）				
				背	胸	脛	背	腿	腰上	胸	脛	胸	かつお	さば	たら	いか	えび
筋細線維（筋原線維）たんぱく質	グロブリン	アクチン ミオシン トロポミオシン	球状 線維状 線維状	84	72	44	91	88	80	73	50	92	55	68	76	77〜85	59
筋形質（筋漿）たんぱく質	アルブミン	ミオゲン ミオグロブリン ヘモグロビン	球状 球状 球状										42	30	21	12〜20	32
肉基質たんぱく質	硬たんぱく質	コラーゲン エラスチン	線維状 網状	16	28	56	9	12	20	27	50	8	4	2	3	2〜3	5

（鴻巣章二監修：『シリーズ〈食品の科学〉　魚の科学』，朝倉書店，p.15，1994を一部改変）

点は高く，不飽和脂肪酸のオレイン酸（C18：1）やリノール酸（C18：2）等を含む豚脂（33〜46℃），鶏脂（30〜32℃）の融点は低い。羊の肉は，成羊（マトン）と子羊（ラム）に分けられるが，ラムに比べてマトンは脂肪含有量が高く，鮮度の落ちたマトンは脂肪が分解した特有のにおいがする。

　肉類やその内臓は，無機質やビタミンB群の供給源としても重要である。

２）肉の硬直と冷却による熟成

　動物の筋肉は，死後一定時間が経過すると硬くなる。これを，死後硬直という。これは，筋肉中のATP（アデノシン三リン酸）が種々の酵素によって分解され減少するからである。ATPがないと結合する性質のあるアクチンとミオシンは，ATPがないためそれらが結合して，高粘度のアクトミオシンが形成され，筋肉が収縮する。そのため死後硬直の肉は，硬くうま味も少ない。肉を2〜4℃で牛肉8〜10日，豚肉3〜4日，鶏肉5〜7時間置くと，たんぱく質分解酵素が働き，解硬・軟化する。死後硬直後の肉はpHが上昇し，保水性が増し，風味が向上する。これを肉の熟成といい，肉は熟成後に市販される。

３）加熱調理による肉の変化

　① **色の変化**：肉の色は，主に肉色素のミオグロビンであるが，血色素のヘモグロビンも混ざっている。ミオグロビン，ヘモグロビンは，たんぱく質のグロビンに鉄を含むヘム鉄がそれぞれ，1個または4個結合したものである。肉の色については，動物の種類や部位により異なる。牛肉，馬肉，羊肉は，赤身が多く，豚では，淡い赤色を呈する。ミオグロビンは，本来，暗赤色であるが，空気にふれると酸素と結合してオキシミオグロビンに変化して鮮紅色となる。加熱すると肉の色は赤色から灰褐色に変化するが，ミオグロビン，ヘモグロビンのグロビンが加熱により変性し，ヘムがヘマチンに変化しメトミオクロモーゲンとなる。

　② **硬さの変化**：肉を加熱するとたんぱく質は変化する。筋原線維たんぱく質，筋漿たんぱく質，結合組織のコラーゲンは，それぞれ変性する温度が違う。筋原線維たんぱく質は，40〜50℃で変性を開始し，60℃ぐらいで線維状に収縮・凝固する。筋漿たんぱく質は，それよりやや高い温度で豆腐状に固まる。コラーゲンは，65℃ぐらいで元の長さの1/3〜1/4になり，ゴム状に収縮する。肉の加熱により生肉に比べて硬さが増すが，保水性や肉重量については減少する。

　③ **成分の流出**：生肉は，保水性がよいため，軟らかい。しかし，肉を加熱するとたんぱく質が変性し，保水力が低下して肉汁が流出する。同時に脂肪も流出する。これは，脂肪細胞を含むコラーゲンが，熱で溶解するためである。日本食品標準成分表では，生肉100g中の値より，ゆでる，焼く等加熱後のたんぱく質や脂肪の値が高い。これは，加熱により水分が減少するからである。

　④ **うま味の増加**：加熱するとうま味成分であるイノシン酸や遊離アミノ酸は，口の中に肉汁として広がり，うま味を強く感じる。

　⑤ **香りの変化**：生の肉では，あまり香りを生じないが，高温で加熱すると，よい香りがする。この香りは，アミノカルボニル反応によるものと，たんぱく質や脂肪が分解してよい香りが生じるものとがある。

4）肉の軟化法

肉は軟らかい方が食べやすいが，加熱により硬くなる。軟らかく食べやすくするための工夫が行われている。

　　a．機械的方法　　挽き肉にしたり，筋細胞に対して垂直に薄切りにしたりする方法である。トンカツ等は，結合組織（すじ）を切断したり，肉たたきでたたいて筋肉を崩したりして軟らかくする。

　　b．酵素的利用法　　肉を軟化させるために，しょうが汁や果実を用いることがある。

表 3-27　食肉の部位と調理

●牛　肉	
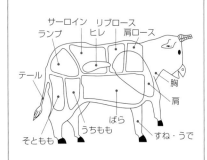	〔極上肉〕 **ヒレ**：ステーキ　　**サーロイン**：ローストビーフ **リブロース**：すき焼き，しゃぶしゃぶ 〔上肉〕 **肩ロース**：ステーキ，ローストビーフ **ランプ**：カツレツ，バーベキュー　　**うちもも**：すき焼き 〔中肉〕 **肩**：しゃぶしゃぶ，すき焼き，バター焼き **そともも**：カレー，シチュー，ひき肉 **胸**：カレー，シチュー　　**ばら**：焼肉 〔並肉〕 **肩**：スープストック　　**すね**：ひき肉，シチュー **タン**：スープストック　　**テール**：シチュー
●豚　肉	
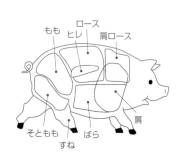	〔極上肉〕 **ヒレ**：ロースト，トンカツ，ソテー **ロース**：ロースト，トンカツ，焼き肉 〔上肉〕 **肩ロース**：ロースト，ハム，シチュー，トンカツ，焼肉 **もも**：トンカツ，焼き肉，酢豚，すき焼き，ハム 〔中肉〕 **肩**：煮込み，焼き肉，ひき肉 **ばら**：角煮，酢豚，煮込み，ベーコン 〔並肉〕 **すね**：ひき肉，スープストック
●鶏　肉（品質にあまり差がないので等級はない）	
	**もも**：ソテー，カツレツ，照り焼，カレー　　**ささ身**：バター焼き，から揚げ，刺身，サラダ，椀種　　**手羽先**：から揚げ，煮込み　　**胸**：カツレツ，サラダ，ソテー，シチュー，水炊き　　**手羽もと**：から揚げ，煮込み　　**皮**：煮込み，スープ，炒め物　　**丸ごと**：ロースト，煮込み ※ひな鶏（生後1か月）300g前後，（生後2か月）700g前後，若鶏（生後3か月）1.2kg前後，生後3か月以降1.5kg以上

（西堀すき江編著：『食育に役立つ調理学実習』，建帛社，p.157，2007）

たんぱく質分解酵素（プロテアーゼ）を含む果実には，パパイア（パパイン），パインアップル（ブロメリン），いちじく（フィシン）等がある。

　　c. 調味料の利用　　食塩は，肉の保水性を高める。そのため，肉に食塩をふりかけた後に加熱すると，肉汁の流出が少なく，重量損失が少ないので，肉を比較的軟らかく保つ。

　　d. 長時間煮熟　　結合組織の多い硬い肉は，長時間水中で加熱すると軟化する。これは，コラーゲンがゼラチン化して，ほぐれやすくなるからである。

（2）肉の調理性

　食肉類の調理では，種類や部位により結合組織や脂肪のつき方等が異なるため，各々に適した調理をする必要がある（表3-27）。高温短時間加熱の調理である，焼く，炒める，揚げる等の調理法には，結合組織の少ない軟らかい部位の肉が適する。硬い部位の肉である，すね肉やばら肉は，水を加えて長時間加熱の調理に向く。豚肉には旋毛虫（トリヒナ），有鈎嚢虫（サナダムシの一種），トキソプラズマ等の寄生虫がいること，サルモネラ菌に汚染されていることがあるので，中心部まで十分加熱する。

■ 6.3.2 魚 介 類

（1）魚介類の種類・成分および性質

1）魚介類の組織構造と成分

　日本は周囲を海に囲まれ，食用とする魚介類の種類が多い。あじ・さんま等の魚類，えび・かに等の甲殻類，あさり・かき等の貝類，いか・たこ等の頭足類のほかに，うに，くらげ等がある。また，生息場所の違いにより，海水魚・淡水魚，天然魚・養殖魚，回遊魚・沿岸魚・底生魚等に分類される。

　魚介類には産卵前に脂質やグリコーゲン，遊離アミノ酸が増え，「旬」といわれる1年で最もおいしい時期がある。近年，養殖技術の進歩に伴い，安価な養殖魚が供給されるため，季節感，地域性が薄れてきている。

> ●魚と貝の旬
> 春：さわら，まだい，初かつお，さより，
> 　　いかなご，あさり
> 夏：あゆ，すずき，まあじ，はも，
> 　　とびうお
> 秋：さんま，まいわし，戻りかつお，
> 　　たちうお，まさば
> 冬：さけ，ぶり，ひらめ，あんこう，たら，
> 　　ふぐ，わかさぎ，かき

> ●血合肉
> 　血合肉は血色素が多く，肉色は赤褐色である。鉄やビタミンB群を豊富に含み，脂質も多い。酵素活性が高く，品質低下が速い。

　　a. 魚介類の組織構造　　一般には魚の筋肉の色から，赤身魚と白身魚に分類する。魚の背側と腹側の境目（体側に走る側線の真下辺り）には血合肉が存在し，ミオグロビンとヘモグロビンを多く含む（図3-19）。遠洋回遊魚のまぐろ・かつお，近海回遊魚のぶり・さんまは赤筋組織や血合肉の割合が多い赤身魚で，味も濃厚である。たいやひらめ，きす等は白筋組織をもつ白身魚で，脂質も少なく味も淡白である。さけ，ますは白身魚に分類されるが，その筋肉の橙色は，餌となるオキアミの色素アスタキサンチンによるものである。

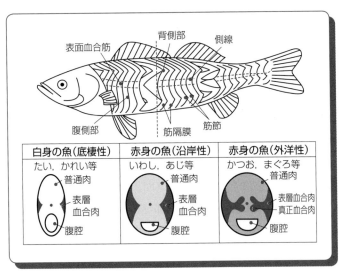

図 3-19　魚の形態と血合肉の発達

（鴻巣章二監修：『シリーズ〈食品の科学〉　魚の科学』，朝倉書店，p.3，2011 を
一部改変）

　　b．魚介類の成分　　魚肉の成分は，魚種，旬，天然・養殖，部位により異なるが，た
んぱく質が約 20％，脂質が約 1〜30％，水分が約 60〜80％である。貝類のたんぱく質は 6〜
20％と低い。小魚にはカルシウムとリンが多く，ビタミンDも含むため，カルシウム源とし
ても優れている。

　①　**たんぱく質**：魚のたんぱく質は食肉と同様に必須アミノ酸を含み，良質なたんぱく質
である。筋原線維たんぱく質，筋形質たんぱく質，肉基質たんぱく質からなるが，表 3 −
26 に示すように，魚介類の筋肉は食肉類に比べて肉基質たんぱく質が少ないことから魚肉
は一般的に軟らかく，消化されやすい。白身魚は赤身魚と比べ，筋原繊維たんぱく質，肉基
質たんぱく質が多く，筋形質たんぱく質は少ない。筋形質たんぱく質の少ないたら・かれい
は，加熱してほぐすとでんぶとなる。まぐろ・かつお等は筋形質たんぱく質が多いため，加
熱により硬くなるので角煮に用いる。貝やたこは肉基質たんぱく質が多く含まれ，加熱しす
ぎると収縮して硬くなる。いかは筋原線維たんぱく質が多く，加熱による収縮が激しいため，
飾り切りをすることで，歯ざわり，硬化の抑制を図る。

> **●かつおの栄養価（100g 中）**
>
> | | エネルギー（kcal） | たんぱく質（g） | 脂質（g） | 炭水化物（g） |
> |---|---|---|---|---|
> | 春獲り（初かつお） | 108 | 25.8 | 0.5 | 0.1 |
> | 秋獲り（戻りかつお） | 150 | 25.0 | 6.2 | 0.2 |
>
> （日本食品標準成分表 2020 年版（八訂））

② **脂　質**：魚の種類や季節によって，脂質の含有量は異なり，赤身魚の方が白身魚よりも多く，また天然魚より養殖魚で多い傾向にある。また，同じ魚でも部位によって異なり，一般的には腹身，血合肉に多く含まれる。いわし・さばのような青背の魚は，n-3系多価不飽和脂肪酸であるイコサペンタエン酸（IPAまたはエイコサペンタエン酸：EPA）やドコサヘキサエン酸（DHA）を多く含み，動脈硬化の抑制など心血管系疾患の予防に効果がある。しかし，多価不飽和脂肪酸は酸化されやすく，脂肪の多い魚の干物や冷凍魚などを長期に保存すると油焼けを起こし，不快臭等を生じ，著しく品質が低下する。

③ **呈味成分**：魚のうま味成分としてはグルタミン酸とイノシン酸の相乗効果が大きい。グリシン，アラニンなどの遊離アミノ酸は甲殻類や貝類の甘味に関与している。いか，えびのベタインは甘味を呈する。貝類にはうま味を呈するコハク酸が多く含まれる。

2）魚介類の硬直と鮮度

a．硬　直　　食肉類と同様に死後硬直を起こすが，魚類ではこの時期の身がしまっている食感が好まれる。持続時間は短く，自己消化が進み，腐敗が起こるため，パーシャルフリージング，チルドで保存するとよい。

b．鮮　度　　魚介類は，鮮度が低下しやすい。よって，鮮度を判定し，適した調理法を選ぶ必要性がある。

① **感覚的判定**：鮮度のよい魚は，①全体がみずみずしく，筋肉に張りがある，②えらが鮮紅色をしている，③腹部が締まり，弾力があって，変色や傷がない，④眼が澄んでいること等が目安となる。これに加えて魚臭が強いものは鮮度が低下している。

② **化学的判定**：K値は，魚介類の鮮度判定法のひとつである。筋肉中のATPは魚の死後，酵素の働きで，ATP ⇒ ADP（アデノシン二リン酸）⇒ AMP（アデノシン一リン酸）⇒イノシン酸（IMP）⇒イノシン（HxR）⇒ヒポキサンチン（Hx）の順に分解される。死後時間が経過し，鮮度が落ちるとK値が高くなる。生食は20%以下が望ましい。40%を超えると加熱調理用となる。

$$K値（\%）= \frac{（HxR + Hx）量}{（ATP + ADP + AMP + IMP + HxR + Hx）量} \times 100$$

（2）魚介類の調理性

魚介類を調理するには，種類，季節，鮮度によって最適な調理法を用いる。

1）調理による魚介類の変化

a．生魚の調理　　魚介類の表面，魚のえらには細菌が付着し，内臓は酵素を多く含んでいるので，えら，内臓を除いて真水で洗い，0℃以下で保存する。また，酢あらいすることで，細菌の増殖を抑制することができる。ふぐは毒を有することから，料理するにはふぐ調理師免許証が必要となる。

① **刺　身**：鮮度の高い生の魚介類を食べやすく切り，しょうゆ，わさび等を付けて食べるもので，生特有のテクスチャーを味わうことができる。肉質の軟らかい魚（まぐろ・かつお等）は厚めに平づくり，角づくり等とし，比較的肉質の硬い魚（ひらめ・いか等）はそぎ

づくり，糸づくり等薄づくりにすることが多い。

　② **あらい**：すずき・かれい・たい・こい等をそぎ切りとし，氷水中で洗って脂質や魚臭を除くとともに，筋肉を収縮させ，硬く弾力のあるテクスチャーを味わう。

　③ **焼き霜**：表面だけを加熱する方法で，かつおのたたきに代表される。生の食感に，表面を焼いた食感が加わる。香味野菜とつけ汁を添えることで，かつおの生臭さをマスキング[*2]できる。

　④ **酢じめ**：あらかじめ新鮮な魚肉を5〜10％の塩でしめ，酢に浸す。生臭さが除かれ，酸によって魚肉は白くなり，特有のテクスチャーが得られる。うま味が増加し，保存性も高まる。代表的なものがしめさばである。

　また，下処理としての塩じめの方法には，魚肉に1〜3％の食塩を直接ふりかける振り塩，魚肉の上に水で濡らした和紙を置いて塩をふる紙塩，魚肉を3〜4％の食塩水に浸ける立て塩がある。塩味を加えるだけでなく，アクトミオシンを形成して魚肉に弾力性をもたせる効果もある。振り塩では脱水によりトリメチルアミンを溶出させ，生臭みを抑え，身がしまる。

　b．加熱調理　加熱によりたんぱく質は熱変性し，風味を変化させて嗜好性を向上させることができる。筋形質たんぱく質の多い赤身魚は加熱しすぎると，硬くなるので注意が必要である。また，決められた条件で加熱処理することにより，寄生虫やノロウイルスを殺菌でき，安全性を高めることができる。

　① **煮　魚**：1尾または切り身を，しょうゆ等を含んだ調味液中で煮る。一部の脂肪の多い魚類はみそ煮にする。調理上の要点を示す。

　① 沸騰させた煮汁に魚を入れることで，魚の表面を短時間で凝固させ，うま味の溶出を抑える。

　② 魚の身が重ならないように入れる。

　③ 煮汁は魚の50〜60％とし，落とし蓋を使用して，煮崩れと加熱・調味のむらを防ぐ（魚臭を逃がすため，上蓋はしない）。

　④ 魚臭を抑えるには，香味野菜（ねぎ・しょうが），みりん，酒の使用が効果的である。

　結合組織の多い魚類（かれい，ひらめ）では，煮汁中のゼラチン化したコラーゲンが冷えるとゲル化し，煮こごりとなる。

　② **焼き魚**

　ⅰ．直火焼き：150〜250℃の高温調理により，魚臭が除去でき，適度な焦げの香ばしさが加わる。塩焼きの調理上の要点を示す。

　① 振り塩をして，身をしめる。

　② ひれ，背びれ等には化粧塩をして，焦げ落ちるのを防ぐ。

　③ 皮に切れ目を入れる。

　④ 強火の遠火で加熱することで，焼きむらを防ぐことができる。遠赤外線等を利用する。

　⑤ 金網を十分に予熱し，酢を塗っておくとたんぱく質が熱凝固しやすくなり，油を塗っ

---

*2　マスキング　生臭い魚臭をほかのよい香りで包み隠すこと。

ておくと付着を防ぐことができる。

　このほかにはしょうゆ，みりん，酒等の調味液に浸漬した後に焼く，つけ焼き，照り焼き，みそ焼きがある。

> ●いかの調理
>
> 　いかの胴部の外皮は4層ある。第1，2層は手でむくことができる。第3，4層は筋肉に接着しているため，飾り切り（松かさ，鹿の子，唐草切り）等を施すことによって見た目の美しさも生まれ，調味料も絡みやすく，歯切れもよくなる。

　ⅱ．**間接焼き**：フライパン，鉄板，オーブン等を利用することで温度管理が可能となり，焼き加減を調節できる。ムニエルは小麦粉，油脂の使用で，うま味や栄養成分の流出を防ぎ，適度な焼き色と風味が加わる。

　③　**汁もの**：潮汁は，だしを用いず，新鮮な魚介類からのうま味を味わう。代表例としてはたいの頭を使用するものがあり，下処理をしたのち弱火で加熱し，うま味を引き出し塩で調味する。このほかに，はまぐり，あさり等の貝類を使用するが，口が開くのを目安に加熱しすぎないよう注意する。つみれ汁は，魚のすり身に1～2%の食塩を加えてすりつぶすことでアクトミオシンが形成され，粘りが出ること（すわり）を利用する。これをだんご状にして，汁の中で加熱する。独特の弾力性（足）のある食感を味わうことができる。

6.3.3　卵　　類

（1）卵類の種類・成分および性質

　鶏，うずら，あひる等の卵が，日本では一般的に食用にされている。そのほかには，だちょう，しちめんちょう，がちょう，はと等の卵も食用とされている。日本で最も食用とされている卵は鶏卵であり，1人1日約1個を消費している。卵は，幅広い調理性をもつという特徴があり，生，加熱どちらでも調理が可能であるのと同時に，調理時に卵黄だけ，卵白だけ，全卵等用い方も多様であるため，日本のみならず世界中でさまざまな調理に用いられてきた。

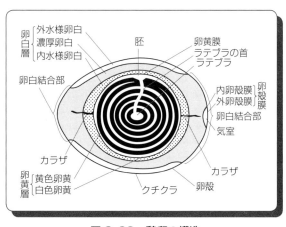

1）卵の構造と成分

　鶏卵の構造は，図3-20に示すように，卵殻部（卵殻，卵殻膜，クチクラ），卵白部（カラザ，水様卵白，濃厚卵白），卵黄部（卵黄膜，卵黄，

図3-20　鶏卵の構造
（山崎清子，島田キミエ，渋川祥子，下村道子ほか：『NEW 調理と理論　第二版』，同文書院，p.337，2021）

胚）からなり，重量比で1：6：3となる。

鶏卵は，先のとがった先端部と丸い鈍端部からなり，クチクラで覆われている。卵殻の主成分は炭酸カルシウムで，表面に非常に小さな穴である気孔が無数に開いている。気孔は，特に鈍端部に多く局在しているのが特徴であるが，鮮度低下とともに，鈍端部では気室が増大する。卵殻膜は，気孔からの微生物の侵入を防ぐ働きがある。

卵白は，濃厚卵白と水様卵白からなり，カラザは卵黄を卵の中心に保つ働きがある。卵白の成分は，100g当たり水分88.3g，たんぱく質10.1gで，脂質はほとんどない。卵白たんぱく質は，オボアルブミン，オボトランスフェリン，オボムコイド，オボグロブリン，リゾチーム，オボムチン等で，ほとんどが水溶性球状たんぱく質である。

卵黄は，黄色卵黄と白色卵黄が交互になっている。卵黄は，100g当たり水分49.6g，たんぱく質16.5g，脂質34.3gからなり，ビタミンA，ビタミンB$_1$，ビタミンB$_2$，ビタミンD，リン，鉄等を豊富に含んでいる。卵黄のたんぱく質はリン脂質（レシチン）により脂質と結合している。卵黄の色は飼料に由来するため，色は調整可能である。

2）卵の鮮度

卵は，産卵日やひび割れの有無等を確認して購入し，購入後早めに冷蔵庫に保存するとよい。最近，卵は店の中でも貯蔵温度が低い場所で販売されるようになり，鮮度が長く保持できるよう工夫されている。卵の品質は，貯蔵温度が高いと低下が著しく早い。外観および比重，割卵等による卵黄や卵白の状態により，鮮度を鑑別することができる。卵には，賞味期限が示されているが，これは，生食できる期間を示したものである。

a．比重法　食塩水に卵を入れ，比重を調べて鮮度を鑑別する方法である。鶏卵の保存期間が長くなると，卵から水分が蒸発して卵重量が減少し，比重が低下する（図3-21）。新鮮卵の比重は1.08〜1.09であり，12％食塩水（1.081〜1.089）に浮くものは古く，横になって沈むものは新しい。

b．卵黄係数　卵黄係数（卵黄の高さ÷直径）は，鮮度鑑別に用いられる。新鮮卵の卵黄係数は，0.36〜0.44である。しかし，卵黄係数が0.25以下になると，卵白から卵黄へ水

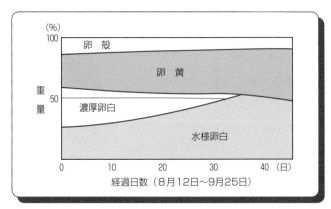

図3-21　貯蔵による卵内容の重量変化

（松元文子編著：『新・調理学』，光生館，p.149，1990）

分が移行し，卵黄中の水分が増加するため卵黄膜が伸長し，弱化して崩れやすくなる。

　　c．卵白の割合　　産卵後，日にちが経過するにつれて，濃厚卵白が水様卵白になっていく。産卵直後は，濃厚卵白のたんぱく質であるオボムチンが交互に結合した網目構造をしている。しかし，日にちの経過とともに卵白より炭酸ガスが放出されてpHが上がり，オボムチンの構造が崩れていき，濃厚卵白は水様卵白になっていく。

　従来は，卵白の鮮度を卵白係数（濃厚卵白の高さを濃厚卵白の広がりの直径で割ったもの）として品質測定の目安としてきたが，これは卵の大きさに左右されるという点がある。そのため，卵重量を考慮したハウユニット（HU，濃厚卵白の高さと卵重量から算出）が一般的に卵白の鮮度鑑別として用いられている。アメリカ農務省の卵質基準では，HU72以上をAA，HU71〜55をA，HU54〜31をB，HU30以下をCとし，食用AA，A，加工用B，一部加工用Cという基準になっている。

（2）卵類の調理性

　卵料理は，一般的に軟らかく口当たりがよいのが特徴である。日本で卵を食べるようになったのは江戸時代からで，それ以降多くの卵料理が工夫されてきた。卵焼きは弁当の好まれるメニューの1つである等，多くの人びとから好まれている。一方，卵の殻に付着するサルモネラ菌による食中毒の問題から，生卵を食べるのはほぼ日本のみである。

1）卵の調理性

　　a．流動性・希釈性　　卵は，流動性があり，牛乳やだし汁で適度な濃度に希釈して調理に用いたり，希釈時に調味し型に入れて加熱したりすることができる。また，つなぎとしてハンバーグや挽き肉料理等に利用される。コロッケ等のフライでは，衣をつける際に希釈した卵液を用いる。

　　b．熱凝固性　　熱凝固とは，加熱によりたんぱく質の変性が起こって凝固することである。たんぱく質の構造は一次構造，二次構造，三次構造，四次構造からなっているが，これらアミノ酸の立体構造が，加熱やpHの変化，塩類の添加等により変化が起こる。卵白は60℃で凝固し始め，約80℃で凝固する。卵黄は65℃で凝固し始め，約70℃で流動性を失う。ゆで卵とは，卵黄，卵白ともに固まった状態のものを指し，半熟卵は，卵白が固まっているが卵黄が半熟状のものを指す。温泉卵とは，卵黄が固まっているが，卵白が半熟状のものを指す。加熱温度の差や時間に変化をつけることにより，さまざまな状態の卵料理ができる。

　　c．起泡性　　起泡性は，生じた泡沫の容積（起泡力）と一定時間放置した後の泡沫の容積または流出液（泡沫安定性）を測定するが，卵黄，卵白ともに起泡性がある。卵黄は，攪拌直後から起泡力が非常によいが，泡沫安定性は低い。反対に，卵白の起泡力は卵黄よりは低いが，泡沫安定性が高い。卵白の起泡力は，卵たんぱく質の成分オボグロブリンが，泡の安定性には，オボムチンが関与している。泡沫安定性は，濃厚卵白が多い新鮮卵の方が高い。しかし，起泡した後攪拌しすぎると変性が進み，泡沫が消え，調理への利用に支障が生じるため，攪拌しすぎに注意が必要である。卵白を起泡する際，割卵時に卵黄が少量でも混入した場合，抑泡剤として働くので注意する。スポンジケーキの泡立てには，卵黄と卵白を

表 3-28　全卵，卵白，卵黄の調理性と調理例

		全 卵	卵 白	卵 黄
流動性，粘性		生卵，つなぎ，ミルクセーキ，エッグノッグ	つなぎ	カスタードソース
熱凝固性	殻付き，殻なし	ゆで卵，目玉焼き，ポーチドエッグ，揚げ卵	－	黄身そぼろ
	溶き卵	卵とじ，かきたま汁，しめ卵，薄焼卵	スープのあくとり，ロングエッグ	鶏卵そうめん，ロングエッグ
希釈可能熱凝固性	静置加熱	茶碗蒸し，たまご豆腐，カスタードプディング	－	黄身しぐれ
	攪拌加熱	オムレツ，妙り卵，芙蓉蟹，だて巻卵，厚焼き卵，卵酒	－	カスタードクリーム，黄身酢，アングレーズクリーム
熱以外の凝固性		皮蛋 ピータン，鹹蛋 カンタン，糟蛋 ソウタン（もろみ漬卵）	－	みそ卵（べっ甲卵）
起泡性		スポンジケーキ，カステラ，パウンドケーキ	メレンゲ，淡雪かん，エンゼルケーキ，シャーベット，マシュマロ，ムース，高麗，フリッター衣	卵黄ケーキ
乳化性		アイスクリーム，マヨネーズ，ケーキ生地	－	マヨネーズ，アイスクリーム，オランデーズソース
凍結変性		起泡性低下，乳化性低下，部分的にゲル化	ほとんど影響ない	ゲル化，溶解性低下，乳化性低下

（市川朝子：『三訂　調理学』（下村道子，和田淑子編著），光生館，p.119，2010 を改変）

ともに泡立てる共立て法と，卵黄と卵白を別々に泡立てた後合わせる別立て法がある。

　d．乳化性　　卵黄，卵白ともに乳化性を示すが，乳化容量（一定の条件下で所定量のたんぱく質によって乳化される最大の油の量）については，卵黄，卵白ともに大きな差はない。しかし，乳化安定性は，卵黄の方が大きい。乳化性に関与する主な成分は，レシチンと低密度リポたんぱく質である。また，卵黄は，水中油滴（O/W）型エマルションである。乳化性に与える影響については，鮮度と添加物と攪拌等があげられる。鮮度については，鮮度がよく濃厚卵白が多い卵ほど安定性が高い。乳化時の添加物については，食塩，砂糖の添加が少量で低濃度のとき乳化容量が大きくなる。しかし，高濃度では，脱水作用が起こり，乳化が困難となる。攪拌については，攪拌力が強く，攪拌時間を長くすると小さな油滴粒子を得ることができる。

　2）卵の調理

　全卵，卵白，卵黄の調理性と調理例を表 3-28 に示す。

■ 6.3.4　乳　　類

乳類は，牛乳および乳製品とその他に大別され，牛乳および乳製品には液状乳類（生乳，

普通牛乳，加工乳，脱脂乳，乳飲料），粉乳類，練乳類，クリーム類，発酵乳・乳酸菌製品，チーズ類，アイスクリーム類が含まれる。バターは油脂類に分類される。

❶ 牛　乳

（１）牛乳の種類・成分および性質

牛乳には，生乳，特別牛乳，成分調整牛乳，低脂肪牛乳，無脂肪牛乳，加工乳の種類がある。

牛乳の成分は水分約86〜91％，たんぱく質約3％，脂質約3〜5％，糖質約5％，灰分約0.6％である。水分以外の乳成分を乳固形分，その中から脂肪分を除いたものを無脂乳固形分という。牛乳が白濁した溶液を呈しているのは，たんぱく質のカゼイン（0.05〜0.3μm）および脂肪球（0.1〜10μm）が分散している水中油滴（O/W）型エマルションのコロイド溶液で，光が散乱するためである（図3-22）。

a．乳たんぱく質　カゼインが約80％を占め，リン酸カルシウムと結合してミセル構造となり，牛乳中に分散している。残りの20％が乳清たんぱく質で，このうちラクトアルブミン，ラクトグロブリンは60℃以上の加熱により凝固する。また，牛乳に対する食物アレルギーでは，カゼイン，ラクトグロブリンが主要なアレルゲンとなっている。特にカゼインは130℃以下では，熱凝固しない。加熱しても抗原性は変わらないので，調理中に混入しないよう注意が必要である。

b．乳脂肪　牛乳中の脂質はほとんどが中性脂肪で，その表面はリポたんぱく質で覆われ，脂肪球として分散している。ホモ牛乳というのは，ホモジナイズ（均質化処理）をすることにより，脂肪球の粒子径が細かくそろい，安定化している。

c．ラクトース　牛乳中の糖質の約99％がラクトース（乳糖）であり，ほのかな甘みとなっている。ラクトースは腸の蠕動運動を促したり，カルシウムの吸収を助ける働きをもつ。しかし，小腸の乳糖分解酵素（ラクターゼ）に活性が低い，あるいは欠損している場合は，腹鳴り，下痢，腹痛を起こすことがある。これを乳糖不耐症といい，日本人の20〜30％が該当するといわれるが，発酵乳ではラクトースが一部分解されているので，起こりにくい。

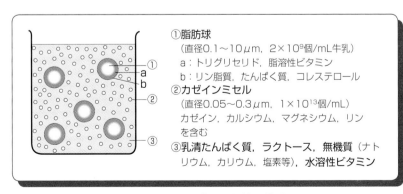

①脂肪球
（直径0.1〜10μm，2×10⁹個/mL牛乳）
a：トリグリセリド，脂溶性ビタミン
b：リン脂質，たんぱく質，コレステロール
②カゼインミセル
（直径0.05〜0.3μm，1×10¹³個/mL）
カゼイン，カルシウム，マグネシウム，リンを含む
③乳清たんぱく質，ラクトース，無機質（ナトリウム，カリウム，塩素等），水溶性ビタミン

図3-22　牛乳成分の状態の模式図

（川端晶子編：『調理学』，学建書院，p.232，1997）

d．無機質　　カルシウム，リン等を含む。カゼインとともにミセルを形成し，結合した形で存在し，吸収率も高く，よい供給源である。また，鉄が少ないことも特徴である。

（2）牛乳の調理性

　牛乳の性質を利用して，多くの調理に使われる。特性は表3-29のとおりである。

表3-29　牛乳の調理性と調理例

牛乳の調理性	調理例
①料理を白く仕上げる	ホワイトソース，ブラマンジェ
②生臭みの除去	レバーや魚の下処理
③焦げ色をつける	グラタン，ホットケーキ
④なめらかに仕上げる	クリームシチュー，ホワイトソース
⑤物性（ゲル強度）を高める	カスタードプディング

　　a．加熱による変化（皮膜の形成）　　牛乳を加熱すると，60℃ぐらいから乳清たんぱく質が熱変性し，65℃付近から皮膜ができ始める。加熱中に乳清たんぱく質が脂肪とともに表面に浮きあがってできた膜で，ラムゼン現象と呼ぶ。加熱中に攪拌したり，仕上げにバターを加えることで，防止できる。

　　b．加熱臭　　70℃以上で加熱を続けると，乳清たんぱく質の-SH基から硫黄化合物が生じ，より特有の加熱臭が生じる。90℃以上になると，アミノカルボニル反応（メイラード反応）によるフレーバーが生じる。

　　c．ふきこぼれ　　牛乳の表面張力は加熱により低下し，ふきこぼれやすくなる。ゆっくり攪拌しながら加熱をすることで防止できる。ラムゼン現象でできた皮膜の下に水蒸気が充満するとふきこぼれるため，注意が必要である。

　　d．酸による変化　　カゼインは等電点（pH4.6）付近になると凝固する。果実類，野菜類や貝類の有機酸でも起こるため，長時間の加熱を避けたり，スープにあらかじめ濃度をつけたり，有機酸を揮発させると凝固しにくい。カテージチーズは，レモン汁，食酢で酸凝固させたものである。乳酸菌を加えて，乳酸発酵させたヨーグルトも酸による凝固を利用したものである。

　　e．じゃがいもの硬化　　じゃがいもを牛乳中で加熱すると，水煮に比べて硬くなる。これは，牛乳中のカルシウムイオンとじゃがいものペクチンが結合して，不溶化するためである。

❷　クリーム

（1）クリームの種類・成分および性質

　市販のクリームは，乳脂肪のみ，乳脂肪と植物性脂肪を混合したもの，植物性脂肪のみの3種類がある。（表3-30）また，脂肪含有量が45〜50％のヘビークリーム（ホイップ用等）とライト（ハーフ）クリーム（コーヒー用等）にも分類される。

表 3-30　生クリームと植物性クリームの比較

		生クリーム	植物性（合成）クリーム
表　示		クリーム	乳等を主要原料とする食品（乳主原）
成分	油脂の種類	乳脂肪のみ	植物性加工油脂
	添加物	不可	乳化剤，安定剤等
特徴	風味	非常によい	やや劣る
	色彩	やや黄色	白色
	泡立て時間	短い（2〜3分）	やや長い（6〜9分）
	泡立ての完了点	短い 泡立て過剰になりやすい	長い 泡立て過剰になりにくい
	オーバーラン	80〜100	120〜200
	泡立てた状態での安定性	やや不安定	かなり安定
	酸に対する安定性	酸により分離しやすい	酸に対して安定
	保存性	劣化しやすい	劣化しにくい

（河田昌子：『新版　お菓子「こつ」の科学—お菓子作りの「なぜ？」に答える』，柴田書店，p.155，2013）

（2）クリームの調理性

　クリームは，ソースやクリーム煮に加えることで特有の風味とこくを与える。また，ヘビークリームを撹拌（ホイップ）するとホイップクリームとなり，ケーキのデコレーションやババロア等製菓に使用される。

　クリームの起泡性とは，水中油滴（O/W）型のエマルションが，撹拌されることで気泡を抱き込み，脂肪球が凝集することをいう。可塑性[*3]をもつので，ケーキのデコレーション等に利用される。さらに撹拌を続け泡立てすぎると，油中水滴型（W/O）型エマルションに変わり，乳脂肪が分離したバターとなる。安定したホイップクリームをつくるには，全体を冷やしながら（5〜10℃）撹拌するとよい。砂糖の添加は起泡性をやや抑えるが，安定性を高める効果がある。撹拌したクリームが空気を含む割合をオーバーランで表す。オーバーラン100％は体積が2倍に増加したことを示す。

$$\text{オーバーラン（％）} = \frac{(A - B) \times 100}{B}$$

A：一定容積の生クリームの重量
B：同容積の気泡クリームの重量

表3-30に示したように，植物油脂を混合したクリームはオーバーランが高く，分離しにくい。

❸　バ　タ　ー

（1）バターの種類・成分および性質

　バターは牛乳に含まれる乳脂肪を凝集させて固めたもので，発酵バターと無発酵バターが

---

*3　可塑性　外から加えられた力により，形を自由に変えられること。

あり，日本では無発酵バターの利用が多い。さらに有塩バターと食塩不使用バター（無塩バター）があり，料理によって使い分ける。融点は28～35℃で，それ以下では固体である。バターを加熱溶解したときの上澄み液が澄ましバターで（図3-23），着色を防ぎたい料理に使われる。ほかの油脂にはみられないバターの香りは，揮発性低級脂肪酸によるもので，料理に使用することにより風味がよくなる。

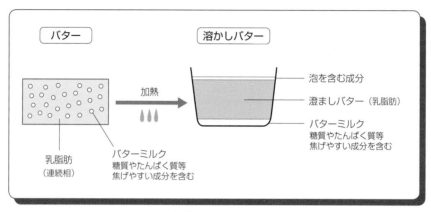

図 3-23　加熱によるバターの構造変化

(河田昌子：『新版　お菓子「こつ」の科学―お菓子作りの「なぜ？」に答える』，柴田書店，p.165，2013)

（2）バターの調理性

バターは油中水滴（W/O）型エマルションであるため，水となじみにくい。サンドイッチに利用することで，具材の水分がパンに浸透するのを防ぐ。テーブルバターとしてパンに使用する場合は，16～17℃が塗りやすい。

　ａ．**可塑性**　　バターは外から加えられた力によって生地中に薄く伸び，特有な層を形成する。パイ生地，デニッシュ生地に代表される。

　ｂ．**ショートニング性**　　バターを生地に練り込んで焼き上げると，もろく砕けやすくなる。練り込みパイ，クッキーに代表される（p.109参照）。

　ｃ．**起泡性（クリーミング性）**　　バターを攪拌すると，空気を細かい気泡として抱き込む。この結果，焼き上がりが軽い口ざわりとなる（p.108参照）。パウンドケーキ，バタークリームに代表される。

❹ チ　ー　ズ

（1）チーズの種類・成分および性質

チーズは乳（牛，山羊，水牛ほか）に乳酸菌（スターター）を加えて発酵した後，凝乳酵素（レンネット）でカゼインを凝固させ，乳清（ホエイ）を除去して，凝固物（カード）を固形状にし，熟成したものである，ナチュラルチーズとプロセスチーズに分類される。

ナチュラルチーズは，その硬さ（軟質，半硬質，硬質，超硬質）と熟成（使用する細菌やカビ）・非熟成によりさらに分類される（図3-24）。

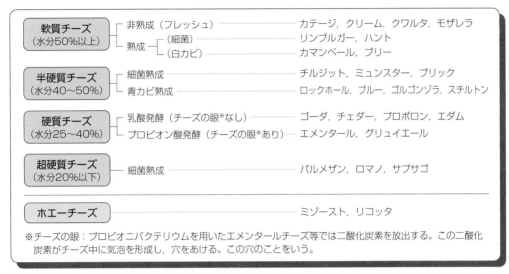

軟質チーズ (水分50％以上)	非熟成（フレッシュ）		カテージ，クリーム，クワルタ，モザレラ
	熟成	（細菌）	リンブルガー，ハント
		（白カビ）	カマンベール，ブリー
半硬質チーズ (水分40～50％)	細菌熟成		チルジット，ミュンスター，ブリック
	青カビ熟成		ロックホール，ブルー，ゴルゴンゾラ，スチルトン
硬質チーズ (水分25～40％)	乳酸発酵（チーズの眼*なし）		ゴーダ，チェダー，プロポロン，エダム
	プロピオン酸発酵（チーズの眼*あり）		エメンタール，グリュイエール
超硬質チーズ (水分20％以下)	細菌熟成		パルメザン，ロマノ，サプサゴ
ホエーチーズ			ミゾースト，リコッタ

※チーズの眼：プロピオニバクテリウムを用いたエメンタールチーズ等では二酸化炭素を放出する。この二酸化炭素がチーズ中に気泡を形成し，穴をあける。この穴のことをいう。

図 3-24 チーズの分類

（五十嵐脩，小林彰夫，田村真八郎編集代表：『丸善　食品総合辞典』，丸善，p.679，1998）

プロセスチーズは2種類以上のナチュラルチーズを混合して，加熱溶解し，乳化剤を加えて成形したもので，味が一定で保存性が高い。

（2）チーズの調理性

そのままカットして，前菜やサンドイッチ，デザートに用いる。加熱することで容易に溶けるので，チーズフォンデュとしたり，グラタンやピザにすりおろすなどして加えることで，チーズ特有の糸を引く状態が得られる。

6.4　抽出食品素材

抽出食品素材とは，動植物性食品に物理化学的処理を施して，特定の素材を抽出精製したものである。でん粉，セルロース，動植物油脂類，ゲル用食品素材（ペクチン，寒天等の多糖類，ゼラチン等）があげられる。これらの素材は体内における生理機能をもつ重要な素材である。

6.4.1　で　ん　粉

（1）でん粉の種類・成分および性質

1）でん粉の種類

でん粉は植物の貯蔵多糖であり，主として種実（米，小麦，とうもろこし，豆類等）や根茎（いも類，くず，キャッサバ等）の細胞中に，粒子（でん粉粒）の形で蓄えられている。これらの食品から分離，精製してつくられたでん粉は，その原料によって性状や物性が異なり，それぞれの特徴を生かしてさまざまな調理加工に利用される（表3-31）。

表3-31　でん粉の種類と特徴

		粒　形	平均粒径（μm）	アミロース含量(%)	糊化開始温度(℃)	最高粘度(BU)	ゲルの状態	ゲル透明度
種実でん粉	こめ	多面形	5	17	67.0	112	もろく硬い	やや不透明
	こむぎ	比較的球形	21	25	76.7	104	もろく軟らかい	やや不透明
	とうもろこし	多面形	15	28	73.5	260	もろく硬い	不透明
	りょくとう	卵形	15	34	73.5	900	もろく非常に硬い	やや不透明
根茎でん粉	じゃがいも	卵形，楕円形	33	22	63.5	2,200	ややもろく硬い	透明
	さつまいも	球形，楕円形	15	19	68.0	510	ややもろく硬い	透明
	くず	卵形	10	23	66.2	450	弾力性	透明
	キャッサバ（タピオカ）	球形	20	18	62.8	750	強い粘着性	透明
	かたくり	卵形	25	18	54.2	980	ややもろく弾力性	透明
その他	さご	楕円形	31	26	71.0	135	さくっと割れやすい	透明～不透明

（川端昌子，畑明美：『Nブックス　調理学』，建帛社，p.115，2002）

2）でん粉の成分

でん粉はアミロースとアミロペクチンの2種類からなる（p.62，コラム「でん粉」参照）。でん粉粒内のアミロースとアミロペクチンは，多数の水素結合で放射状に配列していると考えられており，ミセルと呼ばれる分子が密な結晶質部分と比較的粗い非結晶部分がある。これらの結晶構造の違いによって生でん粉は偏光顕微鏡下で複屈折性による偏光十字を示し，X線回折によりでん粉特有の回折像が得られる。ミセルをもつ生でん粉を β-でん粉といい，冷水に溶けず，消化酵素の作用も受けにくい。

3）でん粉の性質

　a．糊　化　　抽出されたでん粉は，そのままでは水に溶けず，アミラーゼ等消化酵素の作用を受けにくい。生でん粉に水を加えて加熱すると吸水膨潤し，分子のミセル構造がゆるんで粘稠(ねんちゅう)性のある糊状になる。これを糊化（p.62参照）という。通常は，50～60℃ででん粉粒の膨潤が始まる。この温度域を糊化開始温度という。さらに加熱を続けるとでん粉粒が膨潤・崩壊して粘度が最大となる。この粘度を最高粘度という。その後，でん粉粒が崩壊・消失し，分子が分散するため，粘度は低下する。これをブレークダウン（breakdown）という。じゃがいものでん粉は最高粘度が大きく，ブレークダウンも大きい。糊化に伴い透明度は増加するが，種実でん粉は透明度が低い。糊化したでん粉はアミラーゼの作用を受けやすく，消化されやすい。

　b．老　化　　糊化でん粉を常温に放置すると，透明度がなくなる。低濃度の液では水の中に分散していた分子が収束し，下層に沈殿する。一方，高濃度の液ではゲル（コラム「ゾ

ルとゲル」参照）になり，網目構造を形成して硬くなる。これを老化（p.62 参照）という。老化でん粉は生でん粉とは異なった構造（β′）をとる（図 3-25）。老化は糊化の状態が完全でなかった場合や，水分 30〜60％，温度 0〜5℃で最も起こりやすい。したがって，糊化でん粉を水分 15％以下に乾燥したり，60℃以上の高温や 0℃以下の低温に保つと老化は起こりにくい。

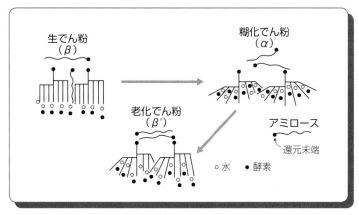

図 3-25　でん粉の糊化・老化のモデル図

（松永暁子，貝沼圭二：澱粉質食品の老化に関する研究（第 1 報），家政誌，32（9），653-659，1981 を一部改変）

> ●ゾルとゲル
> 　ゾルとは，微粒子が液体中に分散し，分散媒の流動性があるコロイドのことである。ゲルとは，ゾル状態からコロイド粒子が凝集して連続的な網目構造をつくり，分散媒が閉じ込められて流動性を失い，ゼリー状になったコロイドのことである。

（2）でん粉の調理性

1）粉末での利用（吸水性・粘性）

　肉だんごやつみれ等の調理において，材料中に混ぜ込んで使用される粉末でん粉は，材料中の水分を吸収して糊化し，つなぎの役割をはたすとともに，製品のテクスチャーに影響を与える。また，はんぺんやかまぼこ等には，糊化による粘着性を利用してつなぎの材料として利用される。

　くずたたきのように魚介類や鶏肉の表面にまぶして煮たりゆでたりすると，糊化でん粉が材料の表面を覆うことによりうま味の溶出を防ぎ，口ざわりをよくする効果がある。また，竜田揚げのようなでん粉をまぶした揚げ物では，でん粉の薄い衣と材料の表面の両者において脱水，吸油が起こり，独特の風味と口ざわりが生じる。この場合のでん粉は，材料の表面の水分を吸収して，油が急激にはねるのを抑制する役割もある。打ち粉（または取り粉）として，もち等の表面にまぶして粘着を防止するような用途もある。じゃがいもやとうもろこしでん粉が用いられる。じゃがいもでん粉は一般的にかたくり粉と称して市販されている。

2）低濃度での利用（粘性の利用）

　かきたま汁やうすくず汁には0.5〜1.5％のでん粉が用いられる。とろみ（粘稠性）がつくことにより，汁のみを均一に分散させ，対流を抑制するので，汁の温度低下を遅らせる効果がある。また，具が沈みにくくなり，口当たりがなめらかになる。吉野煮や溜菜^{リュウツァイ}等では，くずあんとして3〜6％のでん粉を用いる。料理になめらかさと光沢を与え，調味料を材料にからませる作用もある。透明度の高いじゃがいもでん粉やくずでん粉がよい。

3）高濃度での利用（ゲル化性の利用）

　加熱糊化した高温のでん粉は流動性のあるゾル状であるが，冷却すると流動性を失い，ゲル化する（コラム「ゾルとゲル」参照）。粘弾性があり，なめらかな口当たりと独特のテクスチャーを示す。ブラマンジェ（8〜10％），ごま豆腐（20〜25％），くずざくら（15〜20％）等は，この性質を利用した調理である。ゲル強度は，でん粉粒子が最大に膨潤した（最高粘度に達した）ときに冷却したものが一番大きい。長時間の加熱や撹拌により，粒子の崩壊が起こり，ゲル強度も小さくなる。種実でん粉は老化しやすく，硬いゲルであり，根茎でん粉は老化しにくく，粘着性，弾力性のあるゲルになる。でん粉の種類によってゲルの透明度や粘弾性，付着性等が異なるため，それぞれの特性を生かして使い分けられている。

4）その他の加工でん粉

　加工でん粉は，天然のでん粉をそれぞれの用途に適するように，化学的，物理的または酵素的に処理したものである。デキストリン，α-でん粉，湿熱処理でん粉等がある。デキストリンとは，でん粉が加水分解された種々の分解生成物のことで，でん粉に水を加えず加熱すると，でん粉分子が切断されてデキストリンとなる。調理ではルウがあげられ，ブラウンソースの調製時に小麦粉を150℃で炒めると，でん粉の一部がデキストリン化し，ソースの粘性が低下する。

■ 6.4.2　油　脂　類

（1）油脂類の種類・成分および性質

1）油脂の種類

　動植物性食品中には，さまざまな油脂類が含まれている。油脂含量の多い食品から油脂を抽出し，精製または加工したものを食用油脂という（表3-32）。食用油脂は，動植物から精製された植物性油脂と動物性油脂に分類される。さらに原料油脂を加工したものを加工油脂という。油脂は融点により分けられ，常温（25℃付近）で液体のものを油（oil），固体のものを脂（fat）としている。

2）油脂の成分

　油脂は，グリセロールと脂肪酸がエステル結合したトリグリセリドが大部分であり（p.60参照），脂肪酸の種類や性質により，油脂の性質が変わってくる（表3-33）。不飽和脂肪酸（p.60参照）の多い油脂は融点が低く，植物油や魚油に多い。飽和脂肪酸は植物脂や動物脂に多い。不飽和脂肪酸は酸化されやすく劣化しやすいため，加熱調理や調理後の油の保管方法が油の劣化に大きくかかわる。

表3-32　食用油脂の分類

種　類		
植物性	油	大豆油，とうもろこし油（コーン油），オリーブ油，ごま油，なたね油，落花生油，サフラワー（紅花）油，ひまわり油，米ぬか油，綿実油，小麦胚芽油，しそ（えごま）油
	脂	やし油，パーム油，カカオ油
動物性	油	魚油，肝油，鯨油
	脂	バター，豚脂（ラード），牛脂（ヘット），羊脂
加工油脂		マーガリン，ショートニング

（調理学研究会編：『レクチャー調理学』，建帛社，p.94，1997を改変）

表3-33　油脂の構成脂肪酸

	飽和脂肪酸（g/100g 脂肪酸総量）				不飽和脂肪酸（g/100g 脂肪酸総量）			融点（℃）
	ラウリン酸	ミリスチン酸	パルミチン酸	ステアリン酸	オレイン酸	リノール酸	α-リノレン酸	
大豆油	0	0.1	10.6	4.3	23.5	53.5	6.6	-7〜-8
綿実油	0	0.6	19.2	2.4	18.2	57.9	0.4	-6〜4
なたね油	0.1	0.1	4.3	2.0	62.7	19.9	8.1	-12〜0
オリーブ油	0	0	10.4	3.1	77.3	7.0	0.6	0〜6
落花生油	0	Tr	11.7	3.3	45.5	31.2	0.2	0〜3
ごま油	0	0	9.4	5.8	39.8	43.6	0.3	-6〜-3
とうもろこし油	0	0	11.3	2.0	29.8	54.9	0.8	-18〜-10
米ぬか油	0	0.3	16.9	1.9	42.6	35.0	1.3	-10〜-5
サフラワー油，ハイリノール	0	0.1	6.8	2.4	13.5	75.7	0.2	-5
やし油	46.8	17.3	9.3	2.9	7.1	1.7	0	20〜28
パーム油	0.5	1.1	44.0	4.4	39.2	9.7	0.2	27〜50
有塩バター	3.6	11.7	31.8	10.8	22.2	2.4	0.4	28〜38
ラード	0.2	1.7	25.1	14.4	43.2	9.6	0.5	28〜48
牛脂	0.1	2.5	26.1	15.7	45.5	3.7	0.2	35〜50

（文部科学省『日本食品標準成分表2020年版（八訂）脂肪酸成分表編』，2020より，融点は調理学研究会編：『レクチャー調理学』，建帛社，p.94，1997）

3）油脂の性質（酸敗）

　不飽和脂肪酸の多い油脂は，空気中の酸素により酸化されやすい。この機構では不飽和脂肪酸が酸化されて過酸化物（ヒドロペルオキシド）ができ，これが分解されてアルデヒド，アルコール，ケトン等の低分子物質が生成されたり，ほかの分子と重合して高分子物質が生成されたりする。油脂の酸化の初期段階はあまり劣化しないが，この段階を過ぎると急激に劣化が進み，変敗臭を感じるようになる。この反応は，光，高温，鉄・銅等の金属により促

進される。油脂の加熱調理では，高温で酸素と接触するため熱酸化重合が起こりやすい。高温で長時間加熱をすると着色し，粘度や泡が増加するとともに，煙やにおいの発生がみられ，食味が低下する。

（2）油脂類の調理性

1）高温調理の熱媒体

油は，常圧下で140〜220℃ぐらいまで加熱調理できるので，水の100℃よりも高温の熱媒体として有効である。油の比熱は水の約半分で，温度が容易に変化するので，短時間に高温になり，揚げ物や炒め物等に利用される。短時間で食品内部まで加熱することができ，でん粉の糊化やたんぱく質の変性等がすばやく行われ，食品中の栄養成分の損失が少ない。

多量の油を高温にし，その熱を媒体として食品を加熱するのが揚げ物である。食品中の水分は蒸発して脱水され，代わりに油が吸収されて風味が向上し，独特の食感が得られる。揚げ物では，温度管理が大切となる。炒め物は，短時間のうちに材料の水分が蒸発し，油の膜が材料の表面を覆う。その結果，風味のよい，なめらかな料理に仕上がる。手早く仕上げて，水っぽくさせないことが大切である。

2）風味と食感の向上

油脂を用いた調理では，食品に油脂の濃厚な風味となめらかな食感が付与される。また，油脂の種類によって特有の風味があり，料理によって使い分けられる。中国料理では，ラードやごま油，西洋料理ではバターやオリーブ油がよく用いられる。ごま油やオリーブ油は，ドレッシングのように酢や調味料と混濁させて食材を和えることにより，まろやかな味が加わる。大豆油やなたね油は揚げ物に用いられ，水と油の交代によりカリッとした食感が得られる。固体脂は，その融点によって食感に影響を及ぼす。バターやカカオ脂は口中で溶けてなめらかさを感じさせるが，冷えた牛脂は口ざわりが悪い。

3）接着防止と防水（疎水性）

油脂は水に溶けない性質があり，これを疎水性（hydrophobicity）という。炒め物や焼き物，蒸し物等の加熱調理の際に，フライパン，焼き網，天板やケーキ型等に油やバターを塗ることによって，調理器具に材料が接着するのを防ぐ。ゆでたスパゲッティにバターをまぶすと，めん同士の付着を防止できる。パイ生地中のバターは，薄く伸ばされたドウ同士の接着を防ぎ，層状構造をつくるのに役立っている。また，食品の表面に油膜をつくることにより，乾燥を防ぐ働きもある。サンドイッチをつくるとき，パンにバターを塗るのは，味をよくするとともに，具材の水分がパンに吸収されるのを防ぐ効果がある。

4）クリーミング性

クリーミング（creaming）とは，可塑性のある固体脂を撹拌したとき，油脂中に空気を抱き込み，細かい気泡を形成してなめらかなクリーム状になる性質のことである。この性質によりケーキやクッキーの小麦粉生地中に気泡が均一に分散し，熱膨張によって膨化が増すことでテクスチャーが向上する。クリーミング性は固体脂の種類や温度によって異なり，バターは20℃ぐらいが扱いやすい。ショートニングが最もクリーミング性に富み，マーガリン，バターの順となる。また，油脂の粒子が小さいほどクリーミング性は高くなる。

5）ショートニング性

　クッキーやパイ等のサクサクとしたもろく砕けやすい性質をショートネス（shortness）といい，油脂がこれらの小麦粉成分に対してショートネスを与える性質をショートニング（shortening）性という。油脂が小麦粉表面に薄い膜をつくり，小麦粉と水との接触を妨げて，グルテンの形成やでん粉の過度の膨潤を抑制する。油脂含量が多いほどショートネスは高くなる。また，油脂と小麦粉を混ぜ合わせた後に水を加えるとショートネスは大きくなる。

6）乳　化　性

　油脂と水を一緒にして激しく攪拌しても，時間がたつと油脂は上部に分離してくる。しかし，親水基と親油基の両方をもつ乳化剤を添加して攪拌すると，どちらか一方が細滴（分散相）となって他方の液体（連続相）中に分散する。この性質を乳化性といい，その状態をエマルションという。水の中に油の粒子が分散している状態を水中油滴（O/W）型，油の中に水の粒子が分散している状態を油中水滴（W/O）型という（図3-26）。牛乳，生クリーム，マヨネーズはO/W型であり，バター，マーガリン等はW/O型である。

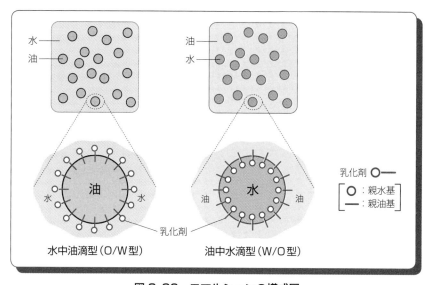

図 3-26　エマルションの模式図

（調理学研究会編：『レクチャー調理学』，建帛社，p.99，1997）

■ 6.4.3　ゲル用食品素材

（1）ゲル用食品素材の種類・成分および性質

　成分抽出素材のうち，ゼラチン，寒天，カラギーナン，ペクチン等はゲル化剤として用いられる（表3-34）。水を加えて加熱すると流動性のあるゾルになり，冷却するとゲルとなる。ゼラチン，寒天のゼリーは，キセロゲル（乾燥品）を水で膨潤させた後，加熱溶解してゾルにし，これを冷却してゲル化させ，ゼリーとする。再加熱するとゾルに戻る熱可逆性ゲルである。

表 3-34 ゲル化剤の特性

		ゼラチン	寒 天	カラギーナン
原　料		動物の皮や骨 （うし，ぶた，魚）	海藻 （てんぐさ，おごのり等）	海藻 （すぎのり，つのまた等）
成　分		誘導たんぱく質 アミノ酸が細長い鎖状に並んだもの	多糖類 ガラクトースとその誘導体が細長い鎖状に並んだもの	多糖類 ガラクトースとその誘導体が細長い鎖状に並んだもの
製品の形状		板状，粉状	棒状，糸状，粉状	粉状
溶解への下準備		水に浸して膨潤	水に浸して吸水	砂糖とよく混合
溶解温度		40～50℃	90～100℃	60～100℃
ゲル化条件	使用濃度	1.5～4 %	0.5～2 %	0.5～1.5%
	凝固の温度	要冷蔵（10℃以下）	室温（30～40℃）	室温（37～45℃）
	pH	酸にやや弱い	酸にかなり弱い	酸にやや強い
	その他	たんぱく質分解酵素をもつ食材は，酵素を失活させてから添加する		種類によってはカリウム，カルシウム等によりゲル化
ゲル化の特性	口あたり	やわらかく，独特の粘りをもつ。口の中で溶ける	粘りがなく，もろいゲル	やや粘弾性をもつゲル
	離漿	離漿は少ない	離漿しやすい	やや離漿する
	融解温度 （熱安定性）	20～30℃ （夏にくずれやすい）	70～80℃ （室温で安定）	50～55℃ （室温で安定）
	冷凍耐性	冷凍できない	冷凍できない	冷凍保存できる
	消化吸収	消化吸収される	消化吸収されない	消化吸収されない

（森高初恵，佐藤恵美子編著：『N ブックス　調理科学　第 4 版』，建帛社，p.176，2016）

1）ゼラチン

　　a．ゼラチンの組織構造　　ゼラチンは動物の骨や皮，結合組織に含まれるコラーゲンを加熱し，加水分解して精製したものである。主成分はたんぱく質であるが，必須アミノ酸のトリプトファンを含んでいない。口溶けもよく，特有の食感があり，流動食，乳幼児食，嚥下困難者用食品にも用いられる。ゼラチンには薄板状，粉状，顆粒状のものがある。

　　b．ゼラチンの調理性

　　①　**吸水・膨潤**：板状のゼラチンは 6～10 倍の水（20℃以下）に 20～30 分，粉状ゼラチンは 5 分浸漬して，吸水膨潤させてから使用する。顆粒状のものは 40～60℃に温めた液体にそのまま振り込んで溶かすことができる。

　　②　**加熱・溶解**：ゼラチンの使用濃度は 1.5～4%が目安である。膨潤させたゼラチンの溶解温度は 40～50℃であるため，直火は避け，湯煎または調味加熱した溶液に加えて溶解することが好ましい。沸騰させ，煮詰めると低分子化が起こり，安定したゼリー強度が得られない。

③　**冷却・凝固**：ゼラチンの凝固温度は10℃以下が目安である。氷水を使用するか，冷蔵庫で冷却してゲル化させる。同じ濃度でも冷却時間が長く，冷却温度が低いほど，ゼリー強度は高くなる。また，ゼラチンゲルの融解温度は20～30℃と低いため，室温が高い場合は溶解に注意が必要である。ゼラチンのゼリーは透明度が高く，柔らかい弾力がある。寒天のゼリーよりも付着性が強く，2層ゼリーに適している。型に付着して取り出しにくい場合は，40℃程度の湯に浸けるとよい。

　　ｃ．副材料の影響

①　**砂　糖**：ゼラチンゾルに砂糖を加えることにより，凝固温度，ゲルの融解温度が高くなり，透明度，硬さ，粘稠度を増し，崩壊しにくくなる。

②　**酸**：酸味の強い果汁を加えて加熱すると，たんぱく質が加水分解を受けて低分子化するため，ゲル強度が低くなる。ゼラチンゾルの粗熱をとり，60℃前後で果汁を加えるとよい。

③　**たんぱく質分解酵素（プロテアーゼ）を含む果実**：ゼラチンゾルにパインアップル，キウイフルーツ，いちじく等たんぱく質分解酵素（プロテアーゼ）を含む果物を生のまま加えると，果実中の酵素がゼラチンのたんぱく質に作用してゲル化を妨げる。あらかじめ加熱をして，酵素を失活させてから加えるとよい。

④　**牛　乳**：ゼラチンゾルに牛乳を添加すると，ゲル強度が高くなる。これは牛乳中のカルシウムイオンの作用によるものである。

⑤　**寒　天**：ゼラチン2～3％，寒天0.1～0.5％を混合して用いることで，互いの短所を補ったゼリーとなる。

　2）**寒　　　天**

　　ａ．**寒天の組織構造**　　寒天は紅藻類のてんぐさ，おごのり等を主原料としてつくられる。主成分は多糖類のアガロース（約70％）とアガロペクチン（約30％）である。難消化性の食物繊維であるためほとんどエネルギーはないが，整腸作用や糖質，コレステロールの吸収を阻害する効果が期待される。角（棒）寒天，糸（細）寒天，粉寒天等がある。

　　ｂ．**寒天の調理性**

①　**吸水・膨潤**：寒天は，水に浸漬して吸水・膨潤させ使用する。角・糸寒天では乾燥重量の約20倍の水に1時間以上，粉寒天では乾燥重量の約10倍の水に約5～10分，膨潤させる。そのまま振り込んで使用できる粉寒天もある。

②　**加熱・溶解**：吸水・膨潤させた寒天は，水のみで，90℃以上の加熱（沸騰）により溶解する。使用濃度は0.5～2％が目安であるが，寒天濃度が低いほど溶けやすいので，1％程度で加熱溶解し，所定の濃度まで煮詰めるとよい。

③　**冷却・凝固**：寒天ゾルは冷却すると流動性を失いゲル化する。凝固温度が30～40℃であるため，室温で凝固する。融解温度は70～80℃であることから，夏期の室温でも取り扱いやすい。寒天ゾルは付着性が弱く，凝固開始温度付近で型に流し入れるなどの物理的な刺激が加わると，ゼリー強度が弱くなる。寒天ゲルは透明で，もろく，歯切れのよい口当たりが特徴である。

④　**離漿（離水）**：寒天ゲルは容器に入れて放置すると，時間とともに水が流出して，離

漿（離水）する。寒天濃度が低いほどのどごしのよいゼリーとなるが，離漿しやすくなる。

c．副材料の影響

① **砂　糖**：砂糖の添加により，寒天ゲルの凝固温度は高くなる。透明度が高く，弾力性のある硬いゲルが得られ，砂糖の水和現象により離漿も少なくなる。

② **酸**：果汁を加えて加熱すると有機酸の影響で加水分解するため，ゲル化しにくい。寒天ゾルを60℃くらいに冷却して加えるとよい。

③ **牛　乳**：寒天ゾルに牛乳を添加するとゲル強度は低下するが，離漿は少なくなる。牛乳中のたんぱく質や脂肪の影響である。

④ **卵白・あん**：水ようかん，淡雪かんをつくる等，あんや卵白泡等の比重の異なる食材を加える場合に2層に分かれやすい。水ようかんは攪拌しながら凝固温度に近い40～45℃まで冷まし，型に流し込むとよい。淡雪かんは，寒天ゾルを40～50℃に冷ましてから泡立てた卵白に加えるとよい。

3）カラギーナン

a．カラギーナンの組織構造

カラギーナンは紅藻類のすぎのり，つのまた等の抽出物で，主成分は多糖類のガラクトースとその誘導体からなり，κ（カッパー），ι（イオタ），λ（ラムダ）の3つのタイプに分類される。市販の調理用カラギーナンはこの3種類が混合されている。難消化性でエネルギーはほとんどない。ローカストビーンガム等の混合により，離漿が少なく粘弾性のあるゲルとなることから，市販デザート用の増粘多糖類として利用される。各種アガーとして，市販されている。

b．カラギーナンの調理性

① **吸水・加熱・溶解**：カラギーナンは吸水性が高く，ダマになりやすいが，砂糖とよく混ぜたのち，水を加えて攪拌しながら加熱すると透明になる。使用濃度は0.3～1.5％で，60℃以上で溶解する。

② **冷却・凝固**：凝固温度は35℃くらいで，室温で融解しないことから大量調理にも適している。カラギーナンのゲルは透明で，寒天ゲルとゼラチンゲルの中間的なテクスチャーである。また，ゼラチン，寒天にはない冷凍耐性があるため，冷凍保存ができる。

c．副材料の影響

砂糖は粘弾性，ゲルの回復率が高まり，離漿率が減少する。酸により加水分解しゲル強度は低下するため，最後の方に加える。寒天は主成分が多糖類であり，たんぱく質分解酵素（プロテアーゼ）の影響を受けないことから，果実を加えたゼリーをつくりやすい。牛乳を加えると，たんぱく質のカゼイン，カルシウムイオンと反応してゲルを形成し，ゲル強度が高まる。

4）ペクチン

ペクチンは，果実類や野菜類等の細胞壁に含まれるガラクツロン酸を主とする複合多糖類である。ペクチンを構成しているカルボキシ基は一部がメチルエステル化されているが，その度合いによって，高メトキシ（HM）ペクチンと低メトキシ（LM）ペクチンに分けられる（表3-35）。HMペクチンは，酸と糖が共存しているとき，冷えるとゲル化する。LMペクチンはゲル化に砂糖を必要とせず，金属イオン（カルシウムイオンなど）が存在するとゲ

ル化する。

表3-35　ペクチンの種類と特性

	高メトキシ（HM）ペクチン	低メトキシ（LM）ペクチン
原　料	果実類，野菜類（かんきつ類，りんご等）	果実類，野菜類（かんきつ類，りんご等）
成　分	多糖類 ガラクツロン酸とその誘導体が細長い鎖状に並んだもの メトキシ基が多い（7%以上）	多糖類 ガラクツロン酸とその誘導体が細長い鎖状に並んだもの メトキシ基が少ない（7%未満）
溶解への下準備	砂糖とよく混合しておく	砂糖とよく混合しておく
溶解温度	90〜100℃	90〜100℃
ゲル化条件　使用濃度	0.5〜1.5%	0.7〜1.5%
ゲル化条件　凝固の温度	室温	室温
ゲル化条件　pH	酸にかなり強い（pH2.5〜3.5）	酸にやや強い（pH2.5〜4.5）
ゲル化条件　その他	多量の砂糖（60〜65%）	カルシウム等（ペクチン量の1.5〜3.0%）
ゲル化の特性　使用の例	ジャム，マーマレード，酸味の強いゼリー	ミルクゼリー，ヨーグルト，インスタントプリン，ムース，アイスクリーム，低糖度のジャム
ゲル化の特性　口あたり	軟らかで弾力のあるゲル	粘り，弾力のあるゲル
ゲル化の特性　離漿	やや離漿する	離漿する
ゲル化の特性　熱安定性	室温で安定	室温で安定
ゲル化の特性　冷凍耐性	冷凍保存できる	冷凍保存できる
ゲル化の特性　消化吸収	消化吸収されない	消化吸収されない

（森髙初惠，佐藤恵美子編著：『Nブックス　調理科学　第4版』，建帛社，p.180，2016を一部改変）

6.5　調味料・香辛料・嗜好品

6.5.1　調　味　料

　調味料とは，料理や食品の味・香り等を調えるのに用いる材料である。塩味，甘味，酸味をつける基本的な調味料には，塩，しょうゆ，みそ，砂糖，食酢等がある。その他，香辛料（こしょう，からし等），風味づけのうま味調味料，化学調味料等がある。

　調味料の浸透は，分子量が小さいほど，分子またはイオンが球形であるほど拡散係数が大きく，浸透速度が早くなる。砂糖（分子量342）と食塩（分子量58.5）では，分子量の大きい砂糖の方が食品に味が浸み込みにくい。また，食酢，しょうゆ，みそ等は，風味のもとになる揮発成分を逃がさないようにするため，加熱後半に加えるとよい。

（1）調味料の種類

1）甘　味　料

　a．砂　糖　　さとうきび（甘蔗）の茎やさとうだいこん（甜菜，ビート）の根，メープルシュガー（かえで），やし糖等を原料としてつくられる。主成分はスクロース（ショ糖）

である。精製度の違いにより，精製糖のざらめ糖（グラニュー糖等），車糖（上白糖，三温糖等），加工糖（角砂糖，氷砂糖等），分蜜粗糖の和三盆糖，合蜜糖の黒砂糖に分類される。

　ほかの糖類に比べ甘味が安定しているため，甘味判断の基準になっている。親水性が高く，水に溶けやすいので，粉等にあらかじめ砂糖を混ぜておくと，加水したとき混ざりやすいという特徴がある。各種甘味物質と甘味度については表2-3（p.20）参照。

　食材に甘味をつける甘味料として，砂糖は最も多く使われるが，甘味をつける以外にも多くの調理機能を示す（第4章，p.139参照）。濃縮による糖濃度の増大によって沸点が上昇し，粘性が高まる。煮詰め温度の違いにより，物性や色，香り等その性質を大きく変化させ，さまざまな調理加工に利用されている。砂糖溶液の加熱による状態変化を表3-36に示す。

表3-36　砂糖の加熱による変化

温度（℃）	用　　途	結晶の状態
102〜103	シロップ	結晶せず，さらっとした液状
106〜107	フォンダン	液状，つやがありなめらか
115〜120	砂糖衣	水あめ状の硬さ
140〜145	抜絲（銀糸） （バースー）（インスー）	硬くて粗い結晶
150〜155	あめ，ドロップ	かすかな淡黄色，がりがりする結晶
160〜165	抜絲（金糸） （バースー）（シンスー）	黄色，あめの感じで硬い
170〜180	カラメルソース	茶褐色，香ばしく美味

　スクロースは130℃以上になると，あめになる。これは，加熱により加水分解して，グルコースとフルクトースが同量の混合物である転化糖が生成されるからである。転化糖は，スクロースに比べて甘く（約1.3倍），吸湿性があるため，スクロースの結晶化を抑制する。160℃以上になるとスクロースは，急激に分解して転化糖が増加する。さらに，フルクトースが脱水されて褐色物質のヒドロキシメチルフラールを生じる。

　b．砂糖以外の糖質甘味料　　甘味を呈するものとして，グルコース（ブドウ糖），フルクトース（果糖），マルトース（麦芽糖）等がある。グルコースとフルクトースの混合物は液糖として，マルトースは水あめとして調味に利用されている。そのほか，糖アルコール（エリスリトール，マルチトール，ソルビトール，キシリトール），スクロース誘導体（オリゴ糖），ペプチド類（アスパルチルフェニルアラニン）等がある。オリゴ糖や糖アルコールは，消化管での分解，吸収が少なく，大腸でわずかに分解されてエネルギーになるので，低エネルギー甘味料として使用できる。オリゴ糖にはビフィズス菌のような腸内有用菌を増殖させる効果があるので，整腸作用に有効である。

　c．非糖質甘味料　　天然甘味料のステビオシドやグリチルリチン，人工甘味料のアスパルテーム，サッカリン等がある。甘味度はスクロースの100〜200倍も高く，甘味に対する嗜好を満足させる効果があるため，砂糖の制限時に利用できる。

2）塩 味 料

塩味は，食塩が水溶液中で電離されたナトリウムイオンと塩素イオンが存在することで感じられる。食塩は，調理に広く使われている調味料であるとともに，生理的にも重要な物質である。ナトリウムは細胞外液の主な陽イオンで，浸透圧の維持，物質輸送等の重要な働きをする。一般的には，0.8～1.2% の食塩濃度（生理的食塩濃度付近）がおいしいとされる。

食塩以外の塩味料として，しょうゆ，みそがある。しょうゆやみそで塩味を等価にするためには，しょうゆは食塩の約6倍，みそは8～9倍の重量が必要である。

a．食 塩　塩化ナトリウム（NaCl）を主成分とする塩味（鹹味）の代表的な調味料で，調味の基本となる味である。食塩は水に溶けて解離するため，水中にイオンとして存在し，分子量が小さいため，食品中への浸透速度が早い。調理の際には塩味を呈するだけでなく，重要な調理特性を示す（第4章，p.135 参照）。

b．しょうゆ　しょうゆは，大豆と小麦を原料として，塩と麹を加えて発酵させた醸造調味料である。しょうゆのうま味は，プロテアーゼの作用による大豆たんぱく質由来のペプチドやアミノ酸である。

しょうゆの種類には，濃口，薄口（淡口），溜まり，再仕込み，白しょうゆ等がある。塩分濃度は，濃口しょうゆが14% 前後，薄口しょうゆが16% 前後である。薄口しょうゆは，色を淡く仕上げるために食塩水量が多く，発酵・熟成の温度を低めに調整するために塩分濃度が高い。また，高血圧症，腎臓病等で減塩食を必要とする人を対象とする低ナトリウム食品として減塩しょうゆがある。食塩含量は普通しょうゆの50% 以下（塩分濃度9% 以下）で，ほかの成分は同等である。

しょうゆの味付け以外の調理機能は以下に示す。

① 独特な香りを呈する。長時間の煮る加熱により香りを失う。
② 緩衝能があるので，酸味や塩味をやわらげる。
③ 酸性（pH4.6~4.8）であるので，しょうゆを加えて加熱すると緑黄色野菜のクロロフィルが退色する。
④ 魚や肉の臭み（トリメチルアミンや不飽和脂肪酸）を消すマスキング効果がある。
⑤ 焼き加熱等高い温度で加熱されると，アミノカルボニル反応を起こしてメラノイジンが生成され，特有の色と香りが生じる。

c．み そ　みそは，煮熟した大豆に穀類（米，小麦）の麹と塩を混ぜて熟成させた発酵調味料である。麹の種類により米みそ，麦みそ，豆みそに分類され，また，味により甘口みそ，辛口みそに分類される。みその塩分濃度は材料により異なる。米みその塩分濃度は約12% であるが，甘口みその塩分濃度は5% 前後で保存性が低い。みその色調は，アミノカルボニル反応により生成されるメラノイジンであり，香りの成分は，脂肪酸エステルやアルコール類等のカルボニル化合物である。

みそには食材に塩味，うま味，香り，色をつける以外に，以下のような調理特性がある。

① コロイド粒子が魚や肉等の臭みを吸着する。
② 緩衝能があり，合わせる食材によって pH が変化することがなく，味が変化しにくい。

③　魚や肉をみそに漬け込むと，みそ中のプロテアーゼ等により肉質が軟らかくなる。

④　しょうゆと同様に酸性を示すので，緑黄色野菜のクロロフィルを黄褐色（フェオフィチン）にする。

3）酸味料

酸味は，酢酸から水溶液中で電離された水素イオンの存在で感じられる。酸味はさわやかさを与え，消化液の分泌を促し，食欲を刺激する。調理に用いる主な酸味料として，醸造酢の食酢がある。酸味料として食酢以外にも，レモン，すだち，ゆず等のかんきつ類の果汁を用いることも多い。酸味の強さは単純にpHには比例せず，酸の種類や併用する調味料によって酸味の刺激が異なる。おいしいと感じるのは，pH4〜6である。食酢等の活用で，減塩による物足りなさに変化を与えることができる。

　a．食　酢　食酢は，3〜5%の酢酸を主成分とする酸味の強い調味料である。酢酸のほかに乳酸，コハク酸，リンゴ酸等の有機酸や，アミノ酸，糖類，エステル類等を含み，うま味とさわやかな芳香を与える。

　食酢には，醸造酢と合成酢がある。醸造酢（穀物酢，米酢，果実酢等）は，でん粉や糖質を糖化，アルコール発酵，酢酸発酵してからつくられる。合成酢は，氷酢酸または酢酸を4〜5%に希釈したものに，甘味料，うま味成分，有機酸，食塩等を加えてつくられる。醸造酢や合成酢に果汁等を加えた加工酢には，すし酢，ポン酢がある。食酢の調理特性については第4章（p.136）参照。

4）酒　　類

酒類とは，アルコール1%以上を含む飲料であるが，嗜好飲料としてだけでなく，調味料としても使われることが多い。

　a．料理酒・ワイン　魚臭を消す（料理酒），風味を付与する（ワイン等），照りをつける，肉を軟らかくする，こくを与える等の調理機能をもつ。料理酒には塩分入りと塩分なしがある。

　b．みりん　本みりんは，蒸したもち米と米麹に焼酎を加えて熟成させたもので，40〜50%の糖分と約14%のアルコールを含む酒類である。糖類の主成分はグルコースであり，アミノ酸も多く，魚の生臭さを除去する等の調理性をもつ。加熱すると，食品の照り，つや，香りがよくなり，焼き色が生じる。非加熱調理には，加熱してアルコールを蒸発させ，煮切りみりんとして使用する。

　c．みりん風調味料　みりん風調味料は，本みりんのアルコール分を1%未満に抑えた非酒類の調味料である。みりんとは原料や製法が異なり，糖類，アミノ酸，有機酸等を混合して製造される。

5）うま味調味料・風味調味料

うま味調味料は，食材にうま味を付与する調味料で，単一うま味調味料と複合うま味調味料がある。単一うま味調味料は，アミノ酸系のL–グルタミン酸ナトリウム，核酸系の5′–イノシン酸ナトリウムや5′–グアニル酸ナトリウム等がある。複合うま味調味料は，アミノ酸系のうま味物質と核酸系うま味物質を組み合わせることで，うま味の相乗効果を生じさせ

た調味料である。うま味を増強することで，塩分の使用量を控えることができる。

風味調味料は，だしをとる代わりに使用される調味料で，粉末状，顆粒状，液体状のものがある。かつお，こんぶ，貝柱，しいたけ等の天然の食材がもつうま味に，食塩，砂糖，うま味調味料，アミノ酸等を加え，乾燥等の加工をしたものである。調理の際，風味原料の香りや味を付与する。

▮ 6.5.2 香　辛　料

香辛料とは，食品の調味のために用いる芳香性と刺激性をもった植物性物質のことで，植物の種子，果実，花，蕾，樹皮，茎葉等の生鮮品または乾燥品および粉末をいう。香りや特有の刺激性によって食欲増進や消化吸収を促進させる。また，防腐効果や矯 臭（きょうしゅう）・抑臭効果，着色効果もある。さらに，近年は生理薬理的効果も注目されている。

（1）香辛料の種類

主な香辛料の種類と特性については第4章（p.137）参照。

（2）香辛料の調理性

1）辛味をつける（食欲増進作用）

こしょう（チャビシン，ピペリン）や，からし（アリルイソチオシアナート），さんしょう（サンショオール），しょうが（ジンゲロン，ショウガオール），とうがらし（カプサイシン），にんにく（ジアリルジスルフィド），わさび（アリルイソチオシアナート）等の辛味成分は，消化液の分泌を促進させ，食欲増進とともにエネルギー代謝亢進も見出されている。

2）食べ物に合う香りをつける（賦香（ふこう）作用）

香辛料にはそれぞれ特有の香りの精油成分があり，食べ物の素材に合わせて香りを付与することで，食べ物の嗜好性を向上させる。シナモン（シンナムアルデヒド），クローブ（オイゲノール，カリオフィレン），ナツメグ（カンフェン，ミリスチシン），ローリエ（シネオール），さんしょう（サンショオール），パセリ（アピオール，ピネン），バジル（メチルチャビコール）等がある。

3）不要なにおいを消す（矯臭・抑臭作用）

肉や魚のにおいを消し，野菜の青臭さをマスキングして，香りのバランスを整える。オレガノ（チモール，メチルチャビコール），キャラウェイ（カルボン，リモネン），セージ（ツヨン，シネオール），タイム（チモール，カルバクロール），ローズマリー（シネオール，ボルネオール）等がある。

4）色をつける（着色作用）

着色成分には，サフランの黄色色素（クロシン）等の水溶性の色素と，ターメリックの黄色色素（クルクミン）やパプリカの赤色色素（カロテノイド系）等の脂溶性の色素がある。

▮ 6.5.3 嗜　好　品

嗜好飲料は，ヒトの嗜好を満足させ，食欲増進，疲労回復などの効果があるとされる。アルコール飲料類，茶類，コーヒー・ココア類，その他に分類される。

(1) アルコール飲料類

　酒とはアルコール分1%以上の飲料で，酵母によって発酵させる醸造酒（酒，ビール，ワイン等），さらに蒸留した蒸留酒（ウイスキー，ブランデー，焼酎等）のほか，これらに果実，薬草を漬け込んだ混成酒がある。原材料は，米・麦等の穀類，ぶどう・りんご等の果実類，いも類である。飲用だけでなく，料理や製菓の香りづけにも用いられる。

　　a．清　酒　　清酒は日本古来のアルコール飲料である。米，米麹，水を原材料とした醸造酒でアルコール分は14～16%である。原料と製造法の違いにより，吟醸酒，純米酒，本醸造酒等に分類される。製造工程で生じる「もろみ」から酒となる液体を搾り出した残りが酒粕で，料理に使用される。

　　b．ビール　　大麦を原材料として麦芽によってでん粉を糖化させ，酵母で発酵させた発泡酒である。ホップを加えることにより，ビール特有の風味が付与される。ホップの種類や加熱殺菌の有無により，色や味に違いがある。アルコール分は3～5%で，ビールの適温は10℃前後である。

　　c．ワイン　　ぶどうを原材料とし，ワイン酵母により発酵させた後，熟成させる。赤，ロゼ，白の3種に分けられる。赤は，赤系のぶどうを果皮とともに発酵させたもので，果皮のアントシアニン系色素が移行している。白は，緑系のぶどう，赤系のぶどうの果皮を除いて発酵させる。ロゼは，赤系のぶどうを使用し，適度な色が着いたところで果皮を取り除いて発酵させる。アルコール分は8～13%で，適温は，赤ワインは15～18℃，白とロゼは5～10℃を目安とする。食前酒，食中酒，食後酒として，料理と合わせて飲む。

(2) 茶　　類

　日常の代表的な飲料で，世界的に広く用いられる。茶樹の若葉を原材料として製造されるが，製造方法により多くの種類があり，適した抽出温度がある（図3-27，表3-37）。

　　a．緑　茶　　不発酵茶である緑茶は，摘み取った茶葉を直ちに加熱して酸化酵素（ポリフェノールオキシダーゼ）を失活させ，発酵を止める。茶葉本来の鮮緑色を保持し，ビタミンCを多く含む。玉露は，新芽の時期に覆いをかけ，直射日光をさえぎって栽培した軟らかい若葉を原料とし，カフェイン，テアニン（うま味成分）や遊離アミノ酸が多く含まれる。煎茶や番茶には，茶の渋味や苦味の成分であるタンニンが多い。緑茶のもつ生理機能としてビタミン類やカテキン類，カフェインが注目されている。

　緑茶にはそれぞれに適した抽出温度や時間がある。番茶は熱湯で短時間，煎茶は70～90℃で1～2分，玉露は50～60℃で3分が目安である。

　●カフェインとカテキン類
　カフェイン：覚醒作用，代謝亢進，消化液の分泌促進，利尿効果があるが，過剰摂取によるマイナス効果もある。
　カテキン類：抗菌作用，抗ウイルス作用，抗酸化作用のほか，歯に対する作用や体脂肪低減作用，血清コレステロール低下作用では特定保健用食品として認可されている。

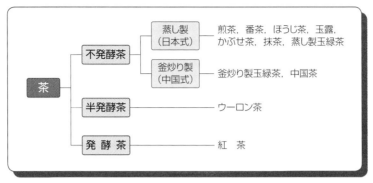

図 3-27　茶の分類

（杉田浩一ほか編：『日本食品大事典』，医歯薬出版，p.636, 2003 より作成）

表 3-37　茶の標準的淹れ方

茶　種	人数 （人）	茶量 （g）	湯温 （℃）	湯量 （mL）	浸出時間 （分）
玉露（上）	3	10	50	60	2.5
玉露（並）	3	10	60	60	2
煎茶（上）	3	6	70	180	2
煎茶（並）	5	10	90	450	1
番茶	5	15	100	650	0.5
ほうじ茶	5	15	100	650	0.5

（農林水産省畑作振興課監修：『茶・ダイジェスト』，日本茶業中央会，1995）

　　b．紅　茶　　発酵茶である紅茶は，茶葉を加熱しないで発酵させ，発酵過程でカテキン類が変化して特有の色と香気成分を形成する。使用する水は軟水が適し，煮沸して塩素を除いた熱湯を使用するとよい。ビタミンCは発酵過程で消失する。

　紅茶の浸出液は，放置すると茶葉のタンニンとカフェインが結合し白く濁る。これをクリームダウンと呼ぶが，防止するためにはタンニンの少ない茶葉（ダージリン，アールグレイ）を用いる。アッサムはクリームダウンしやすい。再加熱によって消失する。

●アイスティー
　クリームダウンを防ぐためには，紅茶を注ぐグラスに氷を入れ，淹れたての紅茶を注ぎ入れ，急冷する。紅茶が薄まるため，茶葉の量を多めにする。冷やす前に砂糖を入れることも効果的である。

　　c．ウーロン茶　　半発酵茶であるウーロン茶は，中国茶の主流である。発酵度の違いにより，色，味，香りに差があり，何百種類もある。沸騰直後の熱湯を入れてすぐに捨て，あくを出し，2回目に注いだ湯で淹れることで，香り高く，味の濃い茶となる。

（3）コーヒー・ココア類

　コーヒーは，コーヒー豆を200～250℃で焙煎して粉砕したものである。焙煎によりコーヒー豆の糖とアミノ酸が反応して特有の色と香りとなる。コーヒーにはカフェインとタンニンが含まれ，特にカフェインは苦味成分であるとともに，興奮作用がある。苦味は砂糖を加えることで弱めることができる（p.23，表2-9）。

　ココアは，チョコレートの原料でもあるカカオ豆を焙煎し，皮を除きすりつぶしたカカオマスからカカオバター（脂肪分）の一部を除き，粉末にしたものである。ポリフェノールの一種である苦味成分のテオブロミンを含有し，糖質，脂質，たんぱく質のほかに，ビタミンB_1・B_2や鉄分も含む栄養価の高い飲み物である。ココアの粉末は，あらかじめ熱湯を加えてペースト状に練り，牛乳を加える。飲用だけでなく，製菓にも用いる。

（4）清涼飲料

　糖分が10～13％含まれ，エネルギー源となるが，過剰摂取に留意する。果実飲料にはビタミンCの補給，スポーツドリンクには発汗により失われた水分，塩分の補給効果もある。

　a．炭酸飲料　飲料水に炭酸ガスを圧入したものである。甘味料，酸味料，フレーバーを加えたもの，無糖のソーダ水も洋酒の普及とともに利用される。炭酸には胃壁を刺激して，食欲を亢進させる効果がある。

　b．果実飲料　天然果汁，果汁入り飲料，果肉入り飲料等，ジュースと呼ばれるものである。ストレートと濃縮還元に分類される。ビタミン類や食物繊維の補給源として利用されている。

〈参考文献〉
・矢野俊正，川端晶子編著：『21世紀の調理学6　調理工学』，建帛社（1996）
・山崎清子，島田キミエ，渋川祥子ほか：『NEW　調理と理論　改訂版』，同文書院（2011）
・香西みどり：『調理がわかる　物理・化学の基礎知識』，光生館（2010）
・省エネルギーセンター：『2013EDMCエネルギー・経済統計要覧』（2013）
・日本調理科学会編：『総合調理科学事典　新版』，光生館（2006）
・中嶋加代子，山田志麻編著：『調理学の基本―おいしさと健康を目指す―　第5版』，同文書院（2020）
・川端晶子，大羽和子，森髙初恵編著：『時代とともに歩む　新しい調理学　第2版』，学建書院（2015）
・久木久美子，新田陽子，喜多野宣子：『健康・栄養系教科書シリーズ10　調理学』，化学同人（2011）
・川端晶子，大羽和子：『健康調理学　第5版』，学建書院（2015）
・川端晶子，畑明美：『Nブックス　調理学』，建帛社（2008）

・森髙初惠，佐藤恵美子編著：『Ｎブックス　調理科学　第4版』，建帛社（2016）

・畑井朝子，渋川祥子編著：『ネオエスカ　調理学　第2版』，同文書院（2006）

・南出隆久，大谷貴美子編：『栄養科学シリーズNEXT　調理学』，講談社サイエンティフィク（2000）

・渋川祥子編著：『エスカベーシック　食べ物と健康―調理学―』，同文書院（2010）

・髙橋敦子編著：『新版　調理学』，光生館（2010）

・下村道子，和田淑子編著：『新調理学』，光生館（2015）

・金谷昭子，安藤ひとみ，井川佳子ほか：『食べ物と健康　調理学』，医歯薬出版（2004）

・西堀すき江編著：『食育に役立つ調理学実習』，建帛社（2007）

・大越ひろ，高橋智子編著：『管理栄養士講座　四訂　健康・調理の科学―おいしさから健康へ―』，建帛社（2020）

・松本仲子監修：『調理のためのベーシックデータ　第5版』，女子栄養大学出版部（2018）

・木戸詔子，池田ひろ編：『新食品・栄養科学シリーズ　調理学　第3版』，化学同人（2016）

・江指隆年，森髙初惠，渡邊智子：『サクセス管理栄養士講座　食べ物と健康III　第2版』，第一出版（2014）

・渋川祥子：『加熱上手はお料理上手―なぜ？に答える科学の目』，建帛社（2009）

・渡邊智子ほか編：『食べ物と健康　食事設計と栄養・調理』，南江堂（2014）

・藤沢和恵，南廣子編：『現代調理学』，医歯薬出版（2001）

・畑江敬子，香西みどり編：『スタンダード栄養・食物シリーズ6　調理学　第2版』，東京化学同人（2011）

・調理学研究会編：『レクチャー調理学』，建帛社（1997）

・全国調理師養成施設協会編：『改訂調理用語辞典』，調理栄養教育公社（2000）

・主婦の友社編：『料理食材大辞典』，主婦の友社（1996）

・医療情報科学研究所編：『クエスチョン・バンク　管理栄養士国家試験問題解説』，メディックメディア（各年）

・東京アカデミー編：『国家試験対策・管理栄養士2』，ティーエーネットワーク（2009）

・山下広美：『酢の健康レシピ』，大学教育出版（2011）

・小西洋太郎，辻英明ほか編：『栄養科学シリーズNEXT　食品学各論　第3版』，講談社サイエンティフィク（2016）

・青木美恵子編：『エキスパート管理栄養士養成シリーズII　調理学　第3版』，化学同人（2011）

・杉田浩一，平宏和，田島眞，安井明美編：『新版　日本食品大辞典』，医歯薬出版（2017）

・日本栄養・食糧学会編：『栄養・食糧学用語辞典　第2版』，建帛社（2015）

・河田昌子：『新版　お菓子「こつ」の科学―お菓子作りの「なぜ？」に答える』，柴田書店（2013）

・厚生労働省：「日本人の食事摂取基準（2020年版）」策定検討会報告書（2019）

・文部科学省科学技術・学術審議会資源調査分科会『日本食品標準成分表2020年版（八訂）』（2020）

・文部科学省科学技術・学術審議会資源調査分科会『日本食品標準成分表2020年版（八訂）脂肪酸成分表編』（2020）

・柳沢幸江，柴田圭子編著：『調理学―健康・栄養・調理―　第3版』，アイ・ケイコーポレーション

（2020）

- 大越ひろ，品川弘子，飯田文子編著：『新健康と調理のサイエンス—調理科学と健康の接点—』，学文社（2020）
- 山崎英恵編：『Visual 栄養学テキストシリーズ　食べ物と健康Ⅳ　調理学　食品の調理と食事設計』，中山書店（2018）
- 伊藤節子：『抗原量に基づいて「食べること」を目指す　食物アレルギー児のための食事と治療用レシピ』，診断と治療社（2014）

第4章　調理操作と栄養

【学習のポイント】

1. 調理操作を行うことで起こる食品の組織・物性・栄養成分の変化を，栄養素（炭水化物，たんぱく質，油脂，ビタミン，無機質等）ごとに理解する。

2. 非加熱調理について栄養学的・機能的利点から考える。糖質，たんぱく質，油脂の分解に関与する酵素，食品の褐変にかかわる酵素について学ぶ。

3. 加熱調理について栄養学的・機能的利点から考える。加熱による抗酸化作用，アミノカルボニル反応（メイラード反応），生成される有害成分等について学び，食べ物の安全性の向上をめざす。

4. 代表的な調味料であるしょうゆ，みそ，食塩，食酢や香辛料の栄養学的・機能的利点について学ぶ。

　本章では，調理操作を行うことにより変化する食品の栄養学的・機能的特徴について系統的に学び理解を深める。そして，調理の最終目標である安全でおいしい料理，栄養面で充実した料理に仕上げる一助とする。

1 調理操作による食品の組織・物性と栄養成分の変化 ━━━

　食品は調理操作によってさまざまな形に変化し，それらが料理の仕上がりや外観，味等に大きく影響する。第3章で学習した各食品の調理特性の中から，組織，物性，栄養成分の変化について栄養素ごとに関連事項をまとめた。

■ 1.1　炭水化物の調理操作

（1）でん粉の糊化と老化

　でん粉は，単糖類のグルコースが結合した多糖類である。でん粉に水を加えて加熱するとでん粉の分子構造が変化し，粘りが増し，糊状となる。これをでん粉の糊化という。糊化したでん粉を放置すると粘りがなくなり，硬くなる。これをでん粉の老化という。でん粉の老化防止には，70℃以上または0℃以下，水分15%以下で保存するとよい。また，砂糖の濃度を高くすることでも老化を防ぐことができる。

（2）でん粉の糖化

　でん粉が，酵素によって単糖類のグルコースや二糖類のマルトースまで分解されることを糖化という。さつまいもは，糖化作用のあるβ-アミラーゼを多く含有しており，でん粉が分解されてマルトースとなる。加熱されたさつまいもは，軟らかくなり，甘味も強くなるが，電子レンジのような短時間の加熱より，じっくりと長く熱した方が，酵素の働く時間が長く，マルトース量も多くなる。

（3）でん粉の種類と調理

　各種でん粉の種類により，ゲル化の物性に違いがみられる。じゃがいもでん粉（かたくり粉）は，透明で粘りが強く，ゲル形成能は低いため，汁物やくずあん等に用いる。また，とうもろこしでん粉（コーンスターチ）は，糊化しても透明にならず，白く仕上がる性質をもち，ゲル形成能も高いため，ブラマンジェに適している。このように，用途によってでん粉の種類を選択し，使用する調理の目的に応じて，でん粉濃度も適切に用いることで，各種でん粉を調理操作にうまく組み入れていくことができる。

（4）ペクチンを含む食品と調理

　多糖類のペクチン，寒天，カラギーナンでは，それぞれのゲル化特性をもっている。詳細は，第3章のゲル用食品素材（p.109）を参照されたい。

　ペクチンのゲル化による物性変化の一例として，ジャムがある。果実類の中でペクチンを比較的多く含み，適度な酸味をもっているいちごやりんごでは，砂糖を添加して煮詰めるとジャムができる。野菜類やいも類のペクチンは，加熱によってペクチンが溶解，分解するために軟らかくなる。一方，酢にはペクチンの分解を阻止する作用がある。れんこんやごぼうに酢を添加して調理すると，あまり軟らかくならず，シャキシャキとした食感となる。これはpH 4付近の弱酸性においては，ペクチンの分解が起こりにくいためである。

1.2　たんぱく質の調理操作

　たんぱく質は，約20種のアミノ酸から構成されている。たんぱく質は，加熱，攪拌，混合等の調理操作や，酸やアルカリによる pH の変化，塩類の添加により変性が起こる。このようなたんぱく質の変性は，食品の物性に大きな影響を与えるが，その要因について物理的および化学的要因に大別した。

（1）物理的要因によるたんぱく質の変性

　たんぱく質は，加熱により凝固する性質をもつ。主なたんぱく質食品である肉類，魚介類，卵類は，加熱によるたんぱく質の変性が生じる。これは，温度や時間等の加熱条件，調味料の種類，pH 等の条件により異なる。肉の場合，生では保水性が高いため，軟らかい。加熱によるたんぱく質の変化は，筋原線維たんぱく質では，40〜50℃で変性を開始し，60℃程度で凝固する。熱変性によって肉の物性は硬くなる。一方，すね肉やばら肉を長時間煮込むとコラーゲンのゼラチン化が起こり，硬い肉が軟らかくなる現象が起こる。

　小麦粉に水を加えて混捏を行うと，小麦たんぱく質のグリアジンとグルテニンが水を吸収し，網目構造のグルテンを形成する。グルテンの形成は，粘弾性や伸展性を生み，パンやめんの物性に影響する。

　たんぱく質溶液は，一般に泡立ちがよく，安定した泡になる。卵白に砂糖を加えて攪拌するとメレンゲができる。これは卵白を構成するオボグロブリンが表面張力を低下させて泡立ちをよくするためである。また，オボムチンには泡の膜を安定させる働きがある。

（2）化学的要因によるたんぱく質の変性

　たんぱく質に酸や塩を加えることで，たんぱく質が凝固する。豆腐では，凝固に使用するにがりの成分に塩化マグネシウム等が含まれ，大豆のたんぱく質を凝固させる。中国料理の前菜に用いられる皮蛋は，あひるの卵をアルカリ性の灰や木炭，塩類と一緒に粘土で包み，発酵させたもので，卵たんぱく質が変性，凝固したものである。白身は黒色のゼリー状，黄身は濃緑色となる。

　カルシウムやマグネシウムも，たんぱく質の凝固を促進する役割をもっている。

（3）酵素作用による物性の変化

　パインアップルに含まれているブロメライン，パパイアに含まれているパパイン等，たんぱく質分解酵素の作用により肉が軟らかくなり，物性が変化する。

1.3　油脂の調理操作

　油脂は，体内での重要なエネルギー源であり，ほかの栄養素より高いエネルギーを得ることができる。また，常温で固体である脂も温度により液体に変化する。油脂は200℃以上の高温にすることができるため，水を媒体とする煮物より短時間で効率のよい調理が可能であり，水溶性ビタミン類等の栄養価の損失も少ない。しかし，過加熱に注意する必要がある。不飽和脂肪酸を多く含む油脂は空気に触れることで自然に酸化が進む自動酸化が起こる。そのほか，光，温度，熱等によって酸化が進むため，冷暗所に保存する。揚げ物等の油の吸着率は，衣の有無や衣の種類，揚げ方によって差があるため，栄養量が大きく異なる（表4-1）。

表4-1　揚げ物の吸油率

種　類		吸油率（%）
素揚げ		3〜8
衣揚げ	から揚げ	6〜8
	てんぷら	15〜25
	フライ	10〜20
変わり揚げ		春雨揚げ　35

（中嶋加代子，山田志麻編著：『調理学の基本—おいしさと健康を目指す— 第5版』，同文書院，p.117，2020 より抜粋）

■ 1.4　ビタミン類の調理操作

　ビタミンは，大別すると脂溶性と水溶性がある。ビタミンの種類により，酸やアルカリ，熱や光に対する作用が異なる。脂溶性ビタミンは，水溶性ビタミンより調理による損失が少ない。葉菜類は，調理による損失が比較的大きく，多くの研究報告がある。損失率は，加熱温度，加熱方法によっても異なる（表4-2）。

表4-2　調理によるビタミンCの損失　　　（%）

野菜名	ゆでる	煮る	蒸す	炒める	揚げる	漬物
ほうれんそう	44	52		18		
キャベツ	37	42		25		23
カリフラワー	35		12			
はくさい	43	53		26		60
きょうな	35			27		87
もやし	42	36		47		
ねぎ	48	37		21	4	
たまねぎ	34	33		23	30	
なす	47			23		
かぼちゃ	29	37		17		
じゃがいも	15	45	12	30	10	
さつまいも	17	30	26	20	4	
れんこん	35	29		28		
だいこん	33	32		38		
かぶ	17	39		25		
にんじん	18	10		19		
さやえんどう	43	25		16		
さやいんげん	48			32		

（吉田企世子：『野菜と健康の科学』（日本施設園芸協会編），養賢堂，p.61，1994）

1.5　無機質（ミネラル）の調理操作

　食品中の無機質は水溶性であるため，洗浄，浸漬，加熱により食品から流出する（表4-3）。食品の苦味や渋味等の不味成分やあくの成分には，無機質が多く含まれている。これらは，加熱する，水にさらす等の調理操作を行うことで除去することができる。

表4-3　調理によるミネラル類の損失　　　　　　（%）

食　品	水　漬 （30分）	煮　る （30分）	1%食塩 で煮る	4%酢酸 で煮る
わかめ	6〜20	8〜22	24〜40	22〜39
こんぶ	10〜11	13〜15	37〜45	18〜23
あらめ	10〜22	15〜24	41〜52	15〜32
ひじき	21〜28	29〜37	39〜43	28〜53
さやえんどう	0.5	16	21	－
キャベツ	2	21	57	25
はくさい	4	38	45	－
青ねぎ	2	41	61	52
ほうれんそう	1	8	11	－
だいこん	1	18	34	33
にんじん	1	15	25	22
かぶ	2	50	63	43
れんこん	23	59	63	70

（山野澄子：調理科学，4，78，1971）

2 調理による栄養学的・機能的利点

2.1　非加熱調理による栄養学的・機能的利点

（1）酵素反応の利用および抑制

　生鮮食品中にはいろいろな酵素が存在し，温和な条件でも化学反応が起こる。野菜や果実等の植物性食品は，収穫後も呼吸をしているため，組織の硬化や色調の黄変，果肉の軟化等が起こる。動物性食品は，捕獲（屠殺）後に呼吸や血液循環が停止すると死後硬直が生じ，たんぱく質分解酵素の作用で自己消化されて軟化し，腐敗へと進行する。

　各種食品の品質に影響を与える酵素を表4-4に示した。大部分の酵素は，加水分解酵素（表4-5）と酸化還元酵素（表4-6）であり，これらの酵素反応の抑制が不十分であると，栄養価の低下や品質の劣化を招くことになる。そのため，生鮮食品を扱う場合は，ブランチングによる酵素の失活，低温・凍結による酵素反応速度の遅延，真空等低酸素下での保存，pHの調節，阻害剤の添加等を行う。

　一方，酵素を上手に利用することで硬い食品を軟らかく食べやすくしたり，官能基の多い

表 4-4　食べ物のおいしさにかかわる主要な酵素

触媒作用	酵素名
色・香味の変化	ポリフェノールオキシダーゼ，ペルオキシダーゼ，クロロフィラーゼ（色の変化） C-S リアーゼ，ミロシナーゼ（香味の生成）
味の変化	アミラーゼ，ホスホリラーゼ（炭水化物の分解） プロテアーゼ（たんぱく質の分解） リパーゼ，リポキナーゼ（脂質の劣化） ヌクレオチダーゼ，デアミナーゼ（核酸の分解）
テクスチャーの変化	ペクチン分解酵素，リグニン化に関与する酵素
栄養素の変化	チアミナーゼ（ビタミン B_1 の分解） アスコルビン酸オキシダーゼ（ビタミン C の酸化）

表 4-5　加水分解酵素

	酵素名	作用様式・利用	存在
糖質関係	α-アミラーゼ	でん粉中の α-1,4-グリコシド結合をアトランダムに加水分解し，デキストリンを生成。α-1,6-グリコシド結合には作用しない	麦芽
	β-アミラーゼ	でん粉の非還元末端より α-1,4-グリコシド結合をマルトース単位で加水分解し，マルトースを生成。限界デキストリンも生成	米飯の味や焼きいもの甘味に関与
	セルラーゼ	セルロース→グルコースに加水分解する。しいたけ等の菌類，草食動物の消化管に生息する微生物が産生	しいたけ等菌類
	ラクターゼ	ラクトース→グルコースとガラクトースに加水分解 　※乳糖不耐症：ラクターゼの分泌が少ないとラクトースの分解吸収がされにくく，下痢を起こす	消化管
	ミロシナーゼ	シニグリン→アリルイソチオシアナートに分解。香芳と辛味を生成 シニグリン→4-メチルチオ-3-ブテニルイソチオシアナートに分解。辛味を生成	わさび 黒こしょう だいこん
	ペクチナーゼ	ペクチン酸やペクチンの α-1,4-ガラクツロニル結合を加水分解し，野菜・果実の軟化に関与	野菜類 果実類
	プロトペクチナーゼ	不溶性のプロトペクチン（未熟果実中）→水溶性のペクチン（成熟果実中）	果実類
	ラムノシダーゼ	ナリンギン→プルニン（ラムノースのみ脱離，苦味なし）。かんきつ類の苦味成分	夏みかん グレープフルーツ
	ナリンギナーゼ	ナリンギン→ナリンゲニン（アグリコン，苦味なし）と糖に加水分解する	
	ヘスペリジナーゼ	ヘスペリジン→ヘスペレチンと糖に加水分解。みかん缶詰の白濁防止	かんきつ類
脂質関係	リパーゼ	中性脂肪→脂肪酸とグリセロールに加水分解 　※フレーバー酵素：バター香の１つである遊離脂肪酸を生成	すべての生物
	クロロフィラーゼ	クロロフィル（緑色色素）→クロロフィリンとフィトールに加水分解	緑黄色野菜等
たんぱく質関係	キモシン（レンニン）	カゼイン→パラカゼイン（κ-カゼインの 105 番目のフェニルアラニンと 106 番目のメチオニンの結合を切断。カルシウムと結合すると凝固） 　※凝乳酵素：チーズ製造に利用	子牛の第４胃

たんぱく質関係	カテプシン	アスパラギン酸プロテアーゼで，肉の熟成に関与	筋肉中
	カルパイン	システインプロテアーゼで，カルシウムイオンで活性化。肉の熟成に関与	
	パパイン プロメリン フィシン アクチニジン ショウガプロテアーゼ マイタケプロテアーゼ	たんぱく質→オリゴペプチド→アミノ酸→熟成 缶詰やたんぱく質が変性する温度以上に加熱された場合は活性はない 肉にすり潰し汁をつけた場合，接触している部分のみ軟化し，内部は硬い。浸漬時間が長いと内部までドロドロになる	パパイア パインアップル いちじく キウイフルーツ しょうがの根 まいたけ
	ATP アーゼ AMP デアミナーゼ	食肉のうま味の生成に関与する酵素 ATP→ADP→AMP→イノシン酸(IMP，うま味物質)　↑　　　　↑　 ATP アーゼ　AMP デアミナーゼ	筋肉中

表 4-6　酸化還元酵素

酵素名	作用様式・利用	存　在
ポリフェノールオキシダーゼ（銅-たんぱく質）	ポリフェノール類を対応するキノン類に酸化する酵素で，食品の褐変に関与。カテコールオキシダーゼ，チロシナーゼ等がある o-ジフェノール類　　　　o-キノン →メラニン色素	野菜類 果実類 えび，かに
カテコールオキシダーゼ（ジフェノールオキシダーゼ モノフェノールオキシダーゼ）	クロロゲン酸→キノン類。さらに酸化・重合すると褐変 カテキン類→テアフラビン（赤色色素）	りんご，びわ，バナナ 紅茶
チロシナーゼ（モノフェノールオキシダーゼ）	チロシン→ DOPA（3,4-ジヒドロキシフェニルアラニン）。さらに酸化・重合するとメラニンを生成 チロシン→メラニン色素生成（えびむき身やえびの頭の黒変）　↑　 チロシナーゼ（えび体内組織中）	じゃがいも えび
ペルオキシダーゼ	野菜類のオフフレーバー，オフカラーの生成，リグニン化に関与。野菜中に存在し，酸化ストレスから生体を守っている	野菜類 わさび
リポキシゲナーゼ	リノール酸・リノレン酸→カルボニル化合物 アミノ化合物と縮合すると褐変。小麦粉中の色素の分解，脱色，豆類の青臭み，緑茶の香気生成	穀類や豆類の種皮，緑茶
アスコルビン酸オキシダーゼ（ビタミンC酸化酵素）	還元型ビタミンC→酸化型ビタミンC（DHA，デヒドロアスコルビン酸）。アミノ酸と反応し，ストレッカー分解によりデヒドロ-L-スコルバミン酸を生成し赤色～褐色の色素となる。アスコルビン酸を多く含む野菜やかんきつ類のジュース貯蔵中に見られる	かぼちゃ きゅうり にんじん もやし

（医療情報科学研究所編：『クエスチョン・バンク　管理栄養士国家試験問題解説 2014』，メディックメディア，p.365，2013を改変）

分子構造にして甘味を強くしたり，うま味を増したり，健康に寄与する成分をつくり出したりとプラスの効果が期待できる。

1）糖質の分解に関与する酵素

グルコースが多数重合したでん粉を加水分解する酵素がアミラーゼである。アミラーゼには，でん粉の分解様式によってα-アミラーゼ，β-アミラーゼ，グルコアミラーゼ，イソメラーゼ，プルラナーゼ，アミロ-1,6-グルコシダーゼ等がある。

さつまいものでん粉は，貯蔵中にβ-アミラーゼの作用でマルトースとデキストリンに分解されて甘味を増す。また，さつまいも中のβ-アミラーゼは70℃ぐらいまで活性があるため，50〜70℃での加熱が長く続くと甘くなる。この温度帯を短時間で通過する電子レンジは，オーブン加熱の焼きいもや石焼きいもより甘味が少ない。

野菜や果実に広く存在するペクチンは，α-1,4-ガラクツロン酸の重合体で，硬さに影響を及ぼしている。一般に，未熟果実のペクチン質はプロトペクチンが多く，成熟するにつれペクチン分解酵素の作用を受けてペクチンになり，軟らかくなる。さらに加熱するとペクチン酸となり，ペクチンが小さな分子に分解され，ゲル化する能力を失う。

動物中のグリコーゲンは，死後ホスホリラーゼの働きにより，加リン酸分解され，解糖系の酵素により乳酸になる。

2）たんぱく質の分解に関する酵素

プロテアーゼは，たんぱく質のペプチド結合を加水分解する酵素である。たんぱく質内部のペプチド結合に作用するエンドペプチダーゼと，末端から順次作用するエキソペプチダーゼ（N末端から分解：アミノペプチターゼ，C末端から分解：カルボキシペプチターゼ）がある。また，酵素の活性中心の構造から，セリンプロテアーゼ，チオールプロテアーゼ，アスパラギン酸プロテアーゼ，金属プロテアーゼ（銅・鉄等）の4群に分類される。

生物の死後は，細胞内のたんぱく質合成と分解のバランスが崩れ，プロテアーゼの作用が顕著になる。たんぱく質が酵素で分解されると，苦味ペプチドやうま味ペプチドを生成する。酵素作用で生じたアミノ酸やペプチドは，各種の成分間反応に関与し，味や色，香りの影響を及ぼす。

果実の中では，パインアップル，パパイア，キウイフルーツ，いちじく，プリンスメロン，なし等にたんぱく質分解酵素（プロテアーゼ）が多く含まれており，これらの果汁を肉の20〜50%用い，10〜120分浸漬すると，その酵素作用で肉を軟化する。また，香味野菜のしょうが汁を肉の3%，15分以上浸漬すると，ショウガプロテアーゼの作用による軟化のほか，芳香・消臭作用や脂肪の抗酸化性，胃での消化促進作用等の効果もある。

一方，プロテアーゼを多く含む果実を生でゼラチンゼリーに使うと，原料のゼラチンを分解しゲル化しにくくなるため，果実を加熱してから用いる必要がある。また，生のまいたけは卵液の凝固を阻害するため，茶碗蒸し等，卵を凝固させる料理には避ける。そのほか，納豆に含まれるナットウキナーゼが有名である。

3）油脂の分解に関する酵素

リパーゼは，中性脂肪（トリグリセリド）のエステル結合を加水分解し，脂肪酸を遊離す

る。生成した遊離脂肪酸が短鎖脂肪酸である場合はチーズ香，それより長い脂肪酸はミルク香，さらに長い脂肪酸はバター香を示す。

　きゅうりを切ったときの香りや，茶生葉の香気（青葉の香り），生大豆を破水したときのにおいはリポキシゲナーゼが関与している。これらの食品に含まれるリノール酸やリノレン酸等がこの酵素作用でフリーラジカルを生じる。さらに反応が促進すると，n-ヘキサナールやノネナール等の低分子アルデヒドやアルコールが生成される。きゅうりの香りはきゅうりアルコール（ノナジエノール）やスミレ葉アルデヒド（ノナジエナール）等である。大豆臭はn-ヘキセナール等で，豆腐のこくや風味に関与している。

4）酸化還元にかかわる酵素

　じゃがいもやりんご等を切ってそのままにしておくと褐変する。これは，じゃがいものチロシンやりんごのクロロゲン酸等のポリフェノール類が，切り口でポリフェノールオキシダーゼの作用を受けるためである。褐変を防ぐには水に入れ空気中の酸素と触れないようにし，さらに酵素活性を阻害するために塩を入れるとより効果がある。また，塩はアスコルビン酸オキシダーゼ活性を阻害するので，ビタミンCの酸化も抑えられる。

　ポリフェノール類の褐変反応は一般的に好ましくない劣化反応であるが，この反応を利用した食品として紅茶があり，赤色色素テアフラビンを生成させる。

5）ビタミンの変化に関する酵素

a．ビタミンC分解酵素（アスコルビン酸オキシダーゼ）
アスコルビン酸を酸化する酵素で，かぼちゃ，きゅうり，にんじん，かいわれだいこんに多く含まれる。だいこんとにんじんの紅葉おろしをすると，還元型ビタミンCは酸化され酸化型ビタミンCになる。さらに酸化型ビタミンCはジケトグロン酸へ変化し，紅葉おろし中の総ビタミンCは減少する。しかし，だいこんとにんじんを用いた紅白なますでは，脱水ために用いる食塩が酵素阻害剤として働く。果実をジュースにすると，ビタミンCは酸化されやすい。この酵素はクエン酸によって抑制されるので，ジュース作成時にレモン果汁を添加すると効果がある。

b．ビタミンB₁分解酵素（チアミナーゼ）
かつてはアノイリナーゼと呼ばれた魚介類等に含まれる酵素で，ビタミンB_1を破壊する作用がある。加熱することで破壊作用は失われる。猫にいかやたこを生で与えると腰を抜かすといわれるのは，チアミナーゼによりビタミンB_1が破壊されることによる症状のためで，人も生のいかなどを大量に摂取するとビタミンB_1欠乏により健康を害する可能性がある。

6）酵素によるフレーバーの生成

　たまねぎやにんにく等のねぎ類は，切断したりすりおろしたりすると特有のフレーバーを生じる。これはC-Sリアーゼ（アリイナーゼ）により，アルキル-L-システインスルホキシドが分解し，ジスルフィドを生成することによる。わさびの香りはアリルイソチオシアナートで，わさび配糖体シニグリンから生成する。マスタードはシナルビンからp-ヒドロキシベンジルイソチオシアナートを生成する（表4-7）。

　また，干ししいたけ特有の香りは，しいたけに含まれるペプチドのレンチニン酸が乾燥過程や水戻し中にC-Sリアーゼによってレンチオニンという芳香成分となったものといわれ

表4-7　フレーバー生成にかかわる酵素

酵素名	作用様式・利用	存在
C-Sリアーゼ（アリイナーゼ）	アルキルシステインスルホキシド→スルフェン酸→ジアルキルジスルフィド	ねぎ類全般
	レンチニン酸→レンチオニン	干ししいたけ
	アリイン→アリシン（にんにくの香り成分）	にんにく
ミロシナーゼ	カラシ油配糖体→イソチオシアナート	アブラナ科全般
	シニグリン→アリルイソチオシアナート	わさび，だいこん
	シナルビン→p-ヒドロキシベンジルイソチオシアナート	マスタード（洋からし）

ている。レンチオニンは，高い温度よりも低い温度で水戻しをした方がより多く生成される。調理の段階においても生成されるが，30分以上煮ると香りのほとんどが分解拡散するため，水戻しは低い温度，調理は短時間で行う。

（2）食べ物の安全性の向上

1）洗浄による除去

洗浄は食品に付着している汚れ，農薬や防かび剤等の有害物質，寄生虫や病原菌等を除去し，食品を衛生的で安全な状態にすることである。野菜を洗うときに中性洗剤を用いる場合は，洗剤の適正濃度を守り，洗剤が残留しないようによく水洗いをする。

2）包丁等による除去

食品の不消化部分や不可食部分を包丁や料理ばさみで除去し，安全性を高める。特に，ふぐ（テトロドトキシン）等の体内に毒性の高い成分を含む食品を扱うには，免許を要する。

3）酢洗い

魚介類の下処理として酢洗いを行うことがある。酢洗いは，表面を殺菌し生臭みを軽減する。

■ 2.2　加熱調理による栄養学的・機能的利点

（1）加熱による抗酸化成分の変化

食品の加熱調理によるβ-カロテンとビタミンCの損失率を表4-8に示す。

野菜に含まれる脂溶性ビタミンのβ-カロテンは，加熱による減少率は低い。脂溶性ビタミンであるため，油脂を用いた料理では腸からの吸収率が増加するといわれている。

野菜に含まれるビタミンCは水溶性ビタミンであるため，ゆで汁や煮汁に流出しやすい。ほうれんそうの場合，ゆで加熱では重量変化が70％と著しく，ビタミンCの残存率も38％と低いが，β-カロテンの残存率は90％である。

一般的に，食品を加熱するとビタミンCやポリフェノール等の抗酸化物質が酸化され，活性が低下すると考えられる。一方，野菜の細胞壁が加熱により軟化し，溶出しやすくなることから，加熱すると活性酸素のラジカル消去活性が高くなる場合もある。

また，加熱した温野菜は生より重量が減少するため，生野菜より多く摂取することができる。加熱により温野菜の抗酸化活性が減少しても，温野菜は量的に多く摂取することができ，

表4-8　食品成分の加熱調理中の変化

食品		日本食品標準成分値		重量変化率(%)	β-カロテン当量(μg)		ビタミンC(mg)	
		β-カロテン当量(μg)	ビタミンC(mg)		生100g中の換算値	残存率(%)	生100g中の換算値	残存率(%)
西洋かぼちゃ	果実, 生	4,000	43	100	4,000	100	43	100
	果実, ゆで	4,000	32	98	3,920	98	31	72
ほうれんそう(通年平均)	葉, 生	4,200	35	100	4,200	100	35	100
	葉, ゆで	5,400	19	70	3,780	90	13	37
赤ピーマン	果実, 生	1,100	170	100	940	100	170	100
	果実, 油いため	1,100	180	96	1,056	112	173	102
さつまいも	塊根, 皮つき, 生	40	25	100	40	100	25	100
	塊根, 皮つき, 蒸し	45	20	99	45	100	20	80
	塊根, 皮つき, 天ぷら	58	21	98	57	98	21	100
じゃがいも	塊根, 皮なし, 生	3	28	100	3	100	28	100
	塊根, 皮なし, 電子レンジ	2	23	93	2	100	21	91
	塊根, 皮なし, 水煮	3	18	97	3	100	17	94

（文部科学省：『日本食品標準成分表2020年版（八訂）』, 2020）

結果的に抗酸化物質も多く摂ることができるようになる。硬い食物繊維の生野菜を食するよりも，加熱により細胞が軟化した温野菜を汁とともに摂取することが推奨される。

（2）加熱によるアミノカルボニル反応生成物

　肉やもち等の糖とアミノ酸を含む食品を適度に加熱すると，香ばしい芳香が生じる。これは，食品中でアミノ酸やペプチド等のアミノ基とグルコース等のカルボニル基が反応したためで，この反応をアミノカルボニル反応（メイラード反応）という。この反応では，初期段階でアマドリ転移生成物を形成し，中期段階で重合し，最終段階でメラノイジンという褐色色素を有する物質を形成する。

　アミノカルボニル反応によって生じた低分子化合物には，フルフラール等の中間体や，ス

トレッカー分解で生成したアルデヒド類，さらに反応が進んで生成されるピラジン類がある。これらの反応生成物は抗酸化性を示す物質が多い。

（3）食べ物の安全性の向上

　大豆には，たんぱく質の消化を阻害するトリプシンインヒビターや溶血物質であるサポニン，金属結合物質であるフィチン酸等が含まれている。トリプシンインヒビターは腸内に分泌されるたんぱく質分解酵素トリプシンに結合し，トリプシンの作用を阻害する物質である。しかし，たんぱく質の一種であり，加熱すれば失活する。

　サポニンは界面活性作用があるため細胞膜を破壊したり，血液に入った場合には赤血球を破壊（溶血作用）する。フィチン酸は無機質（ミネラル）をキレートするため，必須ミネラルの摂取量が著しく低い発展途上国の子ども等には好ましくない。しかし，サポニン，フィチン酸等の可溶性成分は，加熱中ゆでこぼしをすると除去され，栄養性は向上する。一方，近年サポニンは糖尿病予防，血圧降下，コレステロール低下等，フィチン酸は抗腫瘍，ビフィズス菌増殖，抗酸化作用等の生体調節機能が見出されている。

　ほうれんそう等の葉物野菜は一般に硝酸塩を多く含むため，ゆでて用いる。硝酸塩は体内に入って亜硝酸塩に変わり，魚類に含まれるジメチルアミン類と結合すると人体には有害なジメチルニトロソアミンを生成する。

　食品中に含まれる有害と思われてきた成分も，近年では機能性の面から適度に摂取することが推奨される成分が多い。栄養性や嗜好性を低下させる場合は調理による除去を行い，また，他方では機能性を生かす調理を工夫することが望ましい。

（4）加熱による有害成分の生成と摂取上の留意点

　燻製肉製品や焼き魚に含まれるベンゾピレンは，DNA（デオキシリボ核酸）中のグアニジン残基と結合して強い変異原性を示す。また，焼き魚の焦げの部分等にはヘテロサイクリックアミン類が含まれる。また，コーヒーやみそ，しょうゆに含まれるアミノカルボニル反応生成物のヒドロキシメチルフルフラールや，そのほかの中間体も変異原性を示す。

　また，油脂を加熱すると種々の有害アルデヒドが生成する。中でも揚げ物の胸やけの原因物質であるアクロレインは強い毒性を示すことが知られている。アクロレインは発がん性のあるアクリルアミドの生成に関与している。

　これらの有害物質を含む食品を摂取する場合は，ビタミンC，β-カロテン，ビタミンE，ポリフェノール類等，抗酸化作用のある成分を含む食品を同時に摂取することが望ましい。

■ 2.3　調味料による栄養学的・機能的利点

　調味料は食品自体がもっている味に，甘味，塩味，酸味，うま味を与え，香辛料は芳香や辛味の付加，着色をするために用い，食事をおいしくしたり，食欲を増進させたりする。このような風味増強効果のほか，いろいろな生体調節機能が知られている。

（1）発酵食品と食塩の機能性

1）しょうゆ

　　a．うま味成分の生成　　しょうゆは蒸煮大豆と小麦に麹菌を接種し，食塩水を加え

て仕込み，6～8か月熟成させたものである。醸造過程でしょうゆ中の種々のたんぱく質分解酵素により分解され，低分子化されたアミノ酸やペプチドは，しょうゆの重要なうま味成分となる。また，乳酸菌や酵母が増殖し，乳酸や酢酸の生成，アルコールや多種類の香気成分が形成される。

　　b．香気成分の生成　　加熱すると，アミノカルボニル反応生成物等により芳香が生成される。反応生成物は，魚の生臭さを除去する。

　　c．生体調節機能　　原料の小麦には小麦アレルゲンが含まれるが，熟成中に低分子化され，火入れ後では小麦アレルゲンは完全に分解される。一方，大豆中の多糖類が麹菌酵素により分解されたしょうゆ多糖類（PPS）は，強い抗アレルギー作用をもつ。

　しょうゆ中には血圧上昇に関与するアンギオテンシン変換酵素（ACE）活性を阻害するニコチアナミンという物質が存在し，血圧上昇抑制作用が確認されている。

2）み　　そ

　　a．風味の生成　　米みそ，麦みそ，豆みそに分けられる。米みそは，蒸米に麹菌を接種して麹をつくり，これに蒸煮大豆をすり潰して食塩水と混合し，長期間発酵，熟成させたものである。麦みそは，米の代わりに裸麦や大麦を用いて製麹したものである。豆みそは，蒸煮大豆をすり潰し，成形してみそ玉をつくり，麹菌を接種し，これに食塩水を加えて仕込み，発酵，熟成させたものである。たんぱく質の約 25％がアミノ酸まで分解され，そのほか遊離の糖，脂質，熟成中に形成される発酵香が加わり，特有の風味を形成する。

　　b．矯臭作用　　肉類や魚類をみそ煮，みそ漬けにすると，みそのコロイド粒子が臭みを吸収するとともに，加熱することにより出るみその香気成分が臭みをカバーする。

　　c．生体調節機能　　調味料としての特性のほか，緩衝作用，抗酸化作用，抗変異原作用，抗腫瘍作用，血圧降下作用，血中コレステロール低下作用等が知られている。

3）食　　塩

　料理の塩味は 0.6～1.2％前後である。甘味をもつ食品に少量の塩を用いると甘味が引き立つことを対比効果という。また，酸味の強い食品に少量の塩を加えると酸味が抑制される。これを抑制効果という。表 4-9 に食塩の調理機能を示す。

　　a．浸透と脱水　　野菜に塩をかけると脱水軟化し，塩味もつく。これは野菜に浸透圧（0.85％食塩水と同じ）以上の食塩をかけると，浸透圧の差により野菜の細胞内液の水分が，半透膜である細胞膜を通って細胞外液の方へ引き出されて脱水するためである。その後，細胞膜も半透性を失い，塩等が自由に細胞内液に入って野菜に味がつく。塩もみや漬物の原理である。

　また，魚に 1％の塩をかけると脱水し，同時に魚の生臭みも流出し，塩味もつく。

　　b．防腐作用　　漬物，佃煮，魚の干物，塩蔵品では多量の食塩（5～30％）を用いる。食品中の自由水に食塩が溶けて水分活性が下がるので，有害な微生物の繁殖が抑えられ，保存が可能になる。

　　c．発酵調整作用　　食塩を用いると，しょうゆやみその糸状菌，酵母菌，パン生地の酵母菌，漬物の乳酸菌等の増殖をコントロールできる。塩分濃度を変えることにより適度に

表4-9 食塩の調理機能

	調理機能	食べ物の例
味への作用	・塩味を呈する	調理一般
	・甘味およびうま味を強める：対比効果 （砂糖＋少量の食塩） （うま味成分＋少量の食塩）	ぜんざいに塩（こんぶ） だし汁に食塩
	・酸味を弱める：抑制効果 （酢＋食塩）	すし飯
たんぱく質 への作用	・熱凝固を促進する ・小麦粉グルテンの形成を促進し，粘弾性を高める ・アクトミオシンの形成を促進し，魚肉や食肉の粘 　弾性を増す	肉・魚・卵料理 パン，めん，ぎょうざの皮 かまぼこ，すり身
浸透と脱水 作用	・細胞内の水分を放出し，テクスチャーを変える ・魚の臭みをとる	漬物 魚に1％の塩（振り塩）
酵素活性の 抑制作用	・ポリフェノールオキシダーゼの活性を抑制して， 　褐変を防ぐ ・魚の臭みをとる ・ビタミンCの酸化を抑える	野菜・果実を塩水に浸ける 魚に1％の塩をふる（振り塩）
防腐作用	・水分活性を低下させ，微生物の繁殖を抑制する	漬物，塩蔵品
その他の 作用	・クロロフィルを安定させる ・粘質物を除去する ・収縮，硬化を防ぐ ・魚介類の塩素消毒	緑黄色野菜をゆでる際に塩を添加 さといも，魚介類のぬめり除去 湯豆腐

調節され，よい製品となる。

　d．たんぱく質への作用　　パン，ぎょうざの皮，うどんをつくるときに少量の塩を加える。小麦粉に水を加えて練ると，小麦粉中のグリアジンとグルテニンはグルテンを形成する。このときに食塩を入れるとグリアジンの粘性が増大し，グルテンの網目構造が緻密になり，伸展性がよくなる。

　魚のすり身に2〜3％の食塩を添加してすり潰すと，筋原線維たんぱく質中のアクチンとミオシンはアクトミオシンを形成し，保水性を増しゾル状になる。

　4）食　　酢

　a．酵素活性阻害作用　　ポリフェノールオキシダーゼはpHが低いと活性が阻害されるので，ごぼうやれんこんは3〜5％の食酢液に浸けると褐変が抑えられる。

　b．たんぱく質への作用　　酢はたんぱく質の熱凝固を促進する。落とし卵をつくるとき，2〜3％の酢をゆで汁に加えると卵白が凝固しやすくなる。魚を塩でしめてから，酢に漬けると白く凝固する。これは，ミオシンが塩の存在下の酸性域で不溶化するためである。

　c．防腐，静菌作用　　細菌類は乳酸菌を除いて耐酸性が低い。酢の物のpHは3.5〜4.2であるため，その生育は抑制される。酢の0.5％程度の食塩があると抗菌効果が高まるため，酢飯や酢漬けは日持ちがよい。

d．えぐ味除去，魚臭の除去，粘質物質の除去　　さといも，やつがしら，ごぼう等のえぐ味は酢洗いや，酢を加えてゆでると消失する。また，魚の生臭さの主成分であるトリメチルアミンは酢（酸）で中和するためににおいが抑制される。

　e．酢の生体調節機能　　食後の内臓脂肪減少効果，血中脂質減少効果，血糖値上昇抑制効果，血圧低下作用，カルシウム吸収促進作用が知られている。

　表 4-10 に食酢の調理機能を示す。

表 4-10　食酢の調理機能

	調理機能	食べ物の例
味への作用	・酸味を呈する ・塩味を弱め，塩味をまるくする：抑制効果	調理一般，二杯酢，三杯酢 すし飯
たんぱく質への作用	・熱凝固を促進させ，硬くする ・たんぱく質を凝固させ，身をひきしめる	ポーチドエッグ 魚の酢じめ
物性への作用	・魚の骨を軟化させる ・細胞内の水分を引き出し（脱水作用），テクスチャーを変化させる	小魚のマリネ 酢の物
防腐防止・殺菌作用	・微生物の繁殖を抑制する	酢漬け，魚の酢洗い
酵素活性の抑制作用	・褐変防止（ポリフェノールオキシダーゼの活性を抑制） ・辛味を安定させる（ミオシナーゼの活性を抑制） ・ビタミンCの酸化防止	れんこん，ごぼうを酢水に浸ける だいこんおろし 生野菜にレモン汁
色素への影響	・フラボノイド色素を白くする（色止め） ・アントシアニン色素を赤色に発色させる ・クロロフィル色素を黄褐色にする	カリフラワーのゆで物 筆しょうが，梅干し きゅうりの酢の物
魚臭除去作用	・トリメチルアミンを酢酸と結合させ，生臭みを除く	魚の酢洗い
その他の作用	・ぬめりの除去	さといも，貝類

（2）香辛料（スパイスとハーブ）の機能性

　香辛料は，主に熱帯や亜熱帯地域の植物の種子，果実，根茎，葉，木皮，花，蕾等から得られ，スパイスと呼ばれる。ハーブは香草系香辛料としてスパイスの一部に位置づけられ，シソ科，セリ科，アブラナ科，キク科，ユリ科等の草本植物が用いられる。これらは薬草として利用されてきたものが多い。

1）賦香作用と消臭作用

　香辛料はそれぞれ特有の香りを有し，食品に芳香をつける賦香作用や，肉類や魚介類のにおいを消すマスキング作用がある。香りの成分は精油（エッセンシャルオイル）といい，水蒸気蒸留法等で得られる。

　香辛料の香気成分の特徴は，極めて微量でも認識でき，ミント中のメントールは $1\mu g/100g$ の超微量でも感知できる。香辛料は大きく，香りをつける目的で使うもの，辛味，酸味，甘

表4-11　香辛料（スパイス・ハーブ）の特性による分類

分　類		
賦香性（香りづけ）	香　り	アニス，あさつき，オレガノ，オールスパイス，カルダモン，カモミール，クミン，クローブ，こしょう，ごま，コリアンダー，さんしょう，しそ，スターアニス，シナモン，セージ，すだち，タイム，たまねぎ，エストラゴン，チャービル，ディル，ナツメグ，にんにく，バジル，ベイリーフ，パセリ，バニラ，フェンネル，ミント，ゆず，よもぎ，ライム，レモン，レモンバーム，レモングラス，ローズマリー
	辛　味	オールスパイス，クローブ，こしょう，シナモン，たまねぎ，ナツメグ，にんにく
	酸　味	すだち，ライム，レモン，ゆず
	甘　味	シナモン，ナツメグ
	苦　味	オールスパイス，カルダモン，クローブ，クミン，コリアンダー，シナモン，ターメリック，タラゴン，チコリ，ローズマリー
	色	くちなし，サフラン，ターメリック，パプリカ
矯臭性（におい消し）	香　り	オレガノ，キャラウエイ，クローブ，コリアンダー，しょうが，すだち，タイム，たまねぎ，にんにく，ねぎ，ローズマリー，セージ，わさび，レモン
	辛　味	からし，しょうが，たまねぎ，とうがらし，ねぎ，マスタード，わさび
	酸　味	すだち，ライム，レモン，ゆず

味，苦味等の香味をつける目的で使うもの，色をつける目的で使うものに分類することができる。主な香辛料の嗜好性に及ぼす分類を表4-11に示す。

2）抗酸化性，防腐性

　香辛料は，食品中の脂質酸化を抑制する抗酸化作用をもつ。ソーセージ等の製造時にセージやこしょう等を用いるのは，風味をつけるとともに豚肉の酸化を防ぎ保存性をよくするためである。こしょうのピペリンが知られている。

　また，とうがらしのカプサイシノイド等は，カビ，酵母，食品腐敗菌等に対する抗菌作用を示すものが多く，食品の保存性を高める。主に香辛料の精油成分や辛味成分に抗菌作用がある。

3）生体調節機能

　香辛料は，抗炎症抑制作用，発がん抑制作用，血小板凝集抑制作用，抗潰瘍作用，体熱産生亢進作用等，食品の第三次機能といわれる生体調節機能をもつ。日本において，民間で伝承的に利用されてきたものも多い。

　a．血小板凝集抑制機能　血小板が血管の中で凝集し，血栓を形成すると脳梗塞や心筋梗塞等を引き起こすことがある。にんにく，たまねぎ，にら等のネギ属に含まれるメチルアリルトリスルフィド，ジメチルアリルトリスルフィド，アホエン等の含硫化合物が血小板凝集抑制作用を示す。そのほか，わさび中のメチルスルフィニルイソチオシアナートの血小板凝集阻害が知られている。にんにくは血圧降下，血中コレステロール低下に加え，疲労回復の生理活性も有する。

　b．発がん抑制活性，抗腫瘍活性　からし等に含まれるイソチオシアナートはスー

パーオキシドアニオンや一酸化窒素の発生を抑えて発がんや腫瘍化を防ぎ，化学的な抗がん剤となる。これらはさまざまなレベルで働き，特に，シトクローム p450 の働きを阻害して発がんを防ぐ作用が知られている。その他，にんにく，こしょう，ごま，しょうが，たまねぎ，バジル，はっか，あさつき等に発がん抑制や抗腫瘍の可能性があるといわれている。

c. 抗潰瘍機能　　しょうが，とうがらしは健胃効果や消化促進等の効果があるとして，伝承的に用いられてきた。特に，しょうがのジンゲロールは吐き気や食欲不振を改善し，健胃剤として知られる。そのほか，わさび，とうがらし，しそ，はっか，よもぎ等の健胃作用が知られている。

d. 体熱産生亢進機能　　とうがらしのカプサイシン，こしょうのピペリン，しょうがのジンゲロールを摂取すると体が熱くなり，発汗する。これらを摂取することにより交感神経が刺激され，カテコールアミンの分泌を促すことによる。カテコールアミンはグリコーゲンやトリグリセリドの分解を促進する。生成された分解生成物が筋肉に運ばれ燃焼することにより体熱が産生される。

（3）砂糖の機能性

砂糖は甘味が安定していることから，甘味料として広く利用されている。また，砂糖は防腐効果があることから，古くから果物等の砂糖漬け等として用いられてきた。そのほかにも表 4-12 に示すように，いろいろな調理機能を有する。

表4-12　砂糖の調理機能

	調理機能	食べ物の例
味への作用	・甘味を呈する ・塩味，酸味，苦味の抑制効果	調理一般 コーヒーに砂糖
たんぱく質への作用	・卵白の泡を安定化させる ・熱凝固を遅らせ，軟らかく仕上げる ・肉質軟化	メレンゲ プディング 肉に砂糖をもみ込む
炭水化物への作用	・糊化でん粉の老化を遅らせる ・ペクチンのゲルを形成する ・アミノカルボニル反応を促進し着色，着香する	求肥，カステラ ジャム，マーマレード カステラ，ホットケーキ
保水作用	・乾燥を防止し，品質を保持する ・香気を保持する（保香性）	練ようかん ジャム，マーマレード
物性への作用	・ゼリーのゲル強度（離漿防止）を高める。透明度を出す ・つやを出し，粘性を高める ・結晶をつくる	寒天ゼリー，ゼラチンゼリー あめ，きんとん 金平糖，あめ細工
防腐作用	・微生物の繁殖を抑制する	砂糖漬け
酸化防止作用	・共存する脂肪分の酸化を遅らせる	バタークッキー
その他の作用	・イーストの発酵促進 ・高温加熱によりカラメル化し，着色する（褐色） ・比重を高める	パンの生地 カラメルソース 杏仁豆腐

〈参考文献〉

・川端晶子，畑明美：『N ブックス　調理学』，建帛社（2008）

・森高初惠，佐藤恵美子編著：『N ブックス　調理科学　第 4 版』，建帛社（2016）

・大越ひろ，高橋智子編著：『管理栄養士講座　四訂　健康・調理の科学—おいしさから健康へ—』，建帛社（2020）

・松本仲子監修：『調理のためのベーシックデータ　第 5 版』，女子栄養大学出版部（2018）

・木戸詔子，池田ひろ編：『新食品・栄養科学シリーズ　調理学　第 3 版』，化学同人（2016）

・江指隆年，森高初惠，渡邊智子：『サクセス管理栄養士講座　食べ物と健康Ⅲ　第 2 版』，第一出版（2014）

・文部科学省科学技術・学術審議会資源調査分科会：『日本食品標準成分表 2020 年版（八訂）』（2020）

・渡邊智子ほか編：『食べ物と健康　食事設計と栄養・調理』，南江堂（2014）

・丸山務，下村道子，藤原靖子ほか：『調理理論』，全国調理師養成施設協会（2009）

・畑井朝子，渋川祥子編著：『ネオエスカ　調理学　第 2 版』，同文書院（2006）

・山崎清子，島田キミエ，渋川祥子ほか：『NEW　調理と理論　改訂版』，同文書院（2011）

・畑江敬子，香西みどり編：『スタンダード栄養・食物シリーズ 6　調理学　第 2 版』，東京化学同人（2011）

・蟹沢恒好，山口雄三，服部達彦：微生物リパーゼによる乳製品フレーバーの製造，日本食品工業学会誌，29，693-699（1982）

・久保田紀久枝，森光康次郎編：『スタンダード栄養・食物シリーズ 5　食品学—食品成分と機能性—　第 2 版・補訂』，東京化学同人（2011）

・大羽和子：新鮮野菜のアスコルビン酸オキシダーゼ，日本調理科学会誌，29，120-124（1996）

・古林万木夫：醤油の機能性に関する研究，生物工学会誌，86，65-72（2008）

・Kondo T., Kishi M., Fushimi T., *et al*：Vinegar Intake Reduces Body Weight, Body Fat Mass, and Serum Triglyceride Levels in Obese Japanese Subjects, Bioscience, Biotechnology, and Biochemistry, 73, 1837-1843（2009）

・岩井和夫，中谷延二編著：『香辛料成分の食品機能』，光生館（1989）

・医療情報科学研究所編：『クエスチョン・バンク　管理栄養士国家試験問題解説』，メディックメディア（各年）

第5章　献 立 作 成

【学習のポイント】

1．献立作成にあたって，栄養計画，食事計画，献立計画について理解
　し，献立作成上の条件および作成手順について学ぶ。
2．食品の食品群別分類，食品群ごとの食品の種類，作用，栄養素の特
　徴を理解し，食品構成基準の作成手順について学ぶ。
3．食事バランスガイドの目的とその特徴を理解し，栄養素レベル，食
　品レベル，料理レベルの3つの視点について考える。
4．日本食品標準成分表の目的および見方，活用法について具体的に理
　解する。
5．供応食や行事食の特徴，供食のあり方，食事の際の食卓構成，食事
　環境を構成する時間，食事，空間についての基本的な内容を学習する。

　本章では，人びとの健康づくりのために，食事のバランスを考えた献
立を作るための基礎を修得する。日常的に食べる食事は，衛生的に安全
であり，栄養面，嗜好面を満たし，さらに生理的・心理的にも満足でき
ることが望ましい。そのため，食品のさまざまな特性を理解し，献立の
作成に至るまでの知識と理解を深める。

1 献立作成条件と手順

1.1 献立作成

現代は食生活の多様化に伴い，食事の種類も，目的別，料理様式別等さまざまである。目的別では，日常食，供応食，行事食，特殊栄養食等に区分され，料理様式別では，食文化を背景にして日本料理，中国料理，西洋料理，その他の料理様式に，食事の場による分類としては，内食，外食，中食に区分される（表5-1）。それぞれの食事に対応して，対象者の給与栄養目標量が設定できれば，献立作成（具体的な食事計画）を行うことができる。

表5-1 食事の種類

摂取目的別食事	食文化を背景とした料理様式別食事	食事の場による分類
① 日常食 （乳・幼児期食，学童期食，思春期食，成人期食，高齢期食等） ② 供応食 ③ 行事食 ④ 特殊栄養食 （妊婦・授乳婦食，治療食，スポーツ栄養食，労働栄養食等） ⑤ 特定給食施設食 （学校給食，事業所給食，福祉施設給食，病院給食，自衛隊給食等）	① 日本料理様式の食事 （本膳料理，会席料理，懐石料理，精進料理，普茶料理等） ② 中国料理様式の食事 （北京料理，広東料理，上海料理，四川料理等） ③ 西洋料理様式の食事 （フランス料理，イタリア料理，スペイン料理，ロシア料理等） ④ その他の料理様式の食事 （折衷料理，エスニック食・フュージョンフード）	① 内食事（内食） 家庭内で調理して食べる食事 ② 外食事（外食） 家庭外の飲食施設で食べる食事 ③ 中間食（中食） 家庭や職場において，惣菜，弁当等調理済み食品のテイクアウトによる食事

（森高初恵，佐藤恵美子編著：『Nブックス 調理科学 第4版』，建帛社，p.96，2016）

（1）栄養計画・食事計画・献立計画

1）栄養計画

栄養計画を立てる際，給与エネルギー量と給与栄養素量の計画において，アセスメントの結果を踏まえた適正な給与栄養目標量を設定し，エネルギー収支のバランスを適正に保つことが栄養管理上の基本である。食事摂取基準で示される栄養素は，推定平均必要量，推奨量，目安量，耐容上限量が優先され，次に目標量について考えることが望ましい。三大栄養素のエネルギー比率については，日本人の食事摂取基準（2020年版）で示された「エネルギー産生栄養素バランス」に基づき，目標量（％エネルギー）として男女ともに，たんぱく質13〜20％，脂質20〜30％（成人の場合，飽和脂肪酸7以下），炭水化物50〜65％とする。そのほかの栄養素のビタミンA・B_1・B_2・C，カルシウム，鉄，食塩，食物繊維も不足する人の確率が低くなるよう設定する。

2）食事計画

食事計画にあたって，考慮するエネルギーならびに栄養素の優先順位は，①エネルギー，②たんぱく質，③脂質（％エネルギー），④日本食品標準成分表2020年版（八訂）に収載さ

れているその他の栄養素等となる。実際の活用時には，さらに具体的な①エネルギー，②たんぱく質，③脂質，④ビタミンA・B₁・B₂・C，カルシウム，鉄，⑤飽和脂肪酸，食物繊維，ナトリウム（食塩），カリウムであるが，そのほかの栄養素で対象集団にとって重要であるものは考慮する。

食事計画は，対象者に提供する食事の計画を，栄養計画に従って立てることである。その際，朝・昼・夕食の構成割合や食品群，提供時の食事の形態（硬さ，大きさ等），献立の形態（主食，主菜，副菜等の組み合わせ），給食数，食事時間，量，味，供食温度等も考えて計画する。

a．朝・昼・夕食の構成割合　食事計画を立案する際，朝食・昼食・夕食から摂取するエネルギー・栄養素量の構成割合（配分）を設定することにより，食事間の偏りを小さくすることができる。給与栄養目標量の配分は，1人1日当たりの給与栄養目標量を決めた後，朝食・昼食・夕食について，対象者の食習慣や食生活実態により，3食均等配分，あるいは朝食を少し軽く，昼食・夕食を少し重くする等の方法がある。一般的には，朝食20〜25%（2/8），昼食と夕食35〜40%（3/8），すなわち，朝：昼：夕は1：1.5：1.5の配分がよく使用される。1日の食事計画は，エネルギー・栄養素レベル，食品レベル，料理レベルで考えるが，最終的には料理レベルで考えた献立作成が重要となる。

b．食事バランスガイドを活用した成人一般向けの1日の食事計画　喫食者の1日の活動量やライフスタイルに見合った，各料理区分（主食・主菜・副菜等）の適量範囲を考え，食事を組み立てる方法を提示する。食事の組み立て方法は，性・年齢・体位と活動量から，1日に何をどれだけ食べたらよいか，食事の目的と好み等から料理の内容（主材料，調理法，味付け等）を考えて，バランスよく料理を組み合わせる。

3）献　立　計　画

a．献立および献立表　献立（menu）は，1回に提供する食事の料理構成を表し，主食，主菜，副菜の料理を組み合わせることが一般的である。献立表は献立を記したもので，1回の食事を単位として，料理や食品の組み合わせ，料理名のみ，料理ごとの主材料，使用食品を記載したもの等示し方はさまざまである。

b．献立計画　献立計画は，日常食あるいは給食の目的に沿って，栄養量，食品構成，喫食者の嗜好，季節，調理法，色彩の調和，調理する側の諸条件を考慮して料理を考え，組み合わせることである。献立は，一定期間（1週間，1か月等）を立案するが，連続した食事内容のバランスが図れるよう考慮して計画する。

給食では献立計画を基に，調理前に食品構成に見合う1食分または1日分を作成する予定献立，調理時に生じる変更（材料の変更，調味料等の重量の増減等）を訂正記入した実施献立を作成する。実際の給食施設における業務では，栄養士・管理栄養士は主に献立作成を担当する。作成された献立表に基づいて，食品の調達，調理，供食がなされ，さらに食事を評価し，マネジメントサイクル（PDCAサイクル）で献立を管理する。献立表は給食運営実務の中心的役割をもっている。献立立案では，利用者の多様なニーズ（needs）・ウォンツ（wants）を満足してもらえるように数多くの食品選択や料理，行事食や季節料理（春夏秋

冬の料理）等楽しみにつながる計画を立てることが大切である。

　　c．給食の献立表を作成するときに考慮すべき項目　　考慮すべき項目は，給与栄養目標量，食品構成基準，嗜好，供食形態（単一定食方式，複数定食方式，カフェテリア方式等），設備状況，調理人員，給食材料費，調理時間，給食数等である。献立表に盛り込む事項は，献立名，食品名，1人分の純使用量，調理の指示等があげられる。献立表は，給食提供の目的（喫食者の健康保持，作業能率の向上等）に合わせて，料理の種類を組み合わせ，調理を指示する等，具体的に定める計画表でもある。

（2）献立作成上の条件

　献立の立案では，栄養バランス，見た目，おいしさを考慮した料理をつくることを目標にしながら，「主食，主菜，副菜，副々菜，汁物，デザート」の順に組み合わせを考えると作成しやすい。

1）料理の組み合わせ

　実際の料理の組み合わせは，料理様式（和食，洋食，中華食，折衷料理），調理方法（焼く，煮る，揚げる，炒める，蒸す，煮込む，和える等），季節感等を考慮して，1サイクルの献立（サイクルメニュー：期間献立）に変化をつけるとよい。

2）期間献立

　期間献立を考える際，まず，①料理の中心となる主菜の主要たんぱく質源の食品をどのように取り入れるかを決める。次に，②どのような調理法を採用するか決める。続いて，③主要たんぱく質源別の期間当たりの使用頻度と調理法別の回数をチェックしながら，期間献立に変化をつける。献立がマンネリ化しないように工夫することが非常に大切である。なお，朝・昼・夕食の1人1食当たりの食品使用総量は500〜600 gが目安となる。

3）献立立案

　対象集団の給食施設においては，献立には変化をもたせ，調和を図るために，期間単位（1年間，1か月間，1週間）で計画を立てることが必要である。献立の立案は，管理栄養士・栄養士が中心となり，施設管理者，調理担当者，利用者の代表により行われることが多い。立案者は，栄養，食品，生産（調理），衛生，保存等に関する知識・理論と実践力が要求されるので，新しい食情報のほか調理法等についても，常に研究することが必要である。

　年間計画では，過去1年間に実施した献立内容，利用者の嗜好，食品コストの変動等を参考にして，各施設の年中行事に合わせて特別食（行事食）も加えて立案する。月間・週間（旬間）計画では，一定期間内（1〜4週間）で，主食・主菜の使用食品の種類，料理様式，調理方法等が重複しないように，期間を定めて変化のある献立計画を立てる。

（3）献立作成の手順

　献立構成は，料理の組み合わせを主食，主菜，副菜（および副々菜），汁物，デザートの順に基本として考え，供食方法によって変化をつけるとよい。

1）作成手順

　　a．主　食　　主食は，穀類の米，小麦等，炭水化物を多く含む食材を用いた料理で，飯，かゆ，パン，めん，パスタ等が食事を構成する中心的な代表料理である。栄養学的には主に

炭水化物の供給源となる。重量では1食のエネルギーの約50〜60％程度を，主食として摂取する。食事バランスガイド（p.150参照）では，飯100gに含まれる炭水化物約40gを物さし（1SV）として，パンやめん類等の重量を整理することになった。以下の主菜，副菜等にも1SVの目安量が示されている（p.155，表5-7参照）。

　　b．主　菜　　主菜は，副食の中心であり，献立の核となる料理で，魚介類，獣鳥肉類，卵類，大豆および加工品等の良質のたんぱく質が主体となる食材を用いた料理である。例えばハンバーグ，焼き魚，卵焼き，冷や奴等がある。栄養学的には良質たんぱく質と脂質の供給源となる。1食に1品が望ましい。料理様式（和風，洋風，中華風等），調理方法や味付け，料理名を決める。

　　c．副　菜（および副々菜）　　副菜は，野菜類，いも類，豆類，きのこ類，藻類等を主材料とする料理である。栄養学的には，主に各種ビタミン，ミネラル，食物繊維の供給源となる。主菜とのバランスを考えた料理である。副々菜は，主菜や副菜に用いなかった食材を用いてつくる料理である。

　　d．汁　物　　汁物は，主食，主菜，副菜に調和して食事を満足させる役割が大きい料理であり，ことに高齢者には汁物が加わると食べやすい食事となる。汁の実の種類や量は，季節感や食品構成を考慮して調和させるとよい。

　　e．デザート　　デザートは，全体の栄養バランスをみて決める。季節の果実やカルシウムを補うための乳類等を使った菓子等を組み合わせて，食事に楽しみや精神的安らぎを与える工夫が必要となる。

　給食の場合，健康増進法施行規則第9条に健康増進法第21条第3項に基づく特定給食施設における栄養管理基準が定められている。その運用の詳細は特定給食施設等における栄養管理基準の運用に関する通知の中にあり，食事の献立について，下記の内容が明記されている（平成15年4月30日健習発第0430001号厚生労働省通知）。

〈食事の献立〉（規則第2号より）

① 献立の作成
　ア．献立作成にあたり，喫食者の給与栄養量が確保されるよう施設における献立作成基準を作成するよう努めること。
　イ．食事の内容は，喫食者の身体状況，栄養状態，生活習慣，病状，治療状況，摂取量，嗜好等を考慮するよう努めること。
　ウ．献立の作成は，一定期間，具体的には1週間，旬間（行事等が行われる10日間），1か月を単位に予定献立を作成するよう努めること。なお，献立実施時に変更が生じた場合には，献立に明示するよう努めること。
　エ．献立は，喫食者に魅力ある給食とするため，各料理の組み合わせのほか，各地域の特色や季節感，行事食等を取り入れ，変化に富んだ献立とするよう努めること。また，喫食者の病状，食事の摂取量，嗜好等を定期的に調査し，献立に反映するよう努めること。
② 複数献立やカフェテリアのように，喫食者の自主性により料理の選択が行われる場合には，モデル的な料理の組み合わせを提示するように配慮するよう努めること。

2）献立作成上の留意点

献立作成にあたっては，以下の点に留意する。

①　一定期間の給与栄養量および栄養比率が目標量を達成するようにすること（日差は基準量±10％以内で作成し，6〜10日間で目標量に近づける）。

②　食品構成基準に対して，適正であること。

③　供食形態（定食方式，選択方式，カフェテリア方式）を決めること。

④　全過程で食品や調理法の安全面や衛生面が十分考慮されていること。

⑤　経費（食材料費，光熱水費，人件費等）が予算の範囲内に収まること。

⑥　食品の種類，調理法，料理の組み合わせに変化があり偏りがなく，色彩・味・形などの調和がとれていること。

⑦　利用者の嗜好を尊重し，見た目やおいしさ，食感などにも満足を与える料理を考えること。

⑧　行事食や，栄養価に富み安価な旬の食品，出盛り期を意識した季節料理を取り入れること。

⑨　給食施設の設備（調理機器・器具，保有食器の種類等），人員，調理技術力に応じた内容であること。

⑩　食品材料の入手に配慮すること（地産地消を活用することで，食育の一環となる）。

⑪　適時・適温（体温±25〜30℃）給食に配慮する。

■ 1.2　食品構成

（1）食　品　群

食品は，人の命，健康を支えるうえで基本的な物質である。生命を維持するために，ヒトはさまざまな食品を摂取しているが，食品の特性を理解し，バランスよく食品を摂取することが重要である。これらの食品はグループに分けられ，栄養成分の類似したものを1つの群に分類した食品群でまとめられている。日本では対象や使用目的に応じて，日本食品標準成分表2020年版（八訂）の18食品群，6つの基礎食品，4つの食品群，3色食品群等が活用されている（表5-2，5-3）。

1）18食品群

18食品群は，文部科学省公表の日本食品標準成分表2020年版（八訂）で使用されている分類である。現在，収載された食品数は2,478食品である。文部科学省が公表している成分表は毎年実施される国民健康・栄養調査の栄養素等摂取量の算出等に使用され，広く一般に活用されている。

2）6つの基礎食品

6つの基礎食品は，国民の栄養知識の向上を図るための栄養教育の教材として1958年，厚生省（現厚生労働省）保健医療局が作成したもので，食品の栄養的な特徴で分けられている。1981年に改定され，中学校の教科書では栄養バランスのとれた食事を考える基本として，1日に摂取すべき食品の種類と概量を示した6つの食品群別摂取量の目安が現在も使用され

表5-2　食品群の比較

分類	日本食品標準成分表2020年版（八訂）	6つの基礎食品	4つの食品群	3色食品群
食品群	18群	6群	4群	3群
穀類	1	5群	第4群	黄
いもおよびでん粉類	2	5群	第3群	黄
砂糖および甘味類	3	5群	第4群	黄
豆類	4	1群	第2群	赤
種実類	5	6群	第4群	黄
野菜類	6	3群・4群	第3群	緑
果実類	7	4群	第3群	緑
きのこ類	8	4群	第3群	緑
藻類	9	2群	第3群	赤
魚介類	10	1群	第2群	赤
肉類	11	1群	第2群	赤
卵類	12	1群	第1群	赤
乳類	13	2群（小魚）	第1群	赤
油脂類	14	6群	第4群	黄
菓子類	15			
し好飲料類	16			
調味料および香辛料類	17			
調理済み流通食品類	18			

表5-3　食 品 群

6つの基礎食品				3色食品群
6群別	食品の種類	作用	栄養素	3群別
第1類	魚，肉，卵，大豆	血や肉をつくる	たんぱく質，脂質，カルシウム，鉄，ビタミンA・B$_1$・B$_2$	赤群（血や肉をつくる）
第2類	牛乳・乳製品，骨ごと食べられる魚	骨や歯をつくる	カルシウム，たんぱく質，ビタミンB$_2$，鉄	
第3類	緑黄色野菜	体の調子を整える	カロテン，ビタミンC，カルシウム，鉄，ビタミンB$_2$	緑群（体の調子を整える）
第4類	その他の野菜，果物	体の調子を整える	ビタミンC，カルシウム，ビタミンB$_1$・B$_2$	
第5類	穀類，いも，砂糖	エネルギー源となる	糖質，ビタミンC等	黄群（力や体温となる）
第6類	油脂	効率的なエネルギー源となる	脂質	

（厚生省保健医療局（現厚生労働省），1958）

ている。食品群は人に必要な栄養素の面から食品を分類したものであり，バランスのよい食事をするために，異なるグループの食品を組み合わせて食べることが必要である。

3）4つの食品群

4つの食品群は女子栄養大学の前学長・香川綾により1957年に作成されたもので，香川式食事法「四群点数法」の基になった分類である。食品群の配列は栄養的必要度の高い順になっており，第1群：乳・乳製品，卵とし，ほかの食品を栄養素の働きの特徴から，第2群：魚介，肉，豆・豆製品，第3群：野菜，いも，果物，第4群：穀類，砂糖，油脂としている。

4）3色食品群

3色食品群は1952年，岡田正美（広島県庁技師）が提唱し，近藤とし子（（社）栄養改善普及会）が普及に努めた。食品群を栄養素の働きの特徴から，3色に分類し，赤色群：血液や肉をつくるもの，黄色群：力や体温になるもの，緑色群：体の調子を整えるものとした。学校給食では，元気な体をつくるためには，これら3つのグループをバランスよく組み合わせて食べる必要性があることを教え，その際に，生きた教材としての給食がどのようなバランスになっているかを知る栄養教育教材として活用されている。

（2）食品構成の考え方

食品構成は，必要なエネルギーおよび各栄養素の摂取量の基準を満たすために，どのような食品や食品群を組み合わせて，何をどのくらい摂取すればよいかの目安である。食品群を構成する食品は多様であるので，食品の種類や量を考慮して，対象者が食事として適正に摂取できる内容になるような食事計画を立てることが必要である。

食品構成表は，献立作成時，料理や食品の組み合わせを考えるうえで目安となるもので，摂取栄養目標量を満たすための食品群と量を示したものである。家族の食事や，対象集団の食事を考える際に，基準を求めておくと便利である。

給食施設を例にあげて考える。2003年4月の厚生労働省通知（健習発第0430001号）「健康増進法等の施行について」に，特定給食施設等における栄養管理基準が定められた。食品構成表作成までの手順としては，まず，対象集団を構成する性，年齢，身体活動レベル別人員構成等を把握し，その結果から荷重平均給与栄養目標量を設定し，柔軟に適応する。給与栄養目標量は，1か月程度の給与量が食事摂取基準の範囲から大きく逸脱しないように設定する。次に，給与栄養目標量を満たす食品構成基準を作成する。その作成にあたっては，先に食品群別荷重平均栄養成分表の作成が必要となる。

給食施設の食品構成は，次のいずれかの方法により作成し，作成にあたっては，エネルギー産生栄養素バランス等を考慮することが望ましい。

① 施設ごとに独自の食品類別荷重平均成分表を作成して，算出するのが望ましい。
② 施設の過去の実績から代表食品とその使用量を目安として，個々の食品成分表を基に算出する。
③ 食品類別荷重平均成分表（各給食施設で作成したもの）を基に算出する。
④ 施設の現状を加味して，個々の食品と③をミックスしたもので算出する。

〈食品構成基準をつくる利点〉

① バランスのとれた献立が立てやすい。
② 材料費に見合った献立が立てやすい。

③　使用食品の種類と使用量のむらや無駄がなくなる。

④　栄養価計算をしなくても，献立の栄養バランスの把握ができる。

（3）食品構成の作成

　食品構成は，給与栄養目標量を充足し，栄養のバランスを図るために食品群の種類と量を示し，献立作成時（1日または1回）の目安量を算出したものである。給食の食品構成基準は，性・年齢・身体活動レベルに対応して給与栄養目標量が決まるので，食事の給与栄養目標量を充足するために，はじめに三大栄養素，ほかはおおよその栄養比率を決める。その後，それぞれの食品群の純使用量を算出する。

1）食品構成基準の作成手順

　昼食を例にあげ，給与栄養目標量をエネルギー700 kcal，栄養比率をたんぱく質エネルギー比15%，穀類エネルギー比55%，動物性たんぱく質比45%，脂質エネルギー比25%に設定した場合の食品構成基準を作成する手順を以下に示す。栄養比率の目安は表5-4に示した。

①　穀類（米，パン，めん等）は，穀類エネルギー比（55%）から穀類のエネルギー（700 kcal × 55/100 = 385 kcal）を求め，穀類の純使用量を算出する。例えば，米100gは342kcalであるので，113gに相当する。

②　動物性食品（肉類，魚介類，卵類，乳類等）は，たんぱく質エネルギー比（15%）からたんぱく質の純使用量（〔700 kcal × 15/100〕 ÷ 4 kcal = 26.3 g）を算出し，次に動物性たんぱく質比（45%）から動物性食品の純使用量（26.3 g × 45/100 = 11.8 g ≒ 12 g）を算出する。

③　植物性食品（緑黄色野菜類，その他の野菜類，果実類，豆類，みそ類，いも類，海藻類等）の純使用量を算出する。植物性食品群からは150〜200 gを摂ることを目安とする。

④　これまでの栄養量の合計を算出する。

⑤　油脂類，砂糖類の純使用量を決める。脂質エネルギー比（25%）から脂質の摂取エネルギー量を決める（〔700 kcal × 25/100〕 ÷ 9 kcal = 19.4 g）。次に，これまでに決めた食品群の脂質量の合計を差し引いた残りを油脂類として，さらに，残りのエネルギー量

表 5-4　栄養比率の目安

栄養比率	算出方法	成人目標量（%エネルギー）
穀類エネルギー比	〔穀類エネルギー（kcal）/ 総エネルギー（kcal）〕×100	50〜60
たんぱく質エネルギー比（P比）	〔たんぱく質（g）× 4（Atwater 係数）/ 総エネルギー（kcal）〕×100	13〜20
脂質エネルギー比（F比）	〔脂質（g）× 9（Atwater 係数）/ 総エネルギー（kcal）〕×100	20〜30
炭水化物エネルギー比（C比）	100 −（たんぱく質エネルギー比 + 脂質エネルギー比）あるいは，〔糖質（g）× 4（Atwater 係数）/ 総エネルギー（kcal）〕×100	50〜65
動物性たんぱく質比	動物性たんぱく質（g）/ 総たんぱく質（g）×100	40〜50

を砂糖から求める。

⑥　総合計量を算出し，各栄養素の栄養比率を求め，エネルギーの給与栄養目標量に対する P：F：C 比率を求め，栄養比率との一致状況を確認し，過不足が大きい場合（±10%以上）は調整する。

⑦　食品構成表にまとめる。

２）食品群別荷重平均食品成分値の算出方法

食品構成基準を作成後，栄養計算を行う際に使用するのが食品群別荷重平均食品成分値である。その算出例を以下に示す。

ａ．過去１年間の食品の使用実績から求める方法

①　食品群別ごとに，過去１年間に使用した食品の純使用量の合計を出し，個々の食品の純使用量の構成比率（%）を求める。

②　各食品の構成比率をそのまま使用重量（g）とみなし，日本食品標準成分表 2020 年版（八訂）を用いて各栄養素量を算出する。

③　各食品の栄養素の合計値が，その食品群の荷重平均食品成分値となる（表 5-5）。食品群ごとに荷重平均食品成分値をまとめたものが食品群別荷重平均成分表となる。

ｂ．食品群を代表するいくつかの食品から求める方法

①　新設の給食施設で過去に食品の使用実績がない場合，あるいは献立内容を改善する場合は，食品群の中でこれまでに使用頻度が高いと思われる食品を選択し，食品ごとの使用量の構成比率を求める。

②　ａ．と同様の方法で荷重平均食品成分値を算出する。

ｃ．給食施設ごとの食品群別荷重平均食品成分値を活用する方法　　給食施設ごとに作成した食品類別荷重平均食品成分表を活用することができる。その荷重平均食品成分値の活用にあたっては食品分類早見表を使用する。

（4）食事バランスガイド

食事バランスガイドは，健康な人びとの健康づくりを目的につくられたもので，2005 年 6 月に厚生労働省と農林水産省合同により策定された。その背景には，2000 年に厚生省（現厚生労働省），農林水産省，文部省（現文部科学省）の３省合同によって策定された食生活指針の中に主食・主菜・副菜を基本に，食事のバランスを，という記述が示されたものの，具体的に何をどれだけ食べるかは示されていなかったことがある。

食生活指針のさらなる普及啓発を図る目的で，その後，さまざまな角度から検討が加えられ，コマのイラストを用いた食事バランスガイドが発表された（図 5-1）。2010 年度から 2014 年度の５年間に使用する日本人の食事摂取基準（2010 年版）が策定されたことを踏まえ，2010 年，食事バランスガイドの見直しが行われ，推定エネルギー必要量の変更に伴い，性・年齢，身体活動レベルからみた１日に必要なエネルギー量と摂取の目安「つ（SV）」（Serving の略で単位。1 SV は各料理の１皿分の標準量）を変更し，日常生活の内容との整合性を図った。摂取の目安は現行どおりの SV を基本とするが，2,400 kcal 以上のエネルギー区分は，主食を 7〜8 SV から 6〜8 SV とした方が日本人の食事摂取基準（2010 年版）への

表 5-5　荷重平均食品成分値の算出例（魚介類）

食　品　名	期間中の純使用量の総量 (kg)	使用材料の割合 (%)	使用重量 (g)	エネルギー (kcal)	たんぱく質 (g)	脂質 (g)	カルシウム (mg)	鉄 (mg)	ビタミンA（レチノール活性当量） (μg)	ビタミンB₁ (mg)	ビタミンB₂ (mg)	ビタミンC (mg)	食塩相当量 (g)
〈魚類〉（あじ類）まあじ，皮つき，生	125.6	14.8	15	17	3.0	0.7	10	0.1	1	0.02	0.02	0	0.0
〈魚類〉（さば類）まさば，生	314.8	37.2	37	78	7.6	6.2	2	0.4	14	0.08	0.11	0	0.1
〈魚類〉（かつお類）かつお，春獲り，生	98.5	11.6	12	13	3.1	0.1	1	0.2	1	0.02	0.02	0	0.0
〈魚類〉さんま，皮つき，生	122.0	14.4	14	40	2.5	3.6	4	0.2	2	0.00	0.04	0	0.1
〈いか・たこ類〉（いか類）やりいか，生	75.0	8.9	9	7	1.6	0.1	1	0.0	1	0.00	0.00	0	0.0
〈魚類〉（たら類）まだら，生	110.5	13.1	13	9	2.3	0.0	4	0.0	1	0.01	0.01	0	0.0
荷重平均食品成分値		100	100	164	20.1	10.7	22	1.0	20	0.13	0.21	1	0.3

（文部科学省：『日本食品標準成分表 2020 年版（八訂）』，2020 より算出）

適合がよいことから変更が加えられた（図 5-2）。

1）特　　徴
　食事バランスガイドは，1 日に何をどれだけ食べたらよいかの目安，食事の望ましい組み合わせとおおよその量をイラストで示したものである。

① 　他国に先駆けて，料理レベルでの分類・整理，および量的な目安を提示した。

② 　イラストにコマを採用したことからバランスという意味合いを特に強調し，英語名は，"Japanese Food Guide Spinning Top" とした。

③ 　コマは 1 日分の料理・食品の例を示し，料理区分は，主食，副菜，主菜，牛乳・乳製品および果物と 5 つに分類し，摂取量の多いものから少ないものへと順に並べた。

④ 　1 日分の摂取目安量は，何 SV とっているかの目安の数値で表した。

⑤ 　軸は，水やお茶を表し，食事の中で欠かせない存在であることを強調している。

⑥ 　ヒモは，菓子・嗜好飲料を過度に摂らない注意が必要なため，楽しく適度に摂るとした。

⑦ 　運動の必要性も示している。

2）基本的な考え方
① 　1 日の食事の量的な目安を簡潔に示すものであること。

② 　日常生活の中で手軽に活用でき，無関心層にも注目され得るものであること。

③ 　高い理想を追うよりも，ある程度の幅は許容しながら，食事バランスが大きく乱れて

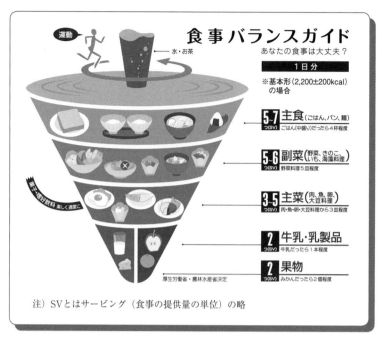

図5-1 食事バランスガイド

(厚生労働省，農林水産省)

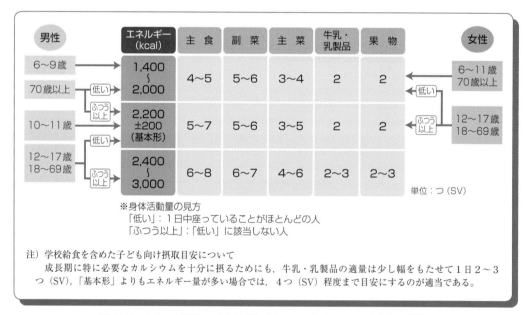

図5-2 1日に必要なエネルギー量の目安と各料理区分の適量範囲

(厚生労働省，農林水産省：『専門家のための「食事バランスガイド」活用法』，p.4，2011を改変)

いる人たちの食事の改善につながるものであること。

④ フードシステムのさまざまな場で，活用・展開が期待できるものであること。

3）表現の方法

　何をどれだけ食べるとよいかの場合，エネルギー・栄養素レベル，食品レベル，料理レベルの3つの視点が考えられる（表5-6，エネルギー・栄養素と食品，食事等の関連図および料理例）。これらの各視点や方法には長所・短所があり，対象や目的等に応じて，使い分けていくことが重要である。

①　一般の人びとにとってのわかりやすさ，なじみやすさ，外食等での表示のしやすさ等を考慮し，区分ごとに何をどれだけ食べるかを料理で表している。

②　表現期間は1日を単位としてバランスを考えることが実際的であることから，1日に摂るおおよその量を料理で表現している。

③　各料理区分の量的な基準（表5-7）が設定されており，数量の単位は1つ（SV）と表記し，各料理1回当たりの標準的な量を大まかに示している。

④　数量の整理の仕方は，各料理区分における主材料の量的な標準に対して3分の2から1.5未満の範囲を含むものを1つ（SV）にすることを原則としている。複合的な料理（例：カレーライス等）はそれぞれの区分における量的な基準に従い，数量の整理を行うこととしている。

　管理栄養士等の専門家が，「つ（SV）」を用いて個人の食事の評価や，個々の料理や食品等に関する分析・評価を行う際には，その目的に応じて数値の丸め方等を適宜使い分けることとする。

2 供食，食卓構成，食事環境

2.1 供　　食

（1）供食とは

　供食とは，食べる人のことを配慮しながら食事を提供することである。供食の形式は，日常食，行事食，供応食に大別される。

　食事には，ご馳走の食事（ハレ）と普段の食事（ケ）がある。日常食は，普段の家族のための食事のことである。社会活動実現のための糧となり，栄養補給による健康維持・増進や家族の団らん，楽しい雰囲気で精神的な安らぎが得られることが目的である。性，年齢，嗜好等が異なるため，一人ひとりに応じた配慮をし，バランスのよい，満足感を感じられる献立内容が求められる。

　行事食は，ご馳走の食事（ハレ）であり，その人や家庭，地域において特別な日に準備する食べ物や献立のことである。1年を通じた年中行事や誕生，入学・卒業，結婚等，人の生涯における通過儀礼，収穫祝い等の諸行事，地域の行事等がある。

　供応食は，客をもてなす食事のことで，栄養を満たす目的よりも，人びとが互いに意思や感情を伝達し合うコミュニケーションとしての目的に重点が置かれる。この食事を介して人間関係を構築して連帯を生み，楽しみや喜びを分かち合うことができる。もてなす客には，親しい個人や家族，職場，地域等の客があり，儀礼に則らないカジュアルな場合や，儀礼に

表5-6　エネルギー・栄養素，食品，料理レベルの指標

栄養教育に用いられる要素	エネルギー栄養素	食品～食品群			具体的な料理	食事バランスガイドでの区分（料理区分）
		食品成分表	6つの基礎食品	3色分類		
内　容	エネルギー 炭水化物 たんぱく質 脂質 ビタミン 　ビタミンA 　ビタミンB₁ 　ビタミンB₂ 　ナイアシン 　ビタミンB₆ 　葉酸 　ビタミンB₁₂ 　ビオチン 　パントテン酸 　ビタミンC 　ビタミンD 　ビタミンE 　ビタミンK ミネラル 　マグネシウム 　カルシウム 　リン 　クロム 　モリブデン 　マンガン 　鉄 　銅 　亜鉛 　セレン 　ヨウ素 　ナトリウム 　カリウム	穀類 いもおよびでん粉類 砂糖および甘味類 豆類 種実類 野菜類 果実類 きのこ類 藻類 魚介類 肉類 卵類 乳類 油脂類 菓子類 し好飲料類 調味料および香辛料類 調理済み流通食品群	**第1類** (魚，肉，卵，大豆) 良質たんぱく質の給源となるもので，毎日の食事で主菜となるもの。副次的にとれる栄養素として，脂肪，カルシウム，鉄，ビタミンA，ビタミンB₁，ビタミンB₂。 **第2類** (牛乳，乳製品，骨ごと食べられる魚) 牛乳，乳製品は，比較的多種の栄養成分を含むが，特にカルシウムの給源として重要である。その他，良質たんぱく質，ビタミンB₂の給源。小魚類はたんぱく質，カルシウムを多く含み，また，鉄，ビタミンB₂の給源。 **第3類** (緑黄色野菜) 主としてカロテンの給源となる野菜。ビタミンCおよびカルシウム，鉄，ビタミンB₂の給源。 **第4類** (その他の野菜，果物) 主としてビタミンCの給源。その他，カルシウム，ビタミンB₁，ビタミンB₂の給源。 **第5類** (米，パン，めん，いも) 糖質性エネルギー源となる食品。この類に分類されるものとしては，大麦や小麦等の穀類とその加工品および砂糖類，菓子類等がある。いも類は糖質の他にビタミンC等も比較的多く含まれる。 **第6類** (油脂類) 脂肪性エネルギー源となる食品。大豆油，米油等の食物油およびマーガリンならびにバター，ラード等の動物脂およびマヨネーズ，ドレッシング等の多脂性食品が含まれる。	赤 緑 黄	ごはん パン めん 焼き魚 ハンバーグ 卵焼き 冷や奴 サラダ 煮物 牛乳 ヨーグルト りんご みかん チョコレート ケーキ ジュース 揚げ物 佃煮	ごはん，パン，めん，パスタ等を主材料とする料理（主に炭水化物の供給源）【主食】 肉，魚，卵，大豆製品等を主材料とした料理（主にたんぱく質の供給源）【主菜】 野菜，いも，豆類，きのこ，海藻等を主材料とした料理（主にビタミン，ミネラル，食物繊維の供給源）【副菜】 牛乳・乳製品（主にカルシウムの供給源）【牛乳・乳製品】 果物（主にビタミンC，カリウムの供給源）【果物】 菓子・嗜好飲料（楽しく適度にとりたいもの）【菓子・嗜好飲料】 油脂・調味料（調理形態によってはとりすぎに注意）【油脂・調味料】
食べる者の量的把握（一般人の場合）	目に見えない（栄養成分表示がされているものは含有量がわかる）	料理の中に分散しているので重量の把握が難しい。			食卓，外食，惣菜等食べるときに見ている状態のもの。1回の食事で食べる量を，料理区分別に標準的な量（つ(SV)）と比較することにより，適量か否かをおおよそ把握できる。生活の中で繰り返し，こうした情報にふれることで，特別の学習をしなくても，感覚的にわかって使えるようになる可能性大。	
作る者の量的把握（一般家庭の場合，および外食，中食業者の場合）	食品成分表や分析結果から把握できる（一般の家庭では難しい）	つくるときに，食材の重量を計算すれば，把握できる。一般飲食店での正しい把握は，管理栄養士の援助なしには難しい。（健康づくり協力店の実施状況から）			1料理の提供量を標準的な量（つ(SV)）と比較することにより，適切な量の提供ができる。食材の細かい部分の違いは捨象（しゃしょう）して使うことができるので，一般飲食店が表示をする場合にも，その日の食材の仕入れ状況に対応したメニュー変更が容易にできる。（栄養成分表示では，これが難しいため普及しにくいという課題がある）	
健康の維持等の観点から望ましい摂取量の目安	食事摂取基準	食事摂取基準に基づく食品構成			「食事バランスガイド」 食事摂取基準，食品構成等をふまえた，料理区分毎の摂取の目安を示す数値（つ(SV)）で示される。	

（厚生労働省・農林水産省：『専門家のための「食事バランスガイド」活用法』，p.3，2011，食品成分表食品群一部改正）

表5-7　1つ（SV）の基準

主　食	穀物に由来する炭水化物：約40 g
副　菜	主材料の野菜，きのこ，いも，海藻，豆類（大豆以外），種実の重量：約70 g ※乾物は戻した重量で計算する。
主　菜	主材料の肉，魚，卵，大豆・大豆製品に由来するたんぱく質：約6 g
牛乳・乳製品	牛乳・乳製品に由来するカルシウム：約100 mg
果　物	果物の重量：約100 g

注）各主材料の生重量，可食部重量から計算する。
　　一尾の魚や果物などは，廃棄込みの重量が計量，記載されているレシピが多いので注意する。
（厚生労働省・農林水産省：『専門家のための「食事バランスガイド」活用法』，p.9，2011）

則ったフォーマルな場合がある。いずれの場合も，客がくつろぎ，供食の目的が達成されるよう，食材選択，調理方法等の献立構成，食器選択，食卓・食事環境等十分な計画が求められる。

（2）供食と食事作法

人の食事は，食べるという本能的な行動に調理という文化的な行為が加えられ，食品を選択してさまざまな料理法や食事作法を発達させてきた。そのため，食べるという行動は，供食して他者とともに分かち合う社会的行動となっている。基本的な集団の家族において，食事を分配して生活を営み，さらには社会的集団へと発展し，食事を分かち合い，ともに食べることで相互の絆が深まる。しかし，食事を分け合うにあたっては，行き違いや不調和等の摩擦が生じる場合があり，円滑に行うためのルールが必要である。食事作法は，こうしたルールとして，人びとの供食の場の目的，集う人の社会的地位や年齢，宗教などの影響等を受け，さまざまな地域や国で歴史的に形成されてきたものである。

（3）食事文化と食具

日本や韓国等では，建物に入る場合に靴等を脱ぐ高床生活文化圏であり，床が清潔に保たれている[1]。そのため，食卓が低く，膳や食卓の食事と人との距離が近くなり，短めの箸で食べる文化がある。日本の食器は，手に持って食べる想定のもと，手に持ちやすく程よい重さの飯碗や，温度感覚が穏やかな漆器の汁椀のほか，碗，椀，小鉢，小皿等がある。また，日本では伝統的に主食の米は，東南アジアや中近東の粘りの弱いインディカ米に対し，粘りの強いジャポニカ米を美味としているため，他の国にない箸だけで食べる純粋箸食文化を形成している。韓国の食器では，金属食器が多く，熱い料理の入った食器は手に持てないこと，食事の際に食器を手に持つことは伝承の作法に反することなどから，箸よりも匙を主体として使用している。

西欧諸国や中国等では，土間生活文化圏であり，食事の際も履き物を履いている。土埃を避けるために食卓が高くなり，それに合わせ椅子も高いものとなる。中国の場合，客をもてなすときに主人は，高い食卓の中央にある大皿料理を自らの箸で，客の皿に取り分けるため，箸が料理に届くよう日本の箸に比べ長いものとなっている。西欧諸国では，18世紀以後，ナイフ，フォーク，スプーンをセットとして普及し，食器はスープ等の汁物も含め，皿を主

体とすることが特徴になっている。

　このように，食器等の食具は，盛り付ける料理の影響だけでなく，それぞれの生活文化によっても深い関連性がある。

　世界の食事の食べ方については，その地域や国の気候・風土によって得られる食材や宗教等の影響を受け，3つに大別される。手食，箸食，ナイフ・フォーク・スプーン食があり，世界の三大食法を表5-8に，世界の食法の分布を図5-3に示す。

表5-8　世界の三大食法

食　　法	主な食べ物	主な機能	主な地域	主な宗教	世界人口に占める割合
手　　食	米食 インディカ米，根菜，果物等	混ぜる，つかむ，つまむ，運ぶ	東南アジア，南アジア，中近東，アフリカ	ヒンドゥー教，イスラム教	40%
箸　　食	米食 ジャポニカ米，いも，野菜等	つまむ，はさむ，運ぶ，混ぜる	純粋箸食文化：日本／箸・匙併用：中国，朝鮮半島等	仏教	30%
ナイフ・フォーク・スプーン食	小麦食 パン（手食） 肉類	切る，刺す，すくう，運ぶ	ヨーロッパ，南北アメリカ，ロシア	キリスト教	30%

（日本フードスペシャリスト協会編著：『改訂 フードスペシャリスト論』，建帛社，p.159，2005を一部改変）

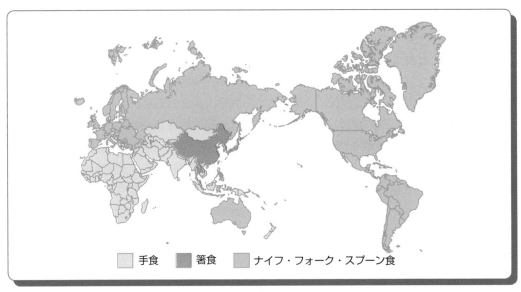

手食　　箸食　　ナイフ・フォーク・スプーン食

図5-3　世界の食法の分布

2.2 供食形式と食卓構成

（1）日本料理の様式

1）日本料理の特徴

　日本は，地理的条件や四季の変化に富んだ気候，風土により海産物や農産物の収穫に恵まれている。日本料理は，これらの食材の持ち味を生かし，四季により食卓，食器，盛り付けを含めた季節感を重視している。日本料理の特徴を表5-9に示す。

表5-9　伝統的な日本料理の特徴

1．主食は米飯，副食は魚介類，野菜類，豆類が用いられる。
2．調理の熱媒体は水が主となり，緩慢加熱を利用する煮炊き調理が用いられる。
3．調味は淡白で，旬の食材の持ち味を生かす。あくや苦味を尊重することもある。
4．煮出し汁は，かつお節，こんぶ，しいたけ等を用い，短時間で抽出し，うま味をだす。
5．魚介類を生食し，刺身をはじめ包丁の技術が発達している。
6．料理の色彩，切り方，風味，季節感を大切にし，器との調和を考え1人前ずつ盛る。器いっぱいに盛らずに，余白も料理の一部とし，視覚的要素を尊重する。
7．調理器具が繊細で，木製や竹製のものが多い。

2）日本料理様式の供応食と食卓構成

　日本料理様式の供応食には，平安時代の大饗（だいきょう）料理を源とし，江戸時代に完成した本膳料理，茶の湯料理の懐石料理，酒宴料理の会席料理，仏教の影響による肉食禁止の精進料理，その他普茶料理，卓袱（しっぽく）料理等がある。各時代の供応食を表5-10に示す。

表5-10　各時代の供応食

年　代	供応食
平安時代	大饗料理
鎌倉時代	精進料理
室町時代	本膳料理
安土桃山時代	懐石料理，南蛮料理
江戸時代	会席料理，普茶料理，卓袱料理

　a．本膳料理　平安時代の貴族の社交儀式に出された大饗料理が基礎となっている。室町時代に武家の式正饗宴（主君が家臣の邸を訪れる宴）としてつくられ，その形式は江戸時代中期に完成した。冠婚葬祭等の儀礼用献立として利用され，現在もその名残が残っている。献立は，飯，本汁，膾（なます），煮物，香の物の一汁三菜を核とする料理で，一汁五菜，二汁五菜，三汁七菜，三汁九菜等があり，汁と菜の数が増すごとに膳の数も本膳（一の膳とは呼ばない），二の膳，三の膳，与の膳（四（死）は縁起が悪いので呼ばない），五の膳と用意される。膳に置く料理や食べる順が定められている。膳は足つきの角膳で塗物になる。最初から全部の料理を出し，飯，汁，菜を進め，酒を供する。同時平面的配膳となる。本膳料理の献立構成を表5-11に，配膳図を図5-4に示す。

　b．懐石料理　懐石とは，茶の湯の料理のことである。禅寺で厳しい修行をする僧が，病気や冷えのときに石を焼き，布に包み懐に抱く温石（おんじゃく）という習慣があり，質素な料理という意味から由来している。千利休が活躍する以前では，「会席」，「献立」，「仕立」，「振舞」という文字が使用され，一般の宴会の料理との区別はなされていなかったが，室町時代に茶の湯が確立され，安土桃山時代に千利休により「わび，さび」の思想を茶事に取り入れ，仏

表5-11　本膳料理（三汁七菜）の献立構成

膳	構　成	内　　容
本膳	本汁	みそ仕立て。魚のすり身や野菜等
	膾	魚の刺身，酢の物
	坪	汁の少ない煮物。深めの蓋つきの器に盛る
	飯	白飯または炊き込み飯
	香の物	漬物2, 3種
二の膳	二の汁	すまし仕立て
	平	海，山のものを3〜5種を平たい蓋つきの器に盛り合わせる
	猪口	浸し物や和え物
三の膳	三の汁	変わり汁仕立て（潮汁，濁り汁）
	鉢肴	肉や魚の焼き物，揚げ物
	刺身	刺身
与の膳	焼き物	魚の姿焼き
五の膳	台引	引物菓子，かつお節等の土産物

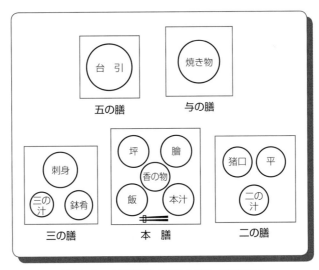

図5-4　本膳料理（三汁七菜）の配膳図

教の精神が盛り込まれて大成した。茶をもてなす前の軽い食事で贅沢なものではなかったが，江戸時代末期から，本来の思想から外れた贅沢な食材の料理へ変化している。料理は季節の食品を生かし，食べやすい調理法に工夫されているのが特徴である。折敷と呼ばれる盆の上に，一汁三菜（飯，汁，向付，椀盛り，焼き物）が基本となり，これに箸洗いや八寸などが時系列的配膳で出される。そのため適温の状態で供することができ，食器との調和や食材の季節感を表現し，こまやかなもてなしが現在でも引き継がれている。現在では，少量の料理のあと最後に飯，汁，香の物を出す会席料理と似た形式になっていることが多い。懐石料理の献立構成を表5-12に，配膳図を図5-5に示す。

表5-12　懐石料理の献立構成

順序	構成	内容
1	汁	みそ仕立て
2	向付	刺身，酢の物，浸し物
3	飯	ごく少量盛る
4	椀盛り	動物性食品，野菜，乾物等汁の多い煮物
5	焼き物	魚介類の焼き物，揚げ物，蒸し物等
6	強肴（しいざかな）	酒の肴。進肴（すすめざかな），預け鉢ともいう
7	箸洗い	湯に近い淡白な汁。次の八寸のために箸を洗う。小吸い物ともいう
8	八寸	八寸（23cm角）の杉の盆に，肉や魚等2〜3種盛る
9	香の物	たくわんともう1〜2品の漬物
10	湯桶（ゆとう）	飯を炊いた後のお焦げに湯を注ぎ塩味をつけたもの

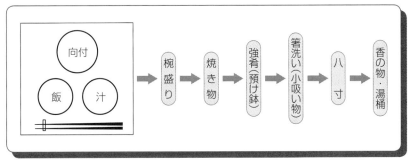

図5-5　懐石料理の配膳図

　　c．会席料理　　江戸時代初期に俳諧（はいかい）の席で用いられ，江戸時代中期に料理茶屋での会合や供応のための酒宴料理として，庶民に広く発達した。本膳料理の簡略化を出発点とし，本膳料理と懐石料理の献立を自由に組み合わせたくつろいだ献立で，現在の家庭の客膳料理に適した形式となっている。本膳料理や懐石料理は飯を主体とした構成で一定の様式を保った品数であるのに対し，会席料理は酒主体であり，会食の目的により品数が変動することが特徴である。献立は塗物の角膳に杯，先付（さきづけ），向付を配し，食べ終わった器より下げ，時系列で供していく。最後に飯と止め椀と香の物を供して終了する。品数は7，9，11と奇数にする。会席料理の献立構成を表5-13に，配膳図を図5-6に示す。

　　d．精進料理　　鎌倉時代に禅宗の1つ曹洞宗（そうとう）の開祖道元（どうげん）が中国で修行後，殺生を禁ずる大乗仏教の教えに基づき，精進料理の礎を築いた。「精進」とは，仏教用語で殺生禁断・禁酒を守り，精進の食べ物をとることを指しており，生臭いもの（動物性食品）や五葷（ごくん）（ねぎやにんにくなど）を使わず，穀類，豆類，野菜類，海藻類等の植物性食品だけでつくる料理である。だし汁はこんぶとしいたけ，かんぴょう等を主に使い，淡白な持ち味を生かす味付けが一般的である。炭水化物源は穀類から，たんぱく質源は豆腐や湯葉等の大豆製品や麩，

表5-13　会席料理（七品献立）の献立構成

順序	構　成	内　容
1	先付	酒の肴の珍味を少量盛り合わせる。前菜，お通しともいう
	向付	刺身，膾，酢魚，和え物等。膳の向こう側に置く
2	椀	すまし汁。椀種を工夫し季節感と新鮮さを表す
3	口取り	山海の珍味を数種盛り合わせる。先付よりも重量感があり，汁けを少なく濃厚な味に調理する。口替り（口代り），八寸ともいう
4	鉢肴	魚や肉の焼き物のほか揚げ物，蒸し物等。野菜も添える
5	煮物	野菜，魚，肉の煮物で切り方や色彩を考慮する
6	小鉢	浸し物，酢の物，和え物等。小どんぶりともいう
7	飯	白飯，変わり飯等
	止め椀	みそ仕立て。茶碗蒸しも利用される
	香の物	2〜3種を彩りよく盛る

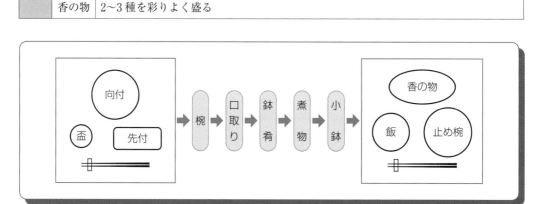

図5-6　会席料理の配膳図

脂質源はごまやくるみ等の種実類から摂取でき，栄養的に充実している。植物性食品で魚肉の形や料理をまね，味わいを深める工夫がなされ調理技術を要する料理が多く，五味・五色・五法がバランスよく取り入れられている。献立は本膳料理の形式で，一汁三菜，一汁五菜等があり，食器は赤，黒の漆器を用いる。

　　e．普茶料理　　江戸時代初期の1654年に中国福建省の禅僧隠元が来日し，1661年に黄檗山万福寺を創設し，そこでつくられる中国式の精進料理のことである。黄檗料理ともいう。「普茶」とは「普く衆人に茶を施す」という意味で，禅宗の僧侶が茶を飲みながら一堂に会して行う会合後の食事に由来している。長方形の食卓を4人で囲み，大皿に盛り，取り分けて食べる様式である。献立は，二汁六菜が基本で，野菜炒めの葛煮や味付けてんぷら，魚や肉に擬したもどき料理等油（ごま油）を巧みに取り入れた調理法で，精進の素材に独特の風味を与えているのが特徴である。

　　f．卓袱料理　　江戸時代中期に長崎の出島で中国，ポルトガル，オランダ等との貿易によって食材の影響を受け，発達した料理である。和華蘭料理ともいわれる。円卓を囲んで

大皿の料理を各自が自由に取り分け食べる中国式の食事形式が基本形である。普茶料理の影響もあるが，動物性食品を使用する違いがある。尾鰭（鰭椀）と呼ばれる鯛の身と鰭が入った吸い物から始まり，刺身，東坡煮（東坡肉）という豚の三枚肉を使った豚の角煮，てんぷら，水菓子，汁粉等がある。長崎県の郷土料理にもなっている。

3）日本料理の食事作法

食事の哲学が書かれた禅宗道元の「典座教訓」（調理をしたり，給仕をしたりすることは仏道修行と同じに大切であるとする料理担当の心得）や「赴粥飯法」（食事をいただく修行僧としての心得）には，箸の上げ下げに始まり，食器の並べ方等詳細に書かれている。日本料理の食事作法はこの典座教訓に由来している。食材を大切にし，もてなす側，もてなされる側のこまやかな心遣いや人前で美しく立ち振る舞う習慣が現在にも引き継がれている。

a．席の座り方

① **床の間のある部屋**：床の間の前（上座）が主客の席で，床脇（違い棚）の前が次客となる。以下交互に座り，末席に主人が座る。

② **床の間のない部屋**：入り口から遠い席が上座となる。日本料理の席の座り方を図 5-7 に示す。

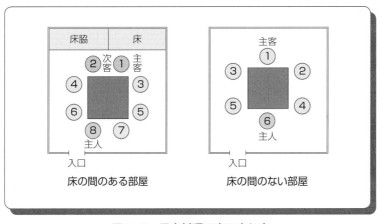

図 5-7　日本料理の席の座り方

b．箸の扱い方と食事作法　　日本の箸は一人ひとりに合った長さや重さを決め，使いやすい箸を選ぶ習慣がある。箸一咫半（母指と人さし指の間の 1.5 倍。身長の 10％相当）が適切といわれている。箸置きから箸をとるときは，①右手で箸の上から持ち上げる，②左手で受けて，右手を下側にして持ち替える，③左手を離す。また箸を置くときはこの逆順に行う。茶碗や汁椀などの膳から手に取って食べる場合は，①椀を取り左手にのせたまま，右手で箸を取る，②椀を持った左手の人さし指と中指で箸を挟む，③右手を箸の下側に移して箸を持つ。食事は，飯，汁，汁の実，汁の順に箸をつけ，その後菜に移りこれを繰り返す。菜から菜へ移らないようにする。箸の扱い方を図 5-8 に示す。

①右手で箸の上から持ち上げる

②左手で受けて，右手を下側にして持ち替える

③左手を離す

〈器を持って食べるときの箸の持ち方〉

①器をもち，右手で箸を持ち上げる

②左手の人さし指と中指で箸を挟む

③右手を箸の下側にして持ち替える

〈箸の持ち方〉

図5-8　箸の扱い方

（大谷貴美子，饗庭照美，松井元子，村元由佳利編著：『栄養科学シリーズNEXT　調理学実習　第2版』，講談社サイエンティフィク，p.28，2019 より作成）

（2）中国料理の様式

1）中国料理の特徴

　中国料理は3000年の昔から「不老長生」，「薬食一如」，「医食同源」等の言葉どおり，「食」は不老長寿の薬として，あらゆる生物を食物とする試みがなされ，18世紀清朝で集大成された料理である。気候・風土・産業・生活習慣が異なるそれぞれの地域によって北方系（黄河流域），江浙系（長江下流域），四川系（長江上流域），南方系（珠江流域）の4系統に大きく分類される。北方系の北京料理は，寒さが厳しく高カロリーの濃厚な料理が多く，小麦粉を原料とした饅頭等の粉食が発達している。江浙系の上海料理は，温暖で米の生産が盛んで，揚子江流域の川魚やえび，かに等を用いた優美な料理がある。四川系の四川料理は，盆地で冬は温暖，夏は高温多湿であり，辛味を効かせた料理が多く，食品の貯蔵技術が優れ，四川漬けである搾菜に特色がある。南方系の広東料理は，海に面した亜熱帯に近い気候で，トマトケチャップ等が取り入れられ，欧米化した料理である。その他宗教上，羊肉を用いる料理や動物性食品を使用しない精進料理もある。

2）中国料理様式の供応食

　中国では宴会のことを宴席といい，正式な宴席料理（筵席）を基本としている。筵席で最高のものとされる宮廷料理に満漢全席がある。

　a．宴席料理（筵席）　中国料理の献立を菜単，菜譜といい，前菜（葷盆），主要料理（大菜），スープ料理，デザート（点心）の順に組まれる。料理の品数は，必ず4，6，8等の偶数で，6〜8人分を1皿に盛り合わせる。料理名は，漢字2〜5文字で表され，材料・切り方・料理法・調味料等を推測できることが多い。大菜の最初に出される料理を大件（頭菜）といい，代表的な料理を初めに供する。この材料の種類によって宴会の等級付けが定

まるといわれ，第一級の燕窩（つばめの巣）を用いた燕窩席，次が魚翅（ふかひれ）を用いた魚翅席となる。中国料理の献立構成を表5-14に示す。

　　b．満漢全席　　最高の筵席とされ，清の時代に満州族固有の豚，羊，鴨等，野趣に富んだ料理と漢民族の干物，魚介類，肉類，植物性食品の多彩できめ細かい料理とが融合した宴席である。満席，漢席で交互に各100品ずつ出し，2～3日かけて供される大規模な宴席である。また，各民族に合った調度品と用具を使い，服装を替え，それぞれの食事作法に従って進める。

表5-14　中国料理の献立構成

構　成	分　類	内　容
葷盆 ホヌペン	**冷菜** ロンツァイ （冷葷） ロンホヌ	冷たい酒の肴になるような珍味等
	熱菜 ルオツァイ （熱葷） ルオホヌ	酒の肴の揚げ物，炒め物等。量は少量
大菜 ダアツァイ	**大件** ダアジェン （頭菜） トウツァイ	献立の中で最も高級な材料を用いる
	炒菜 チャオツァイ	炒め物。少量の動物性食品と多めの野菜を用い，でん粉あんで舌触りをよくする
	炸菜 デャツァイ	揚げ物。素揚げ（清炸），衣揚げ（炸衣子）等
	蒸菜 チョンツァイ	蒸し物。材料をそのまま蒸す（清蒸），でん粉をつけて蒸す（粉蒸）等
	煨菜 ウェイツァイ	煮込み物。弱火でじっくりと煮込む料理
	烤菜 カオツァイ	直火焼き。いぶし焼き，あぶり焼き等
	溜菜 リュウツァイ	あんかけ料理。揚げる，蒸した料理にあんでとろみをつける
	拌菜 バンツァイ	和え物，酢の物
	湯菜 タンツァイ	スープ料理。清澄なスープ（清湯），濁ったスープ（奶湯），とろみをつけたスープ（羹），即席のスープ（川湯）等
点心 ディエヌシヌ	**鹹点心** イエヌディエヌシヌ	塩味のもの。飯物，めん類，粉加工品等
	甜点心 ティエヌディエヌシヌ	甘味のもの。菓子類，デザート等

3）中国料理の食事作法

　　a．席の座り方　　中国では部屋の北を上座，南を下座とするが，入り口より遠方に香壇（香を炊くための壇）を置きその前を上座とし，入り口近くに衝立を置き下座の南とすることもある。正饗では1卓8人用の八仙卓子（ハッシェンチュオズ）という角卓が用いられる。食卓が多い場合は，各卓に主人の代理を配置する。現在では，人数の融通しやすい円卓が多い。

　　b．食事作法　　大皿の料理を主人自らの箸で客に取り分ける，または各自の箸で取り分ける取り回し方式である。主人の勧めによって主客が前菜に箸をつけた後，各自も食べ始める。取り分けるため1人分ずつ食器が卓上に置かれる。箸は縦向き，横に湯匙（ちりれんげ）が置かれ，菜と飯は箸，湯菜や汁けの多いものは湯匙（タンツ）を使用する。飯碗，杯以外の食器は持ち上げずに食べる。図5-9に中国料理の席の座り方を示す。

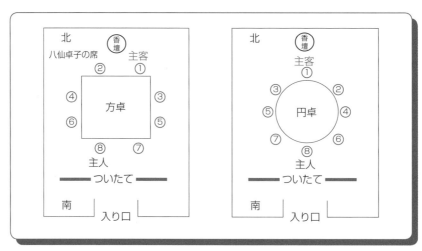

図5-9　中国料理の席の座り方

（3）西洋料理の様式

1）西洋料理の特徴

　西洋料理は，主に西ヨーロッパや北アメリカ等の欧米料理の総称で，その中心は，フランス料理である。古代ギリシャ，ローマの豪華な宴会料理がイタリアからフランスへと引き継がれ，18世紀に洗練された宮廷料理として発展した。1789年のフランス革命により，宮廷料理人が職を求めて各地に移動しレストランが誕生し，庶民に親しまれた。その後フランス料理は，レシピ集や調理法の体系化によって集大成された。1970年代には，美味を追求する豪華さが見直され，新鮮な食材の持ち味を生かし油脂使用を控えた新フランス料理ヌーベル・キュイジーヌ（nouvelle cuisine）が誕生した。しかし，1980年代に入ると，クラッシックな技法のもと，伝統的な濃厚なソースと現代の感覚を取り入れたキュイジーヌ・モデルヌ（cuisine moderne）が提唱されている。2010年にはフランスの食事や慣習などのフランス美食術が，ユネスコの世界無形文化遺産として登録された。

　フランスは地理的条件に恵まれ，獣肉類，魚介類，野菜・果実類が豊かで乳製品の加工技術もある。獣肉の使用によりハーブや香辛料を用い，調味の基本は塩とこしょうでその持ち味を生かすソースを添え，味や見た目に芸術性をもたせている。主食と副食の概念がなく，1品ずつ食品の組み合わせや味に独立性があり，オーブン等の焼く調理法が発達している。

　日本では明治の西欧化以来，料理はフランス式，テーブルセッティングやマナーはイギリス式が基本となっている。

2）西洋料理様式の供応食

　西洋料理の供応食には，会食の形式や座食か立食の形式により，正餐，ビュッフェ・パーティー，ティー・パーティー，カクテル・パーティーなどがある。

　a．正餐（ディネ（dîner　仏），ディナ（dinner　英））　西洋料理の正式な供応食の食事で，多くの料理を組み合わせた供卓順序が決められ，サービス，食事作法に関するルールがある。各国の正餐にはフランス料理を用いることが多い。前菜，スープで食欲を呼び起

こし，次第に濃厚な料理に移り，蒸し焼き料理を頂点とさせ，サラダ，デザートで再び淡白にしながら味覚・触覚を満足させる。最後にコーヒーで食事を完結する。西洋料理の正餐の献立構成を表5-15に示す。

　b．ビュッフェ・パーティー（buffet party（仏）（英））　　Buffetとは，フランス語で食器戸棚を意味し，棚に料理を置いて部屋を広くし，多くの人が同時に食事してパーティーを楽しみ交流するのが始まりである。セルフサービスの立食形式で，大皿に料理を盛り，取り皿，カトラリー（食卓用のナイフやフォーク，スプーン等）を機能的に配置し，各自が好みの料理を取って食べる。

　c．ティー・パーティー　　紅茶やコーヒー等の飲み物に，生菓子以外のビスケット類，チョコレート，サンドイッチ等を食べながら親睦を深めるパーティーである。特にイギリスのアフタヌーンティーは有名である。食堂は用いず，居間や客間で午後2時半から4時ごろが一般的である。

　d．カクテル・パーティー　　カクテル等のアルコール飲料とソフトドリンク，軽食を供し，多くの人が気軽に歓談する立食形式のパーティーである。

表5-15　西洋料理　正餐の献立構成

順序	構　成	内　容	飲み物
1	前菜 Hors d'œuvre（仏） Appetizer（英）	別室で食前酒とともに供する番外料理。食欲を呼び起こす役目	シェリー酒，軽い白ワイン
2	スープ Potage（仏） Soup（英）	晩餐に必ず出される。味を吟味し，次の料理との調和を図る	
3	魚料理 Poisson（仏） Fish（英）	種々の魚介類で食べやすく調理し，ソースを添える	白ワイン
4	肉料理 Entrée（仏） Meat（英）	蒸し焼き以外の肉料理で，野菜とともに調理し，最も豪華な料理で盛り上がりをもたせる	赤ワイン
5	氷酒 Sorbet（仏） Sherbet（英）	口直しでさっぱりさせる。酒をきかせ甘味を控えたシャーベット	
6	蒸し焼き料理 Rôti（仏） Roast（英）	主として鳥類の蒸し焼きで，塊のまま大皿に盛り，立体感をもたせる	
7	野菜料理 Légume（仏） Vegetable（英）	肉料理等の付け合わせに出されるときは省略される。独立した野菜料理で生野菜のサラダを用いる	
8	デザート Entremets（仏） Sweets（英）	食後の菓子。いままでの料理との調和を考え，美しく飾る。温菓，冷菓，氷菓等から一品を供する	シャンパン
9	果物 Fruits（仏・英）	季節の果物を数種盛り合わせる	
10	コーヒー Café（仏） Coffee（英）	ごく濃いコーヒーを普通のカップの半量の大きさで供する（デミタスコーヒー）	リキュール，ブランデー

3）西洋料理の食事作法

　a．**席の座り方**　　部屋の中心に食卓を置き，窓や入り口から遠い席の上座へ主客，向かい側に主人（ホスト）が座る。主客夫人は主人の右手，女主人（ホステス）は主客の左手に座る。以後男女が交互に座り，夫婦はなるべく離れる。椅子の左側から入り，食卓との間が10cm位になるよう深く腰掛ける。図5-10に西洋料理の席の座り方を示す。

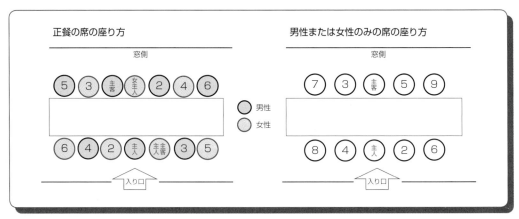

図5-10　西洋料理の席の座り方

　b．**食卓の整え方**　　食卓に消音のためのフランネルの下敷きを敷き，白色麻製の織模様のテーブルクロスを掛ける。テーブルより50〜60cm（略式では20〜30cm）垂れ下がる大きさにする。1人分の間隔は約80cmの幅を保ち，ベースプレート（位置皿）にテーブルクロスと同じ布地のナプキン（50cm角前後）を置き，それを中心としてカトラリー類，グラスを配置する。食卓の整え方を図5-11に示す。テーブル中央にはセンターピース（食卓花，キャンドルスタンド等）や卓上調味料をバランスよく配置する。

　c．**食事作法**　　西洋料理の食事作法（正餐の場合）を表5-16に，フランス式とイギリス式のマナーを図5-12に示す。

（4）日　常　食

1）日本料理

　日本の日常食は，米飯を主食とし，汁物，主菜，副菜，副々菜，デザートが一般的であるが，さまざまな国の影響による和洋中の折衷料理にもなっている。日本古来の考え方に「左上位」があり，米が重要とされる説等から，主食である米飯が左側に配膳される。

2）中　国　料　理

　北方地域の主食は，穀類の粉を用いた麺類，饅頭（蒸しパン），餅等を食し，南方地域では，飯や粥を食することが多い。朝食は，饅頭や餅または飯や白粥と常備菜，漬物類を組み合わせる。昼食や夕食は，点心または飯や白粥と2〜3品の菜と汁物である。

3）西　洋　料　理

　フランス式（コンチネンタル式）では，朝食（Petit déjeuner）はパン（バター，ジャム），コーヒー等で軽く，昼食（déjeuner）・夕食（dîner）は前菜，魚肉料理，野菜料理，デザー

1 オードブル用デザートナイフ・フォーク　A　ゴブレット
2 スープスプーン　　　　　　　　　　　B　シャンパングラス
3 フィッシュナイフ・フォーク　　　　　C　シェリーグラス
4 ミートナイフ・フォーク　　　　　　　D　白ワイングラス
5 ミートナイフ・フォーク　　　　　　　E　赤ワイングラス
6 デザートスプーン
7 フルーツナイフ・フォーク
8 コーヒースプーン
9 バターナイフ
10 バターボウル
11 パン皿
12 ベースプレート（位置皿）
13 ナプキン

図5-11　西洋料理の食卓の整え方

表5-16　西洋料理の食事作法（正餐の場合）

着席・退席	・椅子の左から座る ・中座するときは，ナプキンを椅子等の上に置き，左から出る ・退席のときは，ナプキンをパン皿あたりに置き，左から席を離れる
ナプキン	・料理が出される前に二つ折りにし，膝の上に置く ・口元や指先を拭くときは，端の内側を使う
ナイフ・フォーク	・テーブルに並べてある外側から順に使う ・ナイフは右手，フォークは左手に持つ ・ナイフ・フォーク等を落としたら，給仕人に拾ってもらう
料理	・左から一口大にナイフで切って食べる ・器はテーブルに置いたままで持ち上げない ・スープやコーヒー等は音をたててすすらない ・パンは左側のものをデザート前までに食べ終わる ・指先が汚れたら，フィンガーボウルで片方ずつ洗いナプキンで拭く（指でつまんで食べていいオマール海老，蟹等の殻付き料理や，骨付きの肉料理のときに出てくる）
酒類	・ワイン等給仕人にグラスを持ち上げないで，ついでもらう ・サービスを断るときは，グラスの縁に軽く手をのせ，断る
その他	・食事中，髪や顔にふれない ・口の中に食べ物があるときに話をしない

ト等しっかりとした内容の食事になる。イギリス式では，朝食（breakfast）はパン，卵・加工肉料理，コーヒー等，夕食（dinner）は前菜，魚肉料理，野菜料理，デザート等で重点を置き，昼食（lunch）は2～3品料理で軽い食事になる。

図5-13に日常食の配膳図を示す。

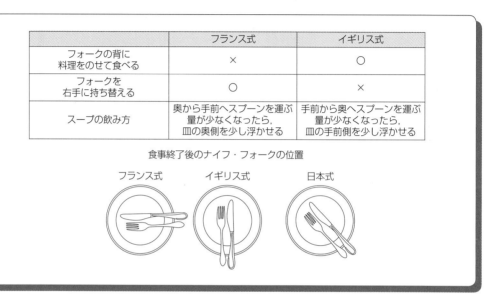

	フランス式	イギリス式
フォークの背に料理をのせて食べる	×	○
フォークを右手に持ち替える	○	×
スープの飲み方	奥から手前へスプーンを運ぶ量が少なくなったら，皿の奥側を少し浮かせる	手前から奥へスプーンを運ぶ量が少なくなったら，皿の手前側を少し浮かせる

食事終了後のナイフ・フォークの位置

フランス式　　イギリス式　　日本式

図5-12　フランス式とイギリス式のマナー

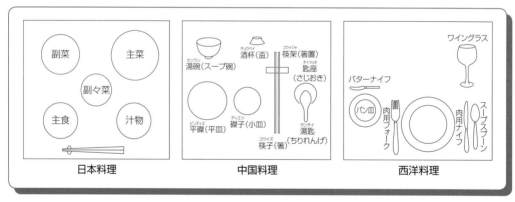

図5-13　日常食の配膳図

2.3　食事環境

食事環境とは，食事をサービスする人も含めた食事に関係するすべての空間のことである。食事環境を清潔で快適に整備することで，おいしさを向上させ，喫食者の食欲増進，癒やしやくつろぎ等の精神的満足度を高めた食事を提供することができる。

食事環境の構成要素には，人の要素（誰と，何人か），時間の要素（季節，食事の時間帯），空間の要素（屋内・屋外，室内温度・湿度，照明，音楽，天井や壁，カーテン，家具等のインテリア，色，食器やテーブルクロス等の食卓）がある。照度は，JIS基準で食堂は300ル

クスを目安とし，オレンジ色に近い電球色（色温度 2,600～3,250 ケルビン）が適し，料理を
おいしく演出するペンダントライト等の照明器具も用いる。音楽は，川のせせらぎや波の音
等，気分をリラックスさせ，食事にふさわしいものを選ぶ。

3 日本食品標準成分表の理解

3.1　日本食品標準成分表の目的

　わが国では，1950 年に初めて公表されて以来，日本食品標準成分表（以下，食品成分表）
が食品成分に関する基礎データを提供する役割をはたしてきた。食品成分表は，学校給食，
病院給食等の給食管理，食事制限，治療食等の栄養指導面はもとより，国民の栄養，健康へ
の関心の高まりとともに，一般家庭における日常生活面においても，広く利用されている。
行政面でも厚生労働省の食事摂取基準の策定，国民健康・栄養調査等各種調査および農林水
産省の食料需給表の作成等さまざまな重要施策の基礎資料として，また教育分野・研究分野
や食品事業者が栄養成分を合理的に推定するための基礎データとして頻繁に利用されてい
る。このように食品成分表は，国民が日常摂取する食品の成分に関する基礎データを，関係
各方面に幅広く提供することを目的にしている。

3.2　日本食品標準成分表 2020 年版（八訂）の見方

（1）収載食品

　a．食品群の分類と配列順　　現在使われている日本食品標準成分表 2020 年版（八訂）
に収載されている食品数は，2,478 食品である。それら食品は，1.穀類，2.いも及びでん粉類，
3.砂糖及び甘味類，4.豆類，5.種実類，6.野菜類，7.果実類，8.きのこ類，9.藻類，10.魚介
類，11.肉類，12.卵類，13.乳類，14.油脂類，15.菓子類，16.し好飲料類，17.調味料及び香
辛料類，18.調理済み流通食品類の 18 食品群に分類されている。配列は植物性食品，きのこ
類，藻類，動物性食品，加工食品の順に並んでいる。

　食品の選定，調理にあたっては原材料的食品を選定し，「生」，「乾」等未調理品を収載食
品の基本とし，一部に「ゆで」，「焼き」等の基本的な調理食品，和食の伝統的な料理を収載
している。加工食品は可能な限り代表的な食品を選定している。

　b．食品の分類，配列と食品番号　　収載食品の分類と配列は，大分類，中分類，小分
類および細分の 4 段階である。

　大分類は原則として生物の名称をあて，50 音順に配列し，中分類は ［ ］ で示し，小分
類は原則として原材料的なものから順次加工度が高いものの順に配列している。食品番号は
5 桁とし，はじめの 2 桁は食品群にあて，次の 3 桁を小分類または細分にあてている。本成
分表から新たに追加された食品では，食品群ごとに下 3 桁の連番を付している。

例)	食品番号	食品群	区分	大分類	中分類	小分類	細分
	01002	穀類	－	あわ	－	精白粒	－
		01	－	－	－	002	－
	01020	穀類	－	こむぎ	［小麦粉］	強力粉	1 等
		01	－	－	－	－	020

　　c．収載成分項目　　項目の配列は，廃棄率，エネルギー，水分，「たんぱく質」に属する成分，「脂質」に属する成分，「炭水化物」に属する成分，有機酸，灰分，無機質，ビタミン，アルコール，食塩相当量，備考の順となった。

　　d．廃棄率および可食部　　廃棄率は原則として，通常の食習慣において廃棄される部分（魚の骨，野菜の皮や根，しん等）を食品全体あるいは購入形態に対する質量の割合（%）とし，10 未満は整数，10 以上は 5 の倍数で表示されている。廃棄部位は備考欄に記載されている。可食部は食品全体あるいは購入形態から廃棄部分を除いたものであり，各成分値は可食部 100 g 当たりの数値である。可食部 100 g 当たり成分値は表 5-17 にある数値の表示方法に従い，算出されたものである。栄養計算をする際の数字の取り扱いはこれに準ずるとよい。材料購入時（発注時）には，廃棄率の記載のある食品は，可食部質量に廃棄量を加算して購入することになるので注意を要する。

〈廃棄率の求め方〉

$$廃棄率（\%）= \frac{廃棄部を含めた原材料質量 - 調理前の可食部質量}{廃棄部を含めた原材料質量} \times 100$$

　　e．エネルギー　　食品のエネルギー値は，可食部 100 g 当たりのアミノ酸組成によるたんぱく質，脂肪酸のトリアシルグリセロール当量，利用可能炭水化物（単糖当量），糖アルコール，食物繊維総量，有機酸およびアルコールの量（g）に各成分のエネルギー換算係数を乗じて算出している。適応すべきエネルギー換算係数が明らかでない食品や，複数の原材料からなる加工食品は，Atwater の係数（たんぱく質 4 kcal/g，脂質 9 kcal/g，炭水化物 4 kcal/g）を適用している。アルコールを含む食品は FAO/WHO 合同特別専門委員会報告に従い，7.1 kcal/g を適用している。エネルギーの単位は kcal（キロカロリー）と kJ（キロジュール）が併用されている。kcal から kJ への換算は FAO/WHO 合同特別専門委員会報告に従い，1 kcal = 4.184 kJ として計算する。

　　f．一般成分　　一般成分とは水分，成分項目群「たんぱく質」に属する成分，「脂質」に属する成分（ただし，コレステロールを除く），「炭水化物」に属する成分，有機酸および灰分である。

　　①　水　分：水分は食品の性状を表す最も基本的な成分である。人体は約 60%が水分でその約 2 分の 1 を食品から摂取している。

　　②　たんぱく質：たんぱく質はアミノ酸の重合体であり，人体の水分を除いた重量の 2 分の 1 以上を占めている。本成分表には，アミノ酸組成によるたんぱく質とともに，基準窒素量に窒素-たんぱく質換算係数を乗じて計算したたんぱく質が収載されている。

表5-17　数値の表示方法（一般成分および無機質，ビタミン等）

項　目			単位	最小表示の位	数値の丸め方等
廃棄率			%	1の位	10未満は小数第1位を四捨五入。 10以上は元の数値を2倍し，10の単位に四捨五入で丸め，その結果を2で除する。
エネルギー			kJ kcal	1の位	小数第1位を四捨五入。
水分			g	小数第1位	小数第2位を四捨五入。
たんぱく質					
	アミノ酸組成によるたんぱく質				
	たんぱく質				
脂質					
	トリアシルグリセロール当量				
	脂質				
炭水化物					
	利用可能炭水化物（単糖当量）				
	利用可能炭水化物（質量計）				
	差引き法による利用可能炭水化物				
	食物繊維総量				
	糖アルコール				
	炭水化物				
有機酸					
灰分					
無機質	ナトリウム		mg	1の位	整数表示では，大きい位から3桁目を四捨五入して有効数字2桁。ただし，10未満は小数第1位を四捨五入。小数表示では，最小表示の位の一つ下の位を四捨五入。
	カリウム				
	カルシウム				
	マグネシウム				
	リン				
	鉄		mg	小数第1位	
	亜鉛				
	銅			小数第2位	
	マンガン				
	ヨウ素		μg	1の位	
	セレン				
	クロム				
	モリブデン				
ビタミン	ビタミンA	レチノール	μg	1の位	整数表示では，大きい位から3桁目を四捨五入して有効数字2桁。ただし，10未満は小数第1位を四捨五入。小数表示では，最小表示の位の一つ下の位を四捨五入。
		α-カロテン			
		β-カロテン			
		β-クリプトキサンチン			
		β-カロテン当量			
		レチノール活性当量			
	ビタミンD			小数第1位	
	ビタミンE	α-トコフェロール	mg	小数第1位	整数表示では，大きい位から3桁目を四捨五入して有効数字2桁。ただし，10未満は小数第1位を四捨五入。小数表示では，最小表示の位の一つ下の位を四捨五入。
		β-トコフェロール			
		γ-トコフェロール			
		δ-トコフェロール			
	ビタミンK		μg	1の位	
	ビタミンB₁		mg	小数第2位	
	ビタミンB₂				
	ナイアシン			小数第1位	
	ナイアシン当量				
	ビタミンB₆			小数第2位	
	ビタミンB₁₂		μg	小数第1位	
	葉酸			1の位	
	パントテン酸		mg	小数第2位	
	ビオチン		μg	小数第1位	
	ビタミンC		mg	1の位	
アルコール			g	小数第1位	小数第2位を四捨五入。
食塩相当量			g	小数第1位	小数第2位を四捨五入。
備考欄			g	小数第1位	小数第2位を四捨五入。

（文部科学省：『日本食品標準成分表2020年版（八訂）』，2020）

③　脂　質：脂質は食品中の有機溶媒に溶ける有機化合物の総称で，中性脂肪のほかリン脂質，ステロイド，ワックスエステル，脂溶性ビタミン等を含んでいる。多くの食品の脂質の大部分は中性脂肪が占める。中性脂肪のうち，自然界に最も多く存在するのは，トリアシルグリセロールである。本成分表には，各脂肪酸をトリアシルグリセロールに換算して合計した脂肪酸のトリアシルグリセロール当量とともに，コレステロールおよび有機溶媒可溶物を分析で求めた脂質が収載されている。

④　炭水化物：炭水化物は，生体内で主にエネルギー源として利用される重要な成分である。本成分表では，エネルギーとしての利用性に応じて炭水化物を細分化（利用可能炭水化物，食物繊維総量，糖アルコール，炭水化物）し，それぞれの成分にそれぞれのエネルギー換算係数を乗じてエネルギー計算に利用することとなった。

⑤　灰　分：灰分は一定条件下で灰化して得られる残分であり，食品中の無機質の総量を反映していると考えられている。灰分は水分とともにエネルギー産生に関与しない一般成分として，各成分値の分析の確からしさを検証する際の指標のひとつとなる。

　　g．無機質　　収載した無機質は，すべて人間において必須性が認められたものであり，ナトリウム，カリウム，カルシウム，マグネシウム，リン，鉄，亜鉛，銅，マンガン，ヨウ素，セレン，クロムおよびモリブデンを収載した。このうち成人の1日の摂取量が概ね100mg以上となる無機質は，ナトリウム，カリウム，カルシウム，マグネシウムおよびリン，100mgに満たない無機質は，鉄，亜鉛，銅，マンガン，ヨウ素，セレン，クロムおよびモリブデンがある。

　　h．ビタミン　　脂溶性ビタミンとして，ビタミンA（レチノール，α-およびβ-カロテン，β-クリプトキサンチン，β-カロテン当量およびレチノール活性当量），ビタミンD，ビタミンE（α-，β-，γ-およびδ-トコフェロール）およびビタミンK，水溶性ビタミンとして，ビタミンB_1，ビタミンB_2，ナイアシン，ナイアシン当量，ビタミンB_6，ビタミンB_{12}，葉酸，パントテン酸，ビオチンおよびビタミンCを収載している。

　　　　レチノール活性当量（μgRAE）＝レチノール（μg）＋1/12 β-カロテン当量（μg）

　　i．食塩相当量　　食塩相当量はナトリウム量に2.54を乗じて算出した値を示した。ナトリウム量には食塩に由来するもののほか，原材料となる生物に含まれるナトリウムイオン，グルタミン酸ナトリウム，アスコルビン酸ナトリウム，リン酸ナトリウム，炭酸水素ナトリウム等に由来するナトリウムも含まれる。ナトリウム量に乗じる2.54は，食塩（NaCl）を構成するナトリウム（Na）の原子量（22.989770）と塩素（Cl）の原子量（35.453）から算出したものである。

　　　　NaClの式量／Naの原子量＝（22.989770＋35.453）／22.989770　≒　2.54

　　j．「質量」と「重量」　　国際単位系（SI）では，単位記号に「g」を用いる基本量は質量であり，重量は，力と同じ性質の量を示し，質量と重力加速度の積を意味するため，各分野において，「重量」を質量の意味で用いている場合には，「重量」を「質量」に置き換えることが進んでいる。成分表2020年版では，「重量」から「質量」を使用することとなった。なお，調理前後の質量の増減は，調理による質量の変化であるが，成分表2015年版と同様

表 5-18　調理した食品の重量変化率（抜粋）

食品番号	食品名	重量変化率(%)	食品番号	食品名	重量変化率(%)
	1．穀類 こむぎ ［うどん・そうめん類］ 　うどん			6．野菜類 （えんどう類） 　さやえんどう	
01039	ゆで	180	06021	若ざや，ゆで かんぴょう	98
	［中華めん類］ 　中華めん		06057	ゆで そらまめ	530
01048	ゆで	190	06125	未熟豆，ゆで （たまねぎ類） 　たまねぎ	100
01064	［マカロニ・スパゲッティ類］ 　　マカロニ・スパゲッティ 　　ゆで	220	06154 06155	りん茎，水さらし 　　りん茎，ゆで はくさい	100 89
01088	こめ ［水稲めし］ 　精白米，うるち米	210	06234	結球葉，ゆで	72
01093	［水稲全かゆ］ 　精白米	500		8．きのこ類 （きくらげ類） 　きくらげ	
01097	［水稲五分かゆ］ 　精白米	1000	08007	ゆで しいたけ 　生しいたけ	1000
01101	［水稲おもゆ］ 　精白米	―	08040	菌床栽培，ゆで 乾しいたけ	110
	2．いも及びでん粉類 〈いも類〉 じゃがいも		08014	ゆで	570
02018 02019 02020	塊茎，皮なし，蒸し 　塊茎，皮なし，水煮 　フライドポテト	93 97 52	09041	9．藻類 わかめ 　乾燥わかめ 　　素干し，水戻し	590
	4．豆類 あずき			11．肉類 〈鳥肉類〉 にわとり ［若鶏肉］ 　ささ身	
04002	全粒，ゆで だいず	230	11228	焼き	73
04024	国産，黄大豆，ゆで	220			

（文部科学省『日本食品標準成分表 2020 年版（八訂）』，2020）

に「重量変化率」としている（表5-18）。

（2）数値の表示方法

　成分値の表示は，すべて可食部 100g 当たりの値で収載されている。各成分の記号は，「－」未測定である，「0」分析値が最小記載量の 1/10 未満，または検出されなかったもの，「Tr（微量，トレース）」　最小記載量の 1/10 以上含まれているが 5/10 未満のもの，ただし食塩相当量の 0 は最小記載量（0.1g）の 5/10 未満のもの，「(0)」推定値，「(Tr)」微量含まれていると推定されるものを示している。

3.3 日本食品標準成分表2020年版（八訂）の活用法

（1）食品の調理条件

食品の調理条件は，一般調理（小規模調理）を想定し基本的な調理条件を定めている。調理に用いる器具はガラス製などとし，調理器具から食品への無機質の影響がないように配慮した。本成分表の加熱調理は，水煮，ゆで，炊き，蒸し，電子レンジ調理，焼き，油いため，ソテー，素揚げ，てんぷら，フライおよびグラッセ等を収載している。また，非加熱調理は，水さらし，水戻し，塩漬け，およびぬかみそ漬け等としている。

〈調理に関する計算式〉

① 重量変化率：食品の調理に際しては，水さらしや加熱により食品中の成分が溶出や変化し，一方，調理に用いる水や油の吸着により食品の質量が増減するため，次式により重量変化率を求める。

$$重量変化率（\%）＝\frac{調理後の同一試料の質量}{調理前の試料の質量}\times100$$

② 調理による成分変化率と調理した食品の可食部100g当たりの成分値：本成分表の調理した食品の成分値は，調理前の食品の成分値との整合性を考慮し，原則として次式により調理による成分変化率を求めて，これを用いて以下により調理前の成分値から算出する。

$$調理による成分変化率（\%）＝\frac{調理した食品の可食部100g当たりの成分値\times重量変化率（\%）}{調理前の食品の可食部100g当たりの成分値}$$

$$調理した食品の成分値の可食部100g当たりの成分値＝\frac{調理前の食品の可食部100g当たりの成分値\times調理による成分変化率（\%）}{重量変化率（\%）}$$

③ 調理した食品全質量に対する成分量（g）：実際に摂取した成分量に近似させるため，栄養価計算では，本成分表の調理した食品の成分値（可食部100g当たり）と，調理前の食品の可食部質量を用い，次式により調理した食品全質量に対する成分量が算出できる。

$$調理された食品全質量に対する成分量（g）＝調理した食品の成分値_{(g/100EP)}\times\frac{調理前の可食部質量（g）}{100（g）}\times\frac{重量変化率（\%）}{100}$$

④ 購入量：本成分表の廃棄率と調理前の食品の可食部質量から，廃棄部を含めた原材料質量（購入量）が算出できる。

$$廃棄部を含めた原材料質量（g）＝\frac{調理前の可食部質量（g）\times100}{100-廃棄率（\%）}$$

〈引用文献〉

1）橋本慶子，下村道子，島田淳子：『調理科学講座7 調理と文化』，朝倉書店（1993）

〈参考文献〉

・森高初惠，佐藤恵美子編著：『Nブックス 調理科学 第4版』，建帛社（2020）

・文部科学省科学技術・学術審議会資源調査分科会：『日本食品標準成分表2020年版（八訂)』（2020）

・大越ひろ，高橋智子編著：『管理栄養士講座 四訂 健康・調理の科学―おいしさから健康へ―』，建帛社（2020）

・香川明夫監修：『八訂 食品成分表2021』（資料編），女子栄養大学出版部（2020）

・宮澤節子，松井元子編著：『カレント給食経営管理論 第3版』，建帛社（2019）

・日本栄養士会監修：『「食事バランスガイド」を活用した栄養教育・食育実践マニュアル』，第一出版（2006）

・食事摂取基準の実践・運用を考える会編：『日本人の食事摂取基準［2020年版］の実践・運用』，第一出版（2020）

・川端晶子，畑明美：『Nブックス 調理学』，建帛社（2008）

・日本フードスペシャリスト協会：『改訂 フードスペシャリスト論』，建帛社（2005）

・日本家政学会編：『家政学シリーズ8 食生活の設計と文化』，朝倉書店（1994）

・河内一行，川端晶子，鈴野弘子ほか：『応用自在な調理の基礎 日本料理篇（改訂版)』，建帛社（2018）

・川端晶子，澤山茂，永島伸浩ほか：『応用自在な調理の基礎 中国料理篇』，建帛社（2018）

・川端晶子，澤山茂，加藤みゆきほか：『応用自在な調理の基礎 西洋料理篇』，建帛社（2018）

・川端晶子，大羽和子，森高初惠ほか：『時代とともに歩む新しい調理学 第2版』，学建書院（2015）

・山崎英恵，津田謹輔，伏木亨ほか：『Visual栄養学テキストシリーズ 食べ物と健康Ⅳ 調理学 食品の調理と食事設計』，中山書店（2018）

・大谷貴美子，松井元子，饗庭照美ほか：『栄養科学シリーズNEXT 食べ物と健康，給食の運営，基礎調理学』，講談社サイエンティフィク（2017）

・大谷貴美子，松井元子，饗庭照美ほか：『栄養科学シリーズNEXT 食べ物と健康，給食の運営，調理学実習』，講談社サイエンティフィク（2019）

・吉田惠子，綾部園子，荒田玲子ほか：『栄養管理と生命科学シリーズ 新版調理学』，理工図書（2020）

・犬飼陽子，宮澤洋子，森井沙衣子：『基礎から学ぶ調理学実習』，晃学出版（2009）

・第一出版センター編：『四季日本の料理 秋』，講談社（1998）

・江後迪子：『長崎奉行のお献立 南蛮食べもの百科』，吉川弘文館（2011）

・古場久代：『卓袱料理のすすめ 長崎食文化の奥義』，長崎文献社（2007）

・渡邊智子，渡辺満利子，横塚昌子ほか：『健康・栄養科学シリーズ 食べ物と健康 食事設計と栄養・調理』，南江堂（2014）

・木戸詔子，池田ひろ，古川秀子ほか：『新食品・栄養科学シリーズ 調理学 第3版』，化学同人（2016）

・太田和枝，照井眞紀子，三好恵子ほか：『給食におけるシステム展開と設備』，建帛社（2008）

・三好恵子，山部秀子，平澤マキほか：『給食経営管理論』，第一出版（2019）

演習問題

[第1章　人間と食品（食べ物）]

問題1　食物連鎖に関する記述である。正しいものはどれか。
(1)　人間は植物を育てたり，動物を飼育したりするので，生産者に分類される。
(2)　きのこ等の菌類は太陽エネルギーと二酸化炭素から炭水化物をつくるため，食物連鎖ピラミッドの第1栄養レベルに属する。
(3)　生物濃縮とは，小さな生物を大きな生物が捕食することをくり返し，生態系の上位にいる生物ほど特定物質を多く体内に蓄積することである。
(4)　ライオンやトラ等の野生の肉食動物は食物連鎖ピラミッドの最高位にいる。
(5)　人間は農耕や養殖，牧畜等の特定の動植物を増加させ，生態系を守っている。

問題2　食品の保存と流通に関する記述である。正しいものはどれか。
(1)　フード・マイレージとは食料の輸送量（輸入量）を輸送距離で除した値である。
(2)　日本のフード・マイレージの低い食品は米である。
(3)　フード・マイレージの増加は，地球温暖化の抑制につながる。
(4)　冷凍食品は製造後に常温で流通し販売店で冷凍される。
(5)　フード・マイレージを減少するためには，食品廃棄物の飼料化，肥料化の促進が必要である。

問題3　食料生産と食料自給率に関する記述である。正しいものはどれか。
(1)　地産地消を推進するためには，輸入食品を増やす必要がある。
(2)　トレーサビリティとは「スローフード」運動のことである。
(3)　「フード・アクション・ニッポン」とは地産地消を推進することである。
(4)　日本の食料自給率の低下は，調理加工された食品の利用割合が増えたことも影響し

ている。
(5)　食料自給率を上げるためには，大豆製品を積極的に食事に取り入れる。

[第2章　食事設計の基礎]

問題4　食べ物の嗜好性についての記述である。正しいものはどれか。
(1)　甘味は液状よりもゲル状の方が甘味を強く感じる。
(2)　苦い薬の後に飴をなめると甘味が弱まるのは対比効果である。
(3)　おいしさの要因に，人種や民族は関係しない。
(4)　新生児には味の識別能がない。
(5)　分析型官能評価では，訓練された検査員が製品の特性を客観的に評価する。

問題5　食品の味（呈味成分）に関する記述である。正しいものはどれか。
(1)　食塩を少量加えうま味が増強することを，相乗効果という。
(2)　苦味の閾値は，基本味の中で最も高い。
(3)　渋味は，舌の粘膜に生じる収斂作用による。
(4)　こんぶに含まれるうま味成分は，5'-グアニル酸である。
(5)　しょうがに含まれる辛味成分は，カプサイシンである。

問題6　食べ物の嗜好性についての記述である。正しいものはどれか。
(1)　牛乳は油中水滴型エマルションである。
(2)　エマルションの安定化には，粒子の細分化はできるだけ避けなければならない。
(3)　食品の好まれる温度は，冷たい食べ物では2～3℃である。
(4)　テクスチャー測定は，おいしさを測定する基礎的方法の1つである。
(5)　塩味は30℃付近が最も塩味を感じにくい。

[第3章　調理の基本（調理法）]

問題7　浸漬操作に関する記述である。正しいものの組み合わせはどれか。

a．切った野菜を冷水につけると，浸透圧の作用で水が細胞内に吸収され，歯ごたえがよくなる。

b．あずきや大豆は豆の3〜4倍の水に一晩浸漬し，十分に吸水してからゆでる。

c．はまぐりやあさり等の貝類は海水程度の食塩水（3％程度）に漬け，砂を吐き出させる。

d．凍り豆腐は冷水に浸漬して，水気を切って利用する。

(1)　aとb　　(2)　aとc　　(3)　bとc

(4)　bとd　　(5)　cとd

問題8　切砕に関する記述である。正しいものはどれか。

(1)　にんじんは繊維方向に沿って切ると，煮くずれしやすい。

(2)　肉や野菜は繊維に対して平行に切ることで，軟らかい食感となる。

(3)　食材は大きく切った方が調味料は浸透しやすい。

(4)　食材は小さく切ると，油の吸油率が低くなる。

(5)　かぼちゃ等煮くずれしやすいものは，面取りをするとよい。

問題9　調理における熱の伝わり方に関する記述である。正しいものはどれか。

(1)　炒め加熱における鍋から食材への伝熱は，対流伝熱である。

(2)　揚げ加熱における油から食材への伝熱は，伝導伝熱である。

(3)　ゆで加熱における食材表面から内部への伝熱は，伝導伝熱である。

(4)　オーブン加熱における空気から食材への伝熱は，放射伝熱である。

(5)　電子レンジ加熱では，マイクロ波から食材へ伝熱する。

問題10　湿式加熱に関する記述である。正しいものはどれか。

(1)　ほうれんそうをゆでるときは，水からゆでる。

(2)　茶碗蒸しは100℃で蒸すと，すだちを起

こさずに蒸すことができる。

(3)　かくし包丁をすると型くずれせず，早く味をしみ込ませることができる。

(4)　煮物の調味料は砂糖よりも塩を先に入れる。

(5)　乾めんはひたひたの湯でゆでるとよい。

問題11　乾式加熱に関する記述である。正しいものはどれか。

(1)　フライよりも素揚げの方が吸油率が高い。

(2)　炒める食材を多くすると，材料内部からの水分の流出が少ない。

(3)　一般的な揚げ物の温度は200℃以上である。

(4)　直火焼きでは，熱源と食材を近づけた方がよい。

(5)　から揚げとはかたくり粉等のでん粉や小麦粉をまぶして揚げる手法である。

問題12　加熱調理に関する記述である。正しいものはどれか。

(1)　電子レンジでは，ほうろう容器に入れて加熱する。

(2)　電気コンロにはアルミ鍋が使用できない。

(3)　てんぷらの揚げ油の適温は250℃である。

(4)　熱伝導率は，アルミニウムよりステンレスのほうが小さい。

(5)　熱を速く伝えるためには，熱伝導率の小さい鍋が適している。

[第3章　調理の基本（食材）]

問題13　米の調理に関する記述である。正しいものはどれか。

(1)　もち米は，うるち米より水浸漬中の吸水量が少ない。

(2)　ピラフは，飯を油脂で炒めたものである。

(3)　全がゆの加水量は，米重量の10倍である。

(4)　味付け飯の塩分添加量は，加水量の1.5％が目安である。

(5) 飯（うるち米）は，米重量の 2.1〜2.4 倍の炊き上がりが標準である。

問題14 果実類に関する記述である。正しいものはどれか。
(1) パパイアの果肉色は，ルテインである。
(2) メロンには，収穫後の追熟現象が認められる。
(3) 柿は，渋抜きの過程でタンニンが水溶性になる。
(4) パインアップルの果肉には，アクチニジンが含まれる。
(5) 果実に含まれるフルクトースの甘味度は，温度によって変化しない。

問題15 魚介類に関する記述である。正しいものはどれか。
(1) かつおは筋形質たんぱく質が少ないため，でんぶに適している。
(2) 生食用の魚肉の鮮度は K 値が 50％ 以上であることが望ましい。
(3) 魚肉に塩をふることで，アクトミオシンを溶出させる。
(4) 血合肉にはミオグロビンが多く含まれる。
(5) 貝類特有のうま味は，グルタミン酸によるものである。

問題16 乳製品に関する記述である。正しいものはどれか。
(1) 牛乳中で野菜を加熱すると凝固する。
(2) バターは水中油滴（O/W）型のエマルションである。
(3) クリームの糖度はオーバーランで判定する。
(4) テーブルバターの適温は 5℃ 未満である。
(5) 牛乳を加えた卵液のゲル強度は，だし汁を加えたものより低い。

問題17 ゲル用食品に関する記述である。正しいものはどれか。
(1) ゼラチンゲルは寒天ゲルよりも付着性が強く，2 色ゼリーに適している。

(2) ゼラチンゾルに牛乳を添加すると，ゲル強度は低下する。
(3) 寒天ゲルの網目構造は粗く，離漿しない。
(4) カラギーナンの主成分はガラクトースで，消化吸収しやすい。
(5) LM ペクチンは砂糖濃度の条件が満たされると，ゲル化する。

問題18 調味料に関する記述である。正しいものはどれか。
(1) 砂糖は，小麦粉のグルテン形成を促進する。
(2) 泡立ての卵白の安定性は，食塩の添加によって増加する。
(3) ポーチドエッグをつくる際に加える食酢は，卵たんぱく質の熱凝固を促進させる。
(4) 本みりんは，非酒類の調味料である。
(5) 魚や肉をみそに漬け込むと，みそ中の塩分により肉質が硬くなる。

[第 4 章　調理操作と栄養]
問題19 でん粉の老化に関する記述である。正しいものはどれか。
(1) アミロペクチンは，アミロースより老化が進みやすい。
(2) 室温（20〜25℃）では，低温（0〜4℃）より老化が進みやすい。
(3) 砂糖の添加は，老化に対して遅延効果がない。
(4) 水分含量が 70〜80％ のときに老化が最も進みやすい。
(5) 老化を防ぐには，乾燥状態や冷凍保存等がよい。

問題20 調理と酵素に関する記述である。正しいものはどれか。
(1) 野菜を切断した際の青臭いにおいは，ミロシナーゼの働きにより生成される。
(2) じゃがいもの切断面の褐変には，リパーゼが関与する。
(3) りんごを切断した際に生じる褐変は，アミラーゼの作用による。
(4) まいたけを用いた茶碗蒸し調理における

卵液のゲル化阻害は，プロテアーゼの作用による。

(5) グレープフルーツの苦味生成はナリンギナーゼの作用による。

問題21 調理操作による栄養成分の変化に関する記述である。**正しいもの**はどれか。

(1) 赤ピーマンの油炒めは，β-カロテン，ビタミンCの損失がほとんどない。

(2) 加熱によって野菜中のペクチンはペクチン酸になる。

(3) ほうれんそうをゆで加熱すると，β-カロテンは減少する。

(4) 焼き加熱によって，脂身つき豚ロースの脂肪は約60％減少する。

(5) いもの蒸し加熱では，ビタミンCの残存率はさつまいもよりじゃがいもの方が高い。

[第5章 献立作成]
問題22 日本料理の供応食に関する記述である。**正しいもの**はどれか。

(1) 本膳料理は，室町時代に武家の饗宴として確立され，飯，汁，膾等が順に提供され，適温の状態で供することができる。

(2) 懐石料理は，鎌倉時代に曹洞宗の道元の教えの殺生を禁ずることをもとに，動物性食品や酒を禁止した料理である。

(3) 会席料理は，江戸時代に会合の席等の酒宴料理として発達し，最後に飯と止め椀，香の物が供される。

(4) 精進料理は，安土桃山時代に千利休によって，茶事に取り入れられ，茶をもてなす前の軽い食事をさす。

(5) 普茶料理は，江戸時代に長崎のポルトガル，オランダなどの貿易によって発達した料理で，動物性食品を使用している。

問題23 日本料理，中国料理，西洋料理に関する記述である。**間違っているもの**はどれか。

(1) 日本料理は，料理の色彩，切り方，季節感などを大切にし，視覚的要素を尊重する。

(2) 日本料理は，調理の主な熱媒体が油となり，乾式加熱の炒める，揚げる操作が多く用いられる。

(3) 中国料理の正式な宴席料理（筵席）は，前菜，大菜，点心から構成される。

(4) 西洋料理は，欧米料理の総称で，その中心となっているのはフランス料理である。

(5) 西洋料理の正餐の献立では，肉を使用した蒸し焼き料理を頂点とした構成からなる。

問題24 食事作法に関する記述である。**間違っているもの**はどれか。

(1) 世界の三大食法で，人口に占める割合の最も多いのは，手食である。

(2) 日本料理の席の座り方で，上座となるのは床の間の前の席になる。

(3) 中国料理では，部屋の北を上座，南を下座とし，飯碗，杯以外は持ち上げずに食べる。

(4) 西洋料理のナイフやフォークは，テーブルに並べてある内側から順に使用する。

(5) 西洋料理のスープの飲み方で，フランス式は奥から手前，イギリス式は手前から奥へスプーンを運ぶ。

（解答は p.184）

付録 食事摂取基準（概要）

（「日本人の食事摂取基準（2020 年版）」より抜粋・要約）

○策定指標

食事摂取基準として，エネルギーについては 1 種類，栄養素については 5 種類の指標を設定している。

a．エネルギー

エネルギーについては，エネルギーの摂取量および消費量のバランス（エネルギー収支バランス）の維持を示す指標として提示した BMI を用いることとする。実際には，エネルギー摂取量の過不足について体重の変化を測定することで評価する。2010 年版までエネルギーの指標として用いられていた「推定エネルギー必要量」は，2015 年版より参考表としている。

b．栄養素

推定平均必要量（EAR：estimated aveage requirement）：ある集団に属する人の 50％が必要量を満たすと推定される摂取量。

推奨量（RDA：recommended dietary alowance）：ある集団に属するほとんどの人（97~98％）が充足しているとみなされる摂取量。

目安量（AI：adequate intake）：推奨量が算定できない栄養素について，一定の栄養状態を維持するのに十分とみなされる摂取量。

耐容上限量（UL：tolerable upper intake level）：ある集団に属するほとんどすべての人が健康障害をもたらす危険がないとみなされる習慣的な摂取量の上限値。

目標量（DG：tentative dietary goal for preventing life-style related diseases）：生活習慣病の予防のために現在の日本人が当面の目標とすべき摂取量。飽和脂肪酸，食物繊維，ナトリウム（食塩相当量），カリウムおよび生活習慣病の予防を目的とした複合的な指標として，エネルギー産生栄養素バランス（たんぱく質，脂質，炭水化物（アルコール含む）が，総エネルギー摂取量に占めるべき割合）に策定された。

各指標を理解するための模式図を図 1 に示す。また，各栄養素に設定される指標の有無を表 1 に示す。

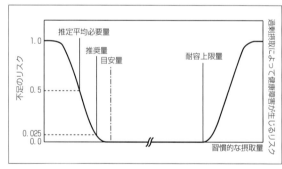

図 1　食事摂取基準の各指標（推定平均必要量，推奨量，目安量，耐容上限量）を理解するための概念図

縦軸は，個人の場合は不足または過剰によって健康障害が生じる確率を，集団の場合は不足状態にある人または過剰摂取によって健康障害を生じる人の割合を示す。

不足の確率が推定平均必要量では 0.5（50％）あり，推奨量では 0.02~0.03（中間値として 0.025）（2~3％または 2.5％）あることを示す。耐容上限量以上を摂取した場合には過剰摂取による健康障害が生じる潜在的なリスクが存在することを示す。そして，推奨量と耐容上限量とのあいだの摂取量では，不足のリスク，過剰摂取による健康障害が生じるリスクともに 0（ゼロ）に近いことを示す。

目安量については，推定平均必要量ならびに推奨量と一定の関係をもたない。しかし，推奨量と目安量を同時に算定することが可能であれば，目安量は推奨量よりも大きい（図では右方）と考えられるため，参考として付記した。

目標量は，ここに示す概念や方法とは異なる性質のものであることから，ここには図示できない。

〇適 用 対 象

食事摂取基準の対象は，健康な個人および健康な者を中心として構成されている集団とし，生活習慣病等に関する危険因子を有していたり，また，高齢者においてはフレイルに関する危険因子を有していたりしても，おおむね自立した日常生活を営んでいる者およびこのような者を中心として構成されている集団は含むものとする。

〇策定の留意事項

a．摂取源

食事として経口摂取される通常の食品に含まれるエネルギーと栄養素を対象とする耐容上限量については，通常の食品以外に，ドリンク剤，栄養機能食品，健康食品やサプリメント等健康増進の目的で摂取される食品由来のエネルギーと栄養素も含む。

b．摂取期間

摂取量を1日当たりで示しているが，ある程度の測定誤差，個人間差を容認し，日間変動が非常に大きい一部の栄養素を除くと，習慣的な摂取を把握，管理するために必要な期間は，おおむね1か月間程度である。

〇活用の基本的考え方

健康な個人または集団を対象として，健康の保持・増進，生活習慣病の発症予防および重症化予防のための食事改善に，食事摂取基準を活用する場合は，PDCAサイクルに基づく活用を基本とする（図2）。

表1　基準を策定した栄養素と設定した指標（1歳以上）[1]

栄養素			推定平均必要量(EAR)	推奨量(RDA)	目安量(AI)	耐容上限量(UL)	目標量(DG)
たんぱく質[2]			○b	○b	—	—	○[3]
脂質	脂質		—	—	—	—	○[3]
	飽和脂肪酸[4]		—	—	—	—	○[3]
	n-6系脂肪酸		—	—	○	—	—
	n-3系脂肪酸		—	—	○	—	—
	コレステロール[5]		—	—	—	—	—
炭水化物	炭水化物		—	—	—	—	○[3]
	食物繊維		—	—	—	—	○[3]
	糖類		—	—	—	—	—
主要栄養素バランス[2]			—	—	—	—	○[3]
ビタミン	脂溶性	ビタミンA	○a	○a	—	○	—
		ビタミンD[2]	—	—	○	○	—
		ビタミンE	—	—	○	○	—
		ビタミンK	—	—	○	—	—
	水溶性	ビタミンB1	○c	○c	—	—	—
		ビタミンB2	○c	○c	—	—	—
		ナイアシン	○a	○a	—	○	—
		ビタミンB6	○b	○b	—	○	—
		ビタミンB12	○a	○a	—	—	—
		葉酸	○a	○a	—	○[7]	—
		パントテン酸	—	—	○	—	—
		ビオチン	—	—	○	—	—
		ビタミンC	○x	○x	—	—	—
ミネラル	多量	ナトリウム[5]	○a	—	—	—	○
		カリウム	—	—	○	—	○
		カルシウム	○b	○b	—	○	—
		マグネシウム	○b	○b	—	○[7]	—
		リン	—	—	○	○	—
	微量	鉄	○x	○x	—	○	—
		亜鉛	○b	○b	—	○	—
		銅	○b	○b	—	○	—
		マンガン	—	—	○	○	—
		ヨウ素	○a	○a	—	○	—
		セレン	○a	○a	—	○	—
		クロム	—	—	○	○	—
		モリブデン	○b	○b	—	○	—

1 一部の年齢区分についてだけ設定した場合も含む。
2 フレイル予防を図る上での留意事項を表の脚注として記載。
3 総エネルギー摂取量に占めるべき割合（％エネルギー）。
4 脂質異常症の重症化予防を目的としたコレステロールの量と，トランス脂肪酸の摂取に関する参考情報を表の脚注として記載。
5 脂質異常症の重症化予防を目的とした量を飽和脂肪酸の表の脚注に記載。
6 高血圧及び慢性腎臓病（CKD）の重症化予防を目的とした量を表の脚注として記載。
7 通常の食品以外からの摂取について定めた。
a 集団内の半数の者に不足又は欠乏の症状が現れ得る摂取量をもって推定平均必要量とした栄養素。
b 集団内の半数の者で体内量が維持される摂取量をもって推定平均必要量とした栄養素。
c 集団内の半数の者で体内量が飽和している摂取量をもって推定平均必要量とした栄養素。
x 上記以外の方法で推定平均必要量が定められた栄養素。

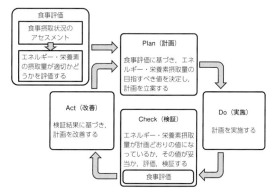

図2　食事摂取基準の活用とPDCAサイクル

■ 索 引 ■

【演習問題：解答】

問題1	(3)	問題2	(2)	問題3	(4)	問題4	(5)	問題5	(3)
問題6	(5)	問題7	(2)	問題8	(5)	問題9	(3)	問題10	(3)
問題11	(5)	問題12	(4)	問題13	(5)	問題14	(2)	問題15	(4)
問題16	(1)	問題17	(1)	問題18	(3)	問題19	(5)	問題20	(4)
問題21	(1)	問題22	(3)	問題23	(2)	問題24	(4)		

〔編著者〕　　　　　　　　　　　　　　　　　　　　（執筆分担）

西堀　すき江　東海学園大学名誉教授　　　　　　　第1章，第4章2

〔著　者〕（五十音順）

伊藤　正江　至学館大学健康科学部准教授　　　　　第3章6.1，6.3.1，6.3.3

加賀谷みえ子　椙山女学園大学生活科学部教授　　　第5章1，3

菅野　友美　愛知淑徳大学健康医療科学部教授　　　第3章6.2.1～2，6.2.6～7，6.4.1～2

佐藤　真実　仁愛大学人間生活学部教授　　　　　　第2章

西澤　早紀子　愛知文教女子短期大学講師　　　　　第3章6.3.2，6.3.4，6.4.3，6.5.3

福田　小百合　京都文教短期大学准教授　　　　　　第3章1～3

堀　光代　岐阜市立女子短期大学准教授　　　　　　第3章4～5，第4章1

宮澤　洋子　東海学園大学健康栄養学部准教授　　　第5章2

李　温九　羽衣国際大学人間生活学部教授　　　　　第3章6.2.3～5，6.5.1～2

食べ物と健康
マスター調理学〔第4版〕

2013年（平成25年）9月20日　初　版　発　行
2014年（平成26年）9月5日　第2版発行～第3刷
2016年（平成28年）7月15日　第3版発行～第5刷
2021年（令和3年）4月5日　第4版発行
2023年（令和5年）1月20日　第4版第3刷発行

編著者　西　堀　すき江
発行者　筑　紫　和　男
発行所　株式会社　建　帛　社
　　　　　　　　　KENPAKUSHA

〒112-0011　東京都文京区千石4丁目2番15号
TEL（03）3944－2611
FAX（03）3946－4377
https://www.kenpakusha.co.jp/

ISBN 978-4-7679-0701-7　C3077　　　　　中和印刷／愛千製本所
©西堀すき江ほか，2013，2021.　　　　　Printed in Japan
（定価はカバーに表示してあります。）